共生社会の大学教育

：コミュニケーション実践力の育成に向けて

山地 弘起 編著

東信堂

はじめに

　我々の生活の中で、物事が思い通りに進まない経験はよくあることではないだろうか。それがストレスやフラストレーションにつながるだけでなく、人に当たったり自分を傷めたりして二次的な問題を発生させることもある。誰しもが、できれば物事がスムーズに運んで穏やかな日常であってほしいと願うのは自然であろう。

　しかし、考えようによっては、そうした面倒な事態は一種の学習機会であり、より現実的あるいは創造的な問題解決能力の必要を示しているともいえる。何かが不十分なのである。それは、その状況や課題の捉え方かもしれないし、自然界や社会的な仕組みの理解かもしれないし、自分を含めて関わっている人たちの背景や関係性に関する情報かもしれない。俯瞰的に何が不十分であったかに気づいてうまく問題解決ができれば、またたとえ失敗したとしても、そこでの経験を次に生かしていくことができる。

　人間関係でのコンフリクト（葛藤や対立）もまた、思い通りにならない状況として同様に考えることができよう。より現実的・創造的な問題解決能力を身につける機会として、その葛藤や対立を丁寧に取り上げて調整を試みることができれば、それだけでも互いの関係が変化することがある。他ならぬ自分がコンフリクトを増悪させていたことに気づくこともある。昨今はデジタル世界でのフィルターバブルやエコーチェンバーの現象に飲み込まれがちなだけに、リアルな世界での異質な他者とのコンフリクトは、学習機会としてさらにその意義を増しているのではないだろうか。

　対人レベル・社会レベルでの葛藤や対立を丁寧に取り上げて調整し、かつ創造的に協働を展開していくことができる能力は、共生社会において不可欠である。日本では今や、急激な少子高齢化を含む大きな社会変動の中で様々な格差や不平等の問題がクローズアップされ、伝統的な社会秩序がアップデートされなければならない時代となっている。外国ルーツの人々と協働す

る機会も多くなり、また子どもや若者の意見表明権を保障して行政に反映させる動きも進んでいる。こうして様々な背景をもつ当事者が声を交流させる社会では、葛藤や対立を調整し他者と協働しながら物事を創造していく力を常に磨いていくことが求められる。そうした力を「コミュニケーション実践力」と呼ぶとすれば、DEI（Diversity, Equity, and Inclusion）を重視する社会への転換点において、コミュニケーション実践力を育てる学校教育、とくにその最終段階にある大学教育への期待は大きいと言わざるを得ない。

　翻って従来の日本では、他者とのつながりに過剰に配慮し、排除を恐れ、他者による受容を確保しようとする傾向があるといわれてきた。そうした関わりの中では対人的な葛藤の潜在化や対立の回避が助長されるため、コミュニケーション実践力を身につけたり発揮したりすることは困難である。実際、様々な他者との間で自分の考え方や期待・要望と相手のそれらが一致することは稀であり、一致しないときには調整や交渉を行うことにエネルギーを割くよりも、関係を悪くしたくない、事を荒立てたくない、大人げない、自分が我慢すれば済む、などと自分自身を治めてしまうことも多いのではないだろうか。ただ、そうしたことが集団や組織のなかで頻繁に起こっていると、衆知を結集することができず誤った意思決定に導かれることにもなり、また理不尽な差別や偏見、ハラスメントなど社会的な不公正について見て見ぬふりをすることにもつながってしまう。

　もちろん、日本の伝統的な対人関係文化は調和の維持には機能的と思われ、一概に批判できるものではない。「人のことを考える」気遣いやおもてなしのカルチャーは、お互いに少しでも嫌な思いをしないようにするための生活の知恵として受け継がれてきたものであろう。強い同調志向も、例えばコロナ禍の緊急事態での対応などでは肯定的な側面もあったといえる。しかし、否が応でも多様な背景の人々と関わらなければならない今日、必要に応じてより主張的に働きかけることができ、軋轢が生じた場合には視点や背景の相違を斟酌しながら創造的に調整できる能力がきわめて重要となる。汎用的技能の育成を求められる大学教育においても、そうした能力を備えた社会人を送り出すことが今日的使命の一つといえよう。

　以上の問題意識をふまえて、本書は、コンフリクトを学習機会として捉えたうえで、コミュニケーション実践力（葛藤や対立を調整し、他者と協働しながら物事を創造していく力）を育成する大学教育の要件を整理・提案しようとするものである。各章ではコミュニケーション実践力の育成に直結した授業例が紹介されるが、それらは特定の授業の必要性を主張するためのものではなく、一般の授業でコミュニケーション実践力を高めるための留意点や工夫を提案するための素材と考えていただきたい。また、コンフリクトという文言に関して、本書では葛藤、対立、軋轢、紛争など文脈に応じて適宜表現を変えていることもあれば、一般的な用語としてコンフリクトと表現していることもある点、了解いただきたい。

　本書の構成は以下の通りである。

　第1部は「社会的葛藤と高校教育・大学教育」と題して、対人レベルから社会・文化レベルまでの葛藤を視野に入れて、高校教育と大学教育でのコミュニケーション実践力の育成事例を紹介する。第1章では、今日の高校教育ではまさにコミュニケーション実践力の育成がめざされているという点に注目し、公民科授業と特別活動での事例を紹介したうえで今後の高大接続のあり方を展望する。第2章では、ある大規模大学でのダイバーシティ推進の取り組み例を紹介するとともに、学生間あるいは学生と学外の社会人との間で起こる対立や交渉過程を積極的に学習機会と位置づける授業事例を紹介する。第3章では、ある大学のキャリア教育のカリキュラムを紹介した後、職業準備を越えた生き方教育ともいうべきライフキャリア教育の具体として、キャリアの多様性と社会正義を志向する授業事例およびそこでの学生のキャリア構成プロセスを紹介する。

　第2部は「コンフリクトを介した学びと成長」と題して、コミュニケーション実践力の根幹をなす「葛藤や対立を調整する」能力、すなわちコンフリクト・マネジメント能力の育成を扱う。第4章では、行動変容と対話的話し合いを重視して、「体験―対話―内省」の学習サイクルを回していく授業事例を紹介するとともに、学習者の心理的安全性を確保するアイスブレイクの例や交

渉行動に向けたロールプレイの導入方法を紹介する。第5章では、コンフリクト状況とは関係性を好転させるよい機会であると捉え、個人内から国家間までいずれのレベルでも、共感・非暴力・創造性を以てコンフリクトを平和的に転換しうる「紛争転換」の考え方とその授業事例を紹介する。第6章では、ストレスフルなコンフリクト状況において内界・外界に十分な気づきを保って対処できるよう、「身体アウェアネス」を高めることの意義を指摘し、近接概念であるマインドフルネスとの関連にもふれたうえで体験実習の具体と学生の反応を紹介する。

第3部は「学生にみられるコミュニケーションの課題と支援方策」と題して、学生の対人関係文化の一部としてのコミュニケーション葛藤に着目する。第7章では、排除を恐れ他者による受容を確証したい「コミュニケーション強迫」や、キャラを使い分け人間関係を無難にこなしていこうとする「学校人格」の一端を、匿名参加でのオンデマンド授業を経験した学生の声から描き出す。第8章では、高等教育の大衆化で新たに入学するようになった「大学第一世代」の就職課題をふまえ、授業でのグループ活動の困難への対応なども含めて、大学としての支援方策の必要性を論ずる。第9章では、いくつかの演劇的手法を紹介しながら、安心・安全な場を醸成して「本来の生きる力」を学生に蘇らせることが、コミュニケーション葛藤の脱却への支援方策になりうることを示す。

そして終章において、各章の内容を振り返ったうえで、学生のコミュニケーション実践力の育成に向けて今後の大学教育に求められることをまとめる。

本書が大学教育に携わる全ての方々に有用な資料となることを心から願う次第である。なお、本書の制作にあたってはJSPS科研費JP19K03049の助成を受けた。また、東信堂の下田勝司社長には大変お世話になった。ここに記して謝意を表する。

2024年3月

編　者

目次／共生社会の大学教育：コミュニケーション実践力の育成に向けて

第3章　キャリアの多様性と社会正義を志向するライフキャリア教育の実践

第3部　学生にみられるコミュニケーションの課題と支援方策… 147

第9章　演劇的手法を活用したコミュニケーション教育からの
アプローチ………………………………Gehrtz 三隅友子　196

共生社会の大学教育：コミュニケーション実践力の育成に向けて

第1部　社会的葛藤と高校教育・大学教育

第1章　高校教育におけるコミュニケーション実践力の育成——高大接続の在り方

唐木清志

【本章のポイント】

- 昨今の高校教育改革論議から、今日の高校教育ではコミュニケーション実践力の育成が目指されていることがわかる。
- コミュニケーション実践力の育成を目指した実践事例として、公民科における交渉教育に関する実践と特別活動における校則の見直し活動に関する実践の二つがあるが、そこでは同様に、生徒の変容の様子からコミュニケーション実践力の向上を確認している。
- 成年年齢の引き下げ、こども基本法の成立、生徒指導提要の改訂など、高校教育をめぐる環境が大きく変化するなかで、それに対応した今後の高大接続の在り方を展望し、大学教育への示唆を提案する。

---

1. はじめに

　高校教育が今、大きく変わろうとしている。大学教育の改革を志向するにあたり、この変化に目を向けることは必須と言えよう。

　2018（平成30）年に告示された高等学校学習指導要領と関連する教育改革論議を通して、学習・指導方法の改善と教員の指導力向上、教育課程の見直し、多面的な評価の推進などが、今日の高校教育で検討されていることは周知の通りである。具体的には、「総合的な探究の時間」を始めとする7つの探究科目が新設され、さらに、この他の教科・科目においても共通に「探究」が重視されているところから、高校では探究学習を重視した授業づくりが数多

く展開されるようになった。このような探究を軸とした授業改善は、大学教育改革にも大きな影響を及ぼすことになる。高大接続の観点から、大学も高校同様に、探究を基盤とする授業づくりを一層推進していくべきである。

　しかし、高校教育改革を探究の観点からのみ理解することは一面的とも言える。特に「共生社会の大学教育：コミュニケーション実践力の育成に向けて」いう本書の趣旨を則れば、創造的な葛藤調整の知識・技能・態度等を育成するという視座より、「持続可能な社会の創り手の育成」という学習指導要領を支える中核目標に改めて注目する必要がある。さらに言えば、18歳選挙権の導入や18歳成人の実現といった18歳を巡る近年の動向を念頭に置き、市民育成を目指す主権者教育の重要性にも配慮する必要がある。価値の多元化する現代社会では、多様な背景の人々と協働し、望ましい社会の実現に資する社会参加力の育成が求められる。この営みは高校と大学が連携して進めなければ、当然実現することはできない。

　本稿では、「コミュニケーション実践力」という能力に注目し、関連する実践を紹介しながら、それを育成する意義と方法を明らかにする。さらには、コミュニケーション実践力の育成という観点より、高大接続並びに大学改革の今後の在り方を模索してみたい。

2.　コミュニケーション実践力の育成

　本書では、コミュニケーション実践力を「葛藤や対立を調整し、他者と協働しながら（コミュニケーションしながら）物事を創造していく力」と定義している（「はじめに」参照）。そして、その育成こそが現代社会で求められているという前提に立つ。さらには、その育成は決して容易ではないが、高校教育がそして大学教育が避け難く行うべき取り組みだと考える。

　コミュニケーションは、意思を伝えたり交流を図ったりするための行動と理解される。自己内コミュニケーションや自然とのコミュケーションという捉え方もあるが、コミュニケーションと言えば対人コミュニケーションが一般的で、人と人の間に成立するものであると考えられている。対人関係にお

いて、意思疎通や情報共有がスムーズであれば、お互いの理解が深まって信頼関係を構築することができ、それは結果として、良好な人間関係に基づく充実した生活の実現へとつながる。コミュニケーションは家庭や社会における日常生活のみならず、職場やビジネスなど、さまざまな場面で重視されるものである。

　このようなコミュニケーションを重視する傾向は、初等中等教育にも大きな影響を及ぼしている。コミュニケーションと言えば、これまでは言語活用能力の育成を目指す教科「国語」「外国語」がその育成において主たる役割を担ってきたが、今日ではすべての教科・領域で共通にその育成が目指されるようになった。「生きる力」「言語活動」「主体的・対話的で深い学び」をキーワードにほぼ 10 年ごとに学習指導要領が改訂される中でも、コミュニケーションに係る「話し合い」は常に重視され、トーク＆チョークの詰め込み型授業に代わって、話し合いを中心とする授業が全国各地で展開されるに至っている。

　ただし、一口にコミュニケーションと言ってもその解釈はさまざまである。その育成が目指される「コミュニケーション力」となると、さらに理解が多様になる。この多様性が生じる背景には、コミュニケーション力が必要とされる社会的文脈が大きく異なることがある。

　市民社会を構築するためには、コミュニケーション力の活用が必須である。市民社会は国家と区別され、市民の力で構成される社会のことであり、そこでは市民の自律性が前提となる。市民社会で必要とされるコミュニケーション力とは、相手の意見に耳を傾け、協働的に市民社会を創造するために必要な能力であるとともに、自分の意見をしっかりと相手に伝える能力が含まれる。この観点から、本稿で注目するコミュニケーション力を「コミュニケーション実践力」と捉えることにした。コミュニケーション実践力と関連する概念として、例えば「社会力」がある。門脇はそれを、「社会を作り、作った社会を運営しつつ、その社会を絶えず作り変えていくために必要な資質や能力」と定義した (門脇, 1999)。さらには、OECD の「Education2030 (OECD Future of Education and Skills 2030 project)」における学習の枠組み「ラーニング・コンパス

(Learning Compass)」で提示された「変革をもたらすコンピテンシー（transformative competencies)」、さらにはその三つの能力である「新たな価値を創造する力（creating new values)」「対立やジレンマを克服する力（reconciling tensions and dilemmas)」「責任ある行動を取る力（taking responsibility)」もまた、コミュニケーション実践力に通ずるところがある。どちらも、コミュニケーションを市民社会という社会的文脈で捉え直し、市民が協働的に社会を創造する際にそれが必須の営みになると考えることで、コミュニケーション実践力を必要としているわけである。

　実はこのような発想はすでに、現在の学習指導要領で「持続可能な社会の創り手」という言葉で表現されていることでもある。そして、その育成場面となると、社会系教科（小学校及び中学校「社会」、高等学校「地理歴史」「公民」）、特別活動、総合的な探究（学習）の時間において特に顕著かつ具体的に見られることになる。本稿ではこのうち、社会系教科の一つである「公民科」と特別活動の一つである「生徒会活動」に注目して、コミュニケーション実践力の育成に係る取り組みを紹介する。どちらも課題解決的な学習が中心的な学習原理となっており、この過程で身に付けられる課題解決力が、将来的に実社会で生かされるという発想に立って実践されたものである。

3.　公民科における紛争解決学習の実践

3.1　公民科の性格と役割

　高校には現在、教科「社会」（社会科）は存在しない。1989（平成元）年告示の学習指導要領で教科再編がなされ、新教科「地理歴史」（地理歴史科）・「公民」（公民科）が誕生した。また、2018（平成30）年に告示された高等学校学習指導要領では、二つの教科内部で科目の再編が行われ、地理歴史科に必履修科目として「地理総合」「歴史総合」、選択科目として「地理探究」「世界史探究」「日本史探究」が設置され、また、公民科に必履修科目として「公共」、選択科目として「倫理」「政治・経済」が設置された。

　ここでは、公民科の実践を取り上げる。公民科の目標は「広い視野に立ち、

グローバル化する国際社会に主体的に生きる平和で民主的な国家及び社会の有為な形成者」の育成である。そして、その形成者に必要な資質・能力として「公民としての資質・能力」が取り上げられている。なお、「公民としての資質・能力」は現在の学習指導要領で社会系教科共通の目標として位置付けられたもので、それ以前は長く「公民的資質」という言葉が使用されてきた。戦後初期の社会科では、この公民的資質が「りっぱな公民的資質ということは、その目が社会的に開かれているということ以上のものを含んでいます。すなわちそのほかに、人々の幸福に対して積極的な熱意をもち、本質的な関心を持っていることが肝要です。それは政治的・社会的・経済的その他あらゆる不正に対して積極的に反ぱつする心です。人間性及び民主主義を信頼する心です。」(1948 (昭和 23) 年 小学校社会科学習指導要領補説) と説明されたが、そこには、戦中の国家主義的なイデオロギーを廃し、戦後の日本に民主主義を根付かせるために社会科が必要であるという願いが込められていた。時代が移行し社会も大きく変化したが、社会系教科において公民的資質は常に中核的な目標であり続けた (唐木, 2016)。それは名称が変更になった今日でも、同様である。

　公民科では、議論が授業で中心に位置付けられることが多い。しかし公民科では、議論を「主体的・対話的で深い学び」の一貫として実施したり、ある能力を身に付けるために議論を活用したりする以上の意味から捉えている。議論という行為そのものが、市民社会の成立にとって必要不可欠なものであると考えるのである。例えば、最近の公民科では「熟議 (deliberation)」への関心が高まっている (長田, 2014；中平他, 2022)。これは政治哲学で注目されている概念で、他者と共に熟慮する議論によって合意を形成することを意味し、民主社会の正当な秩序基盤としての熟議民主主義の構築を目指す際に鍵概念となる (田村, 2009)。熟議では、熟議に参加する個人は平等で異なる選好を持つこと、選好は変容すること、異なる選好を持つ個人の間で合理的な一致点、すなわち合意が存在することが与件とされる。全員参加、参加者相互の誠実な対話、一致点を探る努力、不断に開かれた審議のプロセスを重視する熟議の考え方を通して、公民科における形ばかりの議論を見直し、意義ある議論を展開す

ることが企図されているというわけである。またそれは、教室の学びを社会の学びにつなげることを目的とした取り組みとも考えられる。民主社会を創造するために必要とされる能力、ここではそれをコミュニーション実践力と捉える。

　では、コミュニケーション実践力は、公民科授業の中でどのように育成されるのであろうか。2014年に公民科「政治・経済」で行われた実践から、それを探ってみたい。

3.2 公民科の授業実践

　実践者である小貫篤氏 (実践当時、東京都立雪谷高校教諭) は、交渉教育を提案する。それは「交渉の技能や考え方を身につけ紛争解決をはかる力を育てる教育」と定義されるものである (小貫、2016, p.28)。交渉 (negotiation) は、認知の違いや条件の違い、個々の感情によって生じるコンフリクト (conflict) を解消するために行われる行為で、一般には国際場面における国家間やビジネス場面における企業間等での取引として行われる。しかし、交渉教育はそこに留まるものではなく、広く個人間の対立をも視野に捉えて実践される。なお、小貫氏は交渉教育を通じて身に付けられる能力として紛争解決力を挙げる。この紛争解決力は、本稿で注目するコミュニケーション実践力にも通ずるものである。公民科の教材として取り上げる社会的課題は、その多くがコンフリクトから生じるものであるため、公民科に交渉教育を導入する可能性は極めて高い。交渉教育という言葉を使わずとも、すでに関連する多くの実践が公民科授業で取り組まれていると思われる。

　交渉教育の授業づくりにあたって、小貫氏はまず「交渉教育の授業構成」を構想する。構想された授業は、課題解決的な学習を中心的な学習原理として成立している。ある1時間の授業に教師が交渉教育を導入し、ある場面で生徒が議論をするだけをもって交渉教育の成立と考えるのではなく、より体系的に、段階的に交渉教育を実践しようとするのが、小貫氏の実践の特徴である。そのことは、**表1-1-1** の授業構成からもわかる。

　実践対象者は高校3年生、4クラス、160名である。実践時期は2014年11

表 1-1-1　交渉教育の授業構成

交渉の技能	内容
1 交渉の技能や考え方を理解	・架空のシンプルな事例で交渉の技能や考え方を理解
2 現実の事例で模擬交渉	・現実の事例を模擬交渉するために必要な知識の習得 ・現実の事例を交渉の技能や考え方を使って模擬交渉
3 応用・提案・参加	・他の事例に交渉の技能や考え方を応用又は社会に提案
4 振り返り	・学習を振り返り、交渉の技能や考え方が身についたか確認

（小貫, 2016, p.30 から引用）

月〜 12 月における全 3 時間である。単元名は「個人の尊重と法の支配 交渉」である。「政治・経済」で取り扱う教育内容では、法に関する内容に該当する。単元目標は二つ、一つは「ゼロサムではなく、双方に有利な解決策をつくる交渉の考え方を理解することができる」であり、もう一つは「模擬交渉を通して交渉の技能を身につけ紛争解決をはかることができる」である。単元の指導計画は、**表 1-2-2** に示す通りである。

　実践終了後、交渉の技能や考え方を生徒がどの程度身に付けたかについて評価が行われた。授業中の記述内容に基づく評価である。評価結果は、**表 1-1-3** に示す通りである。

　第 1 段階の授業場面「オレンジ紛争」では、多くの生徒が C 評価であった。代表的な記述は「2 等分」というものであり、ここから多くの生徒がこれまでの学習や生活において、紛争を解決するための交渉の技能や考え方を十分に身に付けていないことがわかる。

　第 2 段階の授業場面「イラクの石油会社と農民の紛争」では、A 評価の生徒が増えた。代表的な記述は「一部使用する土地代を農民に支払い、石油が出て利益が確定してから 1 ヶ月以内に農民に配分する割合を決め支払う。10 月以降は会社の農民を雇用する。」というものであった。一方で、「割合を決める」と主張する C 評価の生徒もいる。

　第 3 段階の授業場面「コンビニ 24 時間営業」では、A 評価及び B 評価の生徒が増えていることがわかる。A 評価の代表的な記述は「僕は、夜間営業時は清算をセルフサービスにして危険性と人件費を減らし、セキュリティ面はセンサーなどを設置して強化することを提案します。」というもの

表 1-1-2　単元の指導計画

	ねらい	学習内容・学習活動	授業の段階
第1時	模擬交渉を行い、交渉の技能や考え方を身につける。	導入：「オレンジ紛争」[※1] を通して交渉の技能や考え方を理解する。 展開：「イラクの石油会社と農民の紛争」[※2] について、模擬交渉を行うことを通して、交渉の技能を身につける。 まとめ：身近な社会問題である「コンビニ24時間営業」[※3] について交渉の考え方を用いて解決できないか考える。	【1】交渉の技能や考え方を理解 【2】現実の事例で模擬交渉 【3】応用・提案・参加
第2時	交渉の考え方を使って解決策をまとめて、新聞に投書する。	導入：「コンビニ24時間営業」について資料を集め、読み込む。 展開：新聞投書の原稿をまとめ、清書する。 まとめ：アドバイスを受けて修正し、投稿する。	【3】応用・提案・参加
第3時	他者の解決策を読み、自分の考えを振り返る。	導入：クラス全員の解決策を読む。 展開：他者の解決策を踏まえ、解決策を再考する。 まとめ：学習を振り返る。	【4】振り返り

(小貫, 2016, pp.30-31 から引用、ただし、以下の説明は筆者が概略的にまとめた)

※1　「オレンジ紛争」とは、「オレンジが1個だけあります。オレンジが必要な人が2人います。どうしたらいいでしょうか？」という場面設定で交渉するものである。1人がオレンジジュースを作りたいと考え、もう1人がマーマレードを作りたいと考えれば、単純にはそれぞれ1個のオレンジが必要になるが、1人がオレンジの中身を使い、もう1人がオレンジの皮を使うと考えれば、双方が満足を得られることになる。

※2　「イラクの石油会社と農民の紛争」とは、2004年5月、イラクの農民が政府から土地を借りて作物を植えたところ、そこから石油が出てきたため、契約書に基づき8月に立ち退きを命じられ、農民は作物の収穫を行えなくなり、争いごとになったというものである。立ち退きを主張する石油会社に対して、農民は生活がかかっているのでその場に留まり続けた。最終的には政府の役人の提案で、「石油会社の調査活動の妨げにならないので農民は収穫をしてもよいし、会社側は今後農民を土木作業のために雇い、掘削やぐらの間の土地に作物を植えることも承認する」という解決になった。

※3　「コンビニ24時間営業」は、2008年ごろからその是非を巡って全国で議論が活発になった。実際には市民の賛成意見が少なく深夜営業規制は実現しなかったが、最近になって（授業実践当時）、労働問題と関連させて改めて24時間営業についての社会的関心が高まっている。

であり、B評価は「ある地点から 5km 圏内のコンビニの営業時間をずらし、トータルで 24 時間営業になるようにすればよいと思う。」というものである。

　第1段階から第3段階へと、多くの生徒が交渉の技能と考え方を身に付けていったことがわかる。ただし、第2段階と第3段階に大きな違いがないことと関連して、授業には改善の余地が残されており、その点について小貫氏は「第3段階で模擬交渉を行い紛争解決をはからせたほうがより有意義であった」(小貫, 2016, p.32) と改善策を提案している。

表 1-1-3　交渉の技能や考え方の修得に関する評価

評価	評価の規準	第 1 段階評価	第 2 段階評価[※1]	第 3 段階評価
A	立場ではなく利害に焦点を合わせ、双方が満足する具体的な解決策を考え、紛争解決をはかっている。	0 人 (0%)	25 班 (43.1%)	42 人 (26.3%)
B	交渉の技能や考え方の一部を用いて紛争解決をはかっている。	19 人 (11.9%)	25 班 (43.1%)	73 人 (45.6%)
C	立場ではなく利害に焦点を合わせ、双方が満足する解決策を考えて紛争解決をはかっていない。	123 人 (76.9%)	8 班 (13.8%)	17 人 (10.6%)
他	欠席・未提出	18 人 (11.3%)	0 班 (0%)	28 人 (17.5%)

(小貫, 2016, pp.31 から引用、ただし、以下の説明は筆者が概略的にまとめた)

※ 1　「イラクの石油会社と農民の紛争」は 4 人 1 組、2 人を農民、2 人を石油会社の役で模擬交渉を行っているので、「班」で評価した。また、席替えで班が組み替わったため、二重カウントしている班がある。

3.3 公民科とコミュニケーション実践力

　"conflict" は心理学では「葛藤」と訳すが、法学 (特に法社会学) では「対立」と訳すのが一般的である。対立と訳すことで、交渉の役割が明確になる。交渉が不調に終われば、最終的には法律で調整すべく裁判に委ねるということになるが、それ以前には、可能な限り交渉を行い、WIN-WIN の関係を築く努力を続けるべきである。ここに話し合いなり議論の必要性も生まれる。先に述べた熟議の重要性も、改めて明らかになる。

　「コミュニケーション実践力」という言葉は、公民科と関連する文書等にはどこにも見当たらない。しかしながら、公民としての資質・能力の中核に確かに位置づく概念であり、授業に積極的に取り入れることで、教室で学んだことを社会で活用するという道筋を保証できるようになる。公民科授業で身に付けられたコミュニケーション実践力は、将来的に生徒が市民社会の担い手となって社会的課題を協働的に解決し、望ましい社会を築く際に役に立つ能力となるはずである。「葛藤や対立を調整し、他者を協働しながら (コミュニケーションしながら) 物事を創造していく力」としてのコミュニケーション実践力を育成する場として、教室や学校は「民主主義を学ぶ場」として再評価

されなければならない。

4. 特別活動における校則見直し活動の実践

4.1 特別活動の性格と役割

　昨今、特別活動の重要性が高まっている。教科に比べると、これまではその注目度が劣っていたと思われるが、国際的にも日本の特別活動が「TOKKATSU」としてアジア・アフリカを中心に注目され、また、国内に目を転じても、主権者教育やシティズンシップ教育の観点から大きな期待が寄せられるようになった。さらに、近年では「こども基本法」が2023（令和5）年4月1日に施行され、例えば、その第3条（基本理念）の第3項で、子どもの意見を表明する機会及び多様な社会的活動に参画する機会を確保することが明記されたことで、学校教育における特別活動の役割が再評価されるようになった。

　高校における特別活動の目標は、「集団や社会の形成者としての見方・考え方を働かせ、様々な集団活動に自主的、実践的に取り組み、互いのよさや可能性を発揮しながら集団や自己の生活上の課題を解決することを通して、次のとおり資質・能力を育成することを目指す」というものである。次に紹介する特別活動の実践事例は、正確には旧学習指導要領の下で実践されたため、正確にはこの目標に合致するものではないが、特別活動の特質に応じた物事を捉える視点や考え方である「集団や社会の形成者の見方・考え方」の箇所を除き、基本的な方向性に新旧で違いはないと判断し、ここで取り上げることにした。

　なお、上記の目標柱書に続いて示された資質・能力の三つの柱（「知識及び技能」「思考力・判断力・表現力等」「学びに向かう力、人間性等」）で、「人間関係形成」「社会参画」「自己実現」の三点を重視している点が特別活動の特徴でもある。このうち、本書で中心的に取り扱う「コミュニケーション」と最も関連性が高いと思われる人間関係形成については、次のような説明がある。「『人間関係形成』は、集団の中で、人間関係を自主的、実践的によりよいものへと形成

するという視点である。人間関係形成に必要な資質・能力は、集団の中において、課題の発見から実践、振り返りなど特別活動の学習過程全体を通して、個人と個人あるいは個人と集団という関係性の中で育まれると考えられる。年齢や性別といった属性、考え方や関心、意見の違い等を理解した上で認め合い、互いのよさを生かすような関係をつくることが大切である。」ここから、特別活動では座学ではなく実践が大切にされていることがわかる。そして、この実践を通じてその他の二つの観点、つまり「社会参画」や「自己実現」に係る能力の育成が目指されることになる。

　特別活動の内容は「ホームルーム活動」「生徒会活動」「学校行事」の三つから構成される。このうち本稿で取り上げる実践事例は、生徒会活動に関連づけて実践されたものである。

4.2　特別活動の授業実践

　ここで取り上げる校則の見直し活動に関しては、「生徒指導提要」の改訂に留意する必要がある。これまでの生徒指導提要は 2010 年作成されたものであった。しかし、作成から一定期間が経過していることから見直しが進められ、2022 年 12 月に、新しい生徒指導提要が文部科学省から公表された。旧生徒指導提要が、いじめの重大事態や暴力行為の増加、不登校児童生徒や児童生徒の自殺者数が増加傾向にある中で、その事後対応に主眼が置かれていたのに対し、新生徒指導提要では、それらの課題を未然に防ぎ、すべての子ども達が安心して暮らせる学校づくりと、そのために必要な指針・指導体制に主眼が置かれている点が特徴である。それは、生徒指導の定義が、「(旧)生徒指導とは、一人一人の児童生徒の人格を尊重し、個性の伸長を図りながら、社会的資質や行動力を高めることを目指して行われる教育活動のことです。」から「(新)生徒指導とは、社会の中で自分らしく生きることができる存在へと児童生徒が、自発的・主体的に成長や発達する過程を支える教育活動のことである。」と変更になったことからもうかがえる。

　改訂のポイントの一つに、「校則の運用・見直し」がある。具体的には、校則は児童生徒個人の能力や自主性を伸ばすものとなる必要があり、指導に

あたっては、校則を守らせることばかりにこだわることなく、「何のために設けた決まり」であるのかに関して教職員がその背景や理由を理解し、生徒が「自分事」としてその意味を理解した上で、自主的に校則を守れるように指導していくことが重要であるということが明記された。また、校則の運用に関しては、学校内外の者が参照できるように学校のホームページ等に公開しておくこと、そして何よりも重要だと思われるのは「児童生徒の参画」の項目が追加され、校則を見直す際に児童生徒が主体的に参加することで、生徒指導の目的とされる「自己指導能力」の育成が図られることが重視されるようになった。

　本稿で紹介する校則の見直し活動は、県立A高校で2021年度に取り組まれたものである（久保園ほか, 2022）。A高校は地方都市に位置する公立学校であり、在籍生徒は500名である。また、A高校の校則は、A高校の前身である商業高校時代のものがベースになって作成されていた。当時から卒業後に就職をする学生が多く、一部の生徒に問題行動が見られたため、比較的厳しい校則が設けられ、それが校則見直し活動が展開されるまで変更されることなく存続してきた。

　1年間に及ぶ取り組みの推移をまとめたものが、**表1–1–4**である。

　校則の見直し活動の出発点は、A校の生徒指導主事であるB教諭のところへ寄せられた、校則に不満を持つ生徒や保護者の意見であった。B教諭はこのような意見がある中でNPO主催のプロジェクトに出会い、その考え方に共感をしたところから、校則見直し活動の実施を決意した。B教諭を含む5名の教諭がコア教員となり、各クラスの風紀委員に参加を呼びかけ、12名の生徒が校則見直し委員会を発足させた。その後委員の変動があり、最終的に年度末の時点で生徒数は7名となった。

　A校の校則見直しの活動は、B教諭をはじめとする教員側の問題意識から開始され、教員主導で始められた取り組みである。しかし、そこでは生徒の参画が保障され、実際に取り組みに参加したのは生徒自身の意思である。参画した理由を、ある生徒は「校則って従うものとか、絶対に破れないものだなって思っていたので、それについて考えることで自分が変われるかもしれ

表 1-1-4　A 校の校則見直し活動の推移 (2021 年度)

月	主な活動	活動段階
5	チームビルディング (教員 5 名、生徒 12 名)、教員研修 (ワークショップ)	導入期
6	NPO 主催のキックオフミーティング参加、「校則とは?」と調査方法を考える	
7	全校集会で校則見直し活動を宣言、生徒へのアンケートの実施と分析、「自動販売機の使用制限」の撤廃に絞り込む	足場かけ期
8	ルール改正の提案書→職員会議で承認、自動販売機の改正案の運用を生徒に告知	
9	「髪型」と「スマホ・服装」の取り組みを開始、教員・生徒へのインタビュー	
10	保護者会で議論、NPO 主催のイベントで生徒が発表、教員向けワークショップ開催	見直し検討期
11	放課後の「オープン会議」を計画、職員会議で下着の色指定の校則改正が承認	
12	「オープン会議」の準備、下着の校則改正について終業式で生徒に告知	
1	髪型と制服に関する校則改正のための提案書作成①	
2	制服の選択制に関する提案書作成②、職員会議で校則改正を提案するも否決	提案・反省期
3	1 年間の活動を反省して次年度の活動方針を検討する	

(久保園ほか, 2022, p.19 をもとに筆者作成)

ないっていうのと、そういうことを考えてみたいなって思った。」(久保園ほか, 2022, p.19) と語っている。始めから生徒主導で校則の見直し活動が実施されるのは稀である。A 校のようにまずは教員が提案をして、生徒がそれに呼応して取り組みを始め、徐々に生徒の参画度が高まっていくと考えるのが自然な流れであろう。

　生徒の変容を、生徒の言葉から探ってみたい。**表 1-1-5** は、二人の生徒の発言をまとめたものである。ここから生徒の参画度が高まり、少しずつであるが「自分事」になっていく様子を看取できる。なお、インタビューの実施は、2022 年 2 月である。

　生徒の変容は明らかであろう。だんだんと自信を高めていきながら、自分の意見をしっかりと表明できるようになっている。また、ここで考えるべきは、生徒のコミュニケーション実践力が、生徒間だけで育成されたものではなく、教員を巻き込んでいく中で徐々に育成されていったということである。校則の見直し活動は、生徒だけでも、教員だけでも実現しえず、協働的な取り組みとなることが前提とされている。もちろん、最終的に見直しが図られ

表 1-1-5 生徒の意識変容

生徒	発言（インタビュー）
生徒C	制服の選択制についてやっているんですけど、それの職員会議で発表があったんです。プレゼンをしたんですが、すごく緊張して、なかなか自分の言いたいことを伝えられなくて、悔しい思いをしたんですが、なんだろう、自分たちのやっている活動にはちゃんと意味があるしそれをいろんな人たちに知ってもらいたいなあと感じました。私の今の目標は、全校生徒をどうこの活動に巻き込んでいくかです。
生徒D	最初は先生みんなが何か反対をしたりしているのかなって思ってたら、…（中略）…先生にインタビューしに行った時に、先生自体はそんな反対はしていなくて、先生の見方っていうか印象が変わって、よかったなって思いました。難しいことは、生徒でもなんか価値観とかが違って、生徒にも変えない方が良いって言っている人も少人数だけいるし、先生にも反対している人がいるから、価値観の違いがちょっと難しいって思います。私は、いろんな方向から考えられるというか、客観的に見たりして考えることはもともとそんなに得意じゃなかったんですけど、先生の立場になって考えたり、親の立場になって考えたりする機会が増えて、いろんな視点から考えることができるようになりました。

（久保園ほか, 2022, p.21 より引用）

た校則もあれば、図ることができなかった校則もある。生徒指導提要にも明記されているように、校則制定の権限が校長にあることを考えれば、それは当然のこととも言える。しかし、大切なことは、結果ではなく、校則を見直す過程にある。

4.3 特別活動とコミュニケーション実践力

　特別活動には、教科のように明確な教育内容が定められていない。現実の課題を題材として、それを実践的に解決する点に力点を置く。特別活動では、生徒同士の話合い活動や、生徒が自主的・実践的に活動することをその特質として、さまざまな取り組みが展開されてきた。ここでは、生徒会活動を事例として取り上げたが、その他の活動、例えば、ホームルーム活動における文化祭のクラス企画や席替えの決定、学校行事における修学旅行や球技大会、これらの実践的な活動も生徒の主体的な取り組みとして本来は計画・実践されなければならない。いずれの場合も、基本はコミュニケーションである。そして、その場合のコミュニケーションには単に意思疎通を図るツールとしての役割だけではなく、時として生じるコンフリクトを解決することを目的

とした実践的なコミュニケーションとなることが期待される。

　校則の見直し活動は、生徒の変容だけでなく、教員の変容をももたらす。単なるコミュニケーション力の育成であれば、アクティブ・ラーニングを授業に導入し、生徒が意見を交流して成長できれば、それで十分であるのかもしれない。しかし、それは教師の自己満足であり、教師主導の授業と何ら変わらない恐れもある。一方で、コミュニケーション実践力の育成となると、校則の見直し活動のように、教員は生徒に意見を求められれば答えなくてはならないし、したがって、一緒に学習を進める協働学習者であることが求められる。コミュニケーション実践力への着目は、学習者にその能力を身に付けさせることに留まらず、学校・教室環境や風土を改革することへと必然的につながるものである。教室において学校において、生徒－生徒関係、そして、生徒－教師関係はどうあるべきか。特別活動の取り組みから、大学教員が学べる点は決して少なくないはずである。

5.　コミュニケーション実践力の育成に基づく高大接続並びに大学教育の在り方

　今日の高大接続の議論は、高校教育と大学教育をより緊密に連携させることを目的に、多様な学力や能力を評価できる制度設計に関して、大学入試制度改革を中心に展開されている。それは大学教育側から見れば、高大接続が円滑であれば、高校生が自らの能力を十分に発揮できる環境を見出せることができ、結果として、学問的な研究や将来のキャリアに役立つ知識や技能を学生が確実に身に付けることができるようになるということを意味する。

　大学入試制度改革では、これまでの試験では測れなかった個々の学力や能力を適正に評価するために、多様な評価方法が導入されるようになった。多様な評価方法を導入すれば、ペーパー試験に偏ったこれまでの大学入試を見直し、より公平な評価が可能となる。また、高校教育の内容や方法をより大学教育に適したものにするという観点も重要であり、現在の学習指導要領で高校に探究科目が数多く導入され、探究学習が盛んに実践されるようになっ

たことも、高大接続の議論が高校教育改革にもたらした成果と考えることもできる。高校教育と大学教育が連携し、「10-16 学年」の 7 年間で継続的に主体性や問題解決能力、コミュニケーション力を高められれば大きな成果を上げることは十分に期待できる。

　しかし、このような大学入試制度改革だけでは捉えきれない高大接続の意義もある。ここまでに述べてきたように、従来型のコミュニケーション力を新たにコミュニケーション実践力と読み換えることで、これまでの大学教育の取り組みを反省的に捉え、「大学存立の意義」と「大学授業の在り方」の観点から新たな提案をすることが可能になる。

　まず、大学存立の意義に関してだが、先にも触れた OECD のラーニング・コンパスは大いに参考になる。特に「エージェンシー（agency）」の考え方は注目に値する（白井, 2020）。エージェンシーではその中心的な概念として「変化を起こすために、自分で目標を設定し、振り返り、責任を持って行動する能力（the capacity to set a goal, reflect and act responsibly to effect change）」を掲げる。国内外を問わず社会的課題が山積し、先の変化が見通せない現代社会では、社会を生き抜くためにも、この能力が必要になる。ここでは、大学教育でこそ、エージェンシーの育成が必要ではないかということを提案する。現在、多くの大学で新たな挑戦が始まっている。例えば、教室や実験室で学んだことを地域社会での社会的活動で生かすことを通じて、学生の市民性を高めることを目的とした「サービス・ラーニング（Service-Learning）」（以下、SL と略称する）の取り組みなどは最適な事例である（逸見ほか, 2017；唐木, 2010）。SL では、社会的課題の解決に学生が挑戦することを大切にし、様々な他者と協働する能力、すなわちコミュニケーション実践力の育成が目指される。そこでは、同質的な空間でのコミュニケーションのみではコミュニケーション実践力は育成されず、多様な人々が関わる異質的な空間こそが必要であると考えられている。改めて今日の大学教育を振り返ってみると、このような異質的な空間が今日どれだけ存在するだろうか。教室や実験室の学びを地域社会の学びにつなげ、市民社会の担い手を育成するという観点から、大学存立の意義を改めて考えることが必要である。

　次に、大学授業の在り方に関してだが、コミュニケーション実践力を育成するためには様々な仕掛けが必要になる。先に触れたサービス・ラーニングのように教室や実験室と地域社会を架橋して、より実践的なコミュニケーションを保証することも一つの方法である。その他にも、高大接続という観点から、教室において展開される授業にも変革が必要となるだろう。その際、「参加型学習 (Participatory Learning)」の理論と方法が大いに参考になる。ワークショップとも呼ばれる参加型学習は、一方的な知識伝達の学習ではなく、学習者が学習過程に積極的に参加することを通して成立する学習である。この実現のために、高校教育では探究活動、思考ツール、ICT などが注目されてきた (泰山, 2023；藤原, 2023)。先に触れた校則の見直し活動の事例でも、教師には高校生の活動が「話し合うってなると、当たり前のようにホワイトボードに書き込んだり、付箋使ってべたべた貼って、当たり前のように同じ考えをまとめたり、反対意見こっちってやったりしてる」(久保園ほか, 2022, p.21) と映っている。すでに高校では、コミュニケーション実践力の育成に際して、日常的に思考ツール等が活用されているのである。高大接続を念頭に置けば、このような取り組みは、大学教育にもより積極的に導入されるべきである。コミュニケーションの場を設ければ、学生が自然とコミュニケーションを開始できるほど、コミュニケーションを取ることは簡単ではない。高校教員が生徒の主体を引き出し、より充実したコミュニケーションを可能とするために活用している仕掛けに、大学教員も学ぶべきである。

6.　おわりに

　本稿では、今日の高校教育改革や具体的な実践を取り上げ、そこでは共通にコミュニケーション実践力の育成が目指されていることを説明した。さらに、高大接続が大学入試制度改革の議論を中心に展開される一方で、その議論を現代社会における学校の在り方や授業改革までを視野に収めた高大接続に関する議論へと発展させる必要性にも触れた。

　教育学を専門とする筆者の立場から最後に述べたいことは、結局のところ、

教育改革の議論はどれだけ学習者の立場から展開されているかにかかっているということである。学習者不在の改革論議は明らかに生産的とは言えない。多様性に関する議論が高まる中で、教育者が目を向けなくてはならないのは、年齢や性別、人種等の「社会的多様性」だけでなく、一人一人が異なる考え方を持っているという「認知的多様性」でなければならない。初等中等教育では、この認知的多様性に留意して、授業づくりが進められている。大学や教員の自己満足に終始せず、学習者である生徒や学生をいかに成長させるかを念頭に置いた改革議論を推進すべきである。

引用文献

藤原さと (2023)『協働する探究のデザイン－社会をよくする学びをつくる－』平凡社.

逸見敏郎・原田晃樹・藤枝聡著、立教大学 SL センター編 (2017)『リベラルアーツとしてのサービスラーニング－シティズンシップを耕す教育－』北樹出版.

門脇厚司 (1999)『子どもの社会力』岩波新書.

唐木清志 (2010)『アメリカ公民教育におけるサービス・ラーニング』東信堂.

唐木清志 (2016)『「公民的資質」とは何か－社会科の過去・現在・未来を探る－』東洋館出版社.

久保園梓・村松灯・大脇和志 (2022)「『生徒の声』に基づく校則見直し活動の意義と課題－県立 A 高等学校の事例から－」日本公民教育学会『公民教育研究』Vol.30、17-32.

中平一義・山田圭祐・米山翔真 (2022)「社会科教育における熟議民主主義教育の実証研究」『上越教育大学研究紀要』第 42 巻、165-188.

小貫篤 (2016)「交渉教育の有効性と課題－法社会学の成果を取り入れた公民科の授業－」日本社会科教育学会『社会科教育研究』No.129、28-39.

長田健一 (2014)「論争問題学習における授業構成原理の「熟議的転回」－ National Issues Forums の分析を通して－」全国社会科教育学会『社会科研究』80 巻、81-92.

白井俊 (2020)『OECD Education2030 プロジェクトが描く教育の未来－エージェンシー、資質・能力とカリキュラム－』ミネルヴァ書房.

泰山裕編著 (2023)『「思考ツール」× ICT で実現する探究的な学び』東洋館出版社.

田村哲樹 (2008)『熟議の理由－民主主義の政治理論－』勁草書房.

【参考リソース】

- 苫野一徳監修、古田雄一・認定 NPO 法人カタリバ編著 (2022)『校則が変わる、生徒が変わる、学校が変わる　みんなのルールメイキングプロジェクト』学事出版.

　　認定 NPO 法人カタリバが進めてきた「ルールメイキング」について、事例を紹介しながら、活動の進め方とポイントが説明されている。ルールメイキングは、生徒が中心となり教師や保護者などの関係者と協働して校則やルールを見直す取り組みである。立場や意見が違う人たちと対話しながら合意形成を図る経験を通じて、生徒は社会参画への意識を高めていくことになる。

- 唐木清志編著 (2016)『「公民的資質」とは何か－社会科の過去・現在・未来を探る－』東洋館出版社.

　　社会系教科の目標は長らく「公民的資質」の育成であった。現在は「公民としての資質・能力」と改められたが、その精神は変わらない。本書では、この公民的資質の理念や歴史を解説するとともに、12 名の研究者がそれぞれ公民的資質を定義して、望ましいと考えられる社会系教科 (小学校社会科、中学校社会科、高校地理歴史科・公民科) の授業を構想する。共生社会の実現に向け、公民的資質の育成こそが鍵を握る。

- 野村美明・江口勇治・小貫篤・齋藤宙治 (2018)『話し合いでつくる 中・高「公民」の授業－交渉で実現する深い学び－』清水書院.

　　本書で注目する話し合いは、現在の学習指導要領で注目されている「対話や議論を通じて、自分の考えを根拠とともに伝えること」である。さまざまな人々と協働的に行われる話し合いに関して、本書では「交渉」をキーワードとして、理論と実践の両面からアプローチがなされている。政治、法、経済、国際政治・経済、情報、倫理といった「公民」の教育内容と関連させた話し合いの技法が丁寧に説明されている。

- R. フィッシャー, W. ユーリー（岩瀬大輔訳）(2011)『ハーバード流交渉術－必ず「望む結果」を引き出せる！－』三笠書房.

　　どちらが勝つか負けるかではなく、双方が満足いく解決策を考えることが大切であるという考え方が、本書の「交渉」を根底に支えている。交渉というと、相手を敵対者とみなして、双方の駆け引きによって成り立つものだと考えがちだが、本書の交渉では、交渉の双方は同じ目的をもった同士であり、問題の相互解決者であると捉える。コミュニケーションを通した建設的な問題解決の在り方を探るのに、多くのヒントを与えてくれる。

- G. J. J. ビースタ（上野正道・藤井佳世・中村 (新井) 清二訳）(2014)『民主主義を学習する－教育・生涯学習・シティズンシップ－』勁草書房.

　学校や社会でいかに民主主義を学ぶかについて、理論的・歴史的・政策的に考察したのが本書である。本書では、民主主義の学習を、政治における主体化であると捉える。それは従来のシティズンシップ教育の多くが「社会化」を目的としているのとは大きく異なる。コミュニケーション力の育成で目指されているのは、学習者の主体化であろうか、社会化であろうか。社会におけるコミュニケーションの役割を、本書から学んで欲しい。

- D. E. ヘス（渡部竜也・岩崎圭祐・井上昌善訳）（2021）『教室における政治的中立性－論争問題を扱うために－』春風社.

　論争問題を取り扱いながら、社会系教科の授業では議論が展開される。それは、高校の社会系教科に限ったことではなく、今日では多くの教科・領域でも展開されていることである。しかし、論争問題を扱うと、必ず政治的中立性の問題に直面する。様々な立場や価値が含まれる論争問題について議論するための方法や構想が、本書では実証研究を挙げながら具体的に説明される。公教育と民主主義の関係への言及も、注目に値する。

第2章　対立や葛藤の調整が埋め込まれている大学授業の創造

保崎則雄

【本章のポイント】

①早稲田大学を事例に、大学が学生の人権を護るために整備している組織・設備や提供している関連科目を紹介する。

②教員は、授業デザイン（Instructional Design: 以下 ID）を工夫することによって、学生間の対立や葛藤が生じやすく、また自律的にそれらの調整が試みられるような活動を準備できる。

③学生は、学外の組織と関わる学習活動を行う中で、学生間だけでなく外部の社会人との対立や葛藤、交渉や合意形成など貴重な経験を繰り返すことによって、コミュニケーション実践力を大いに高めることができる。

1. はじめに

　現代のインターネット、生成 AI 時代の大学の重要な機能は、そこで学生が差別や偏見を受けずに学べるように、大学の設備や制度、教育プログラムなどを整えつつ、学生が安心感や適度な緊張感を持ちつつ学問ができるように準備することである。その設備と授業はしっかりと連動して機能することが効果的な教研活動となる。一方で教職員は授業などを通して学生の学術活動に積極的に参加し、学びを深める時空間を日常に亘って学生に提供することが求められる。学生生活の妨げになるような、学生が感じる疎外感、被差別感、ストレス、対立や葛藤などへの対応や克服ができるようにするに

は、様々な人的宝庫である大学が諸問題に常時対応をすることが、まず大切である。それと同時に、それらのトラブル回避や解決などは、大学授業の実践において、学問を進めるプロセスに正統的な学びが適切に埋め込まれるようにして（Lave & Wenger, 1991）、大学の授業や対外活動などで対応できると考えられる。例えば、授業のデザインの拡張で、対処したり、学生が主体的に参加する社会的な活動の中で対立や葛藤を上手く調節できるようになって、レジリエンスを高めたり、あるいはネガティブ感を巧みに自分に取り込み、昇華して成長の糧にしたりして、適切な対応をすることも可能であろう。そして、そこには大学人や学生らの工夫・知恵と不断の努力が大きな役割を果たす。デジタルネイティブ、Z世代の若者なりの処し方、学び方を一大学教員の立場で考えることも重要である。

2.　大学としての学生の人権に関する取り組み全般について

　早稲田大学では2012年に策定されたWaseda Vision 150という大学創立150年に向けての取り組みを様々な分野で行っている。その重要な一部として、組織としての目標達成の中で学生のダイバーシティには全学を挙げて取り組んできている（**図1-2-1**参照）。

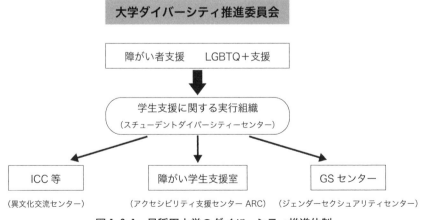

図1-2-1　早稲田大学のダイバーシティ推進体制

　元々留学生、地方出身者、帰国生が多く学ぶ大学でもあり、多くの関連分野の科目が、GEC（Global Education Center）で開講されている。一例をあげると、「ダイバーシティを学ぶ」「LGBTを守る法と社会」「手話言語学」などが単位認定されるオープン科目として全学生に提供されている。日本人学生でも留学生でもidentity crisisや友人関連の悩みや葛藤を抱える学生は年々増えているようであるだろうということは、筆者も授業内外で感じる。そのような中で、大学全体としての取り組みも組織化されてきて、現在スチューデントダイバーシティセンターという部署を基盤として、図1-2-1下部にあるような3つの側面から問題意識を持ち、担当組織を立ち上げ実践的なサポートを多くの面で行っている。

　組織構成ができる前からの取り組みは、例えば障がい学生（教職員も含めて）の支援は個別の部署で行われていたが、大学全体の組織構成としては2006年以降のものが主となる。詳細は参考リソースにそれぞれの部署のサイト情報を挙げておいたので参考にしてもらいたい。

　この中で比較的最新の組織であるGSセンターはその役割を4側面と捉えて循環的なサポートを行っている。簡単にそれを紹介する。

　うけとめる　→つなげる　→つたえる　→ひろげる　→うけとめる　→という循環である。

　|うけとめる|　──　相談支援・居場所提供　として
- LGBTQ+学生およびその支援者のホームグラウンド
- ジェンダー・セクシュアリティに関心のある全ての人々が自由に利用できるフリースペース
- ジェンダーやセクシュアリティに悩む学生が安心・安全に相談ができるクローズドな相談センター

　|つなげる|　──　実態把握と課題解決
- 相談をベースにした学内の課題の可視化
- 課題解決をゴールにした他箇所との連携

　|つたえる|　──　研修・啓発
- LGBTQ+への理解者・支援者（アライ）の養成を目的とした研修の実施

- GSセンターにあるリソースを活用した学生・教職員への啓発活動

ひろげる　――　イベント・コラボレーション

- ジェンダーやセクシュアリティに関するイベントの実施
- WebサイトやSNSツールを用いた広報活動
- 他団体とのコラボレーションの実施

ICCセンターでの取り組みとしては、本学は100年以上前から他国、他文化からの留学生を受け入れてきたという歴史があり、それら学生の多様性、多文化、異文化を重視して様々な活動を行っている。例えば、以前には、センター内では数カ国の言語でのテレビ中継が常時なされていて、常にその言語でニュースなどから情報収集ができるようになっていた。実際にはそのテレビモニターの前に留学生ばかりでなく日本人学生も含めて交流がなされていた。そこには以前その言語が話されている国や地域に留学していたり、生活をしていたという学生も含まれていた。今はインターネットでの情報収集、交流が主であるためむしろ交流が個別になることも多くなっている。さらにICCでは、地元の新宿区とのコラボで文化交流を毎年行っていて地域と海外文化との交流イベントも盛んに行われている。筆者の授業ではほぼ毎期の授業にアジアを中心として留学生がいる。ゼミにも留学生が入っていたこともあり、その人たちの日本語教育にも研究室としても、また私の研究分野としても関わっているので、異文化による多様性というのは日常ごとである。卒業後にも連絡をしてくれる留学生もいて毎年何通も依頼されて書く推薦状にもそういう学生がたまに含まれていて、近況報告を読んでいて興味深い。

　筆者は以前このICCの運営委員を何年か務めていて、様々な企画を立てたり、より効果的な他文化とのつながりになるようなイベントについて議論や分析・評価をしていたことがあった。普通に日常生活を送っていると耳にしないような言語音にもICCに行けば触れることができ、日本語とのlanguage exchangeのプログラムも多くあり、個別でも組織としても学生の多様性に触れることができる。私自身も他の教員も学生には留学を勧めることが度々あるが、そのミニ体験として学生にはICCに行ってごらん、というアドバイスをしている。

　障がい学生の支援としては、もう 10 年以上も前から、私の授業にも車椅子での身体障がいを持った学生や聴覚の不自由な学生もいることがあり、教員の意識としてはすでに常態的なことになっている。そのような場合教務課からは「来学期に先生の X X の授業にはこういう登録学生がいるので適切に配慮してください。」という連絡が学期前に送られてくるので、ある程度の心構えと時には授業デザイン面でも対応を考えることがある。勿論建物、教室としてはエレベーター設置、スロープなどの設置がなされている。聴覚不自由な学生には、例えばその学生が口話法で学んできているような場合には、授業中私の表情や口の動きが見られるような立ち位置や動きを心掛けつつも、note taker として学生が隣で補助に付くことも多くある。これは支援を行う学生にとっても大きな学びになっていて、どちらかと言うと喋るのが速い私もしばしば丁寧に、伝えやすく話すということを心がけることになる。それは他の学生にも重要なことであり手話コミュニケーションに関心ある学生も以前よりも増える傾向があるということにもつながっているのかもしれない。私自身も以前この障がい学生のこととは別に、手話に興味を持ち、テレビで学んだりして、多少ではあるが大学としての取り組みと同じ方向を見るようにしている。元々の手話との接触は、米国留学時代の 1980 年ごろに始まり、英語手話に興味をもったことがきっかけであった。他の授業などでも手話を文法が確立している言語というものではなく、sign language であるということをコミュニケーションの分野で取り上げて説明をすることもある。こういうことは大学の科目履修とはやや異なるものの、生きる上での基礎基盤に関わることとして、多くの未知のことでも未学習のことであっても、まず興味を持って知り理解しようとすること、興味を持ったらやってみること、振り返って考えてみること、その実践が他のどの分野と関連するのだろうかと考えてみること、というサイクルとして、まず自分に関わることとしてもしばしば受講生に伝えている。

　授業やその他の活動で接する学生には留学生としての葛藤に関する悩みや LGBTQ+ でのコンフリクトやアイデンティティに関わることで研究室に来て、雑談を交えて話してくる学生も時たまいる。私は専門でも活動家でも

ない一人の人間、あるいは教員として話を聞いたりすることがある。カウンセラーでもなく専門家でもない私としては、ただ聞くことや理解しようとするぐらいのことではあるが、話すことで落ち着くようなこともあるようなので話したいという学生には接していくのみである。ただ、話せない学生が当然いることも事実であり、そのことを考えると大学としての取り組みの難しさと、受け止めてからどのように繋げて伝えて、広げて気持ちが少しでも軽くなるようにするのかというサイクルの意義と同時に難しさも考えることがある。授業内外で学生と接していて毎期、毎年私も新たに気づくことや学ぶこと、調べてわかることなどがある。そういうことを授業活動に適切に取り入れられたら、他の人とは何か違うということ自体がその人の個性でもあり、その人らしさとなるのであろう。

3.　授業デザイン (ID) やものづくりの授業からの視点

　元々は行動主義からスタートした教育工学の一部である ID の視点から、「対立や葛藤の調整」を考える。以下、その一例として米国大学の学部教育で広く使用された ID である ASSURE model (Heinich et al., 1996) を用いて紹介する。表題に関わる活動に関連しそうな項目を 四角 で囲む。

1) Analyze learners （学習者を分析する）
2) State objectives（学習目標を立てる）
3) Select media and materials（使用するメディアと学習用教材を選択する）
4) Utilize the materials（準備した教材を使用する）
5) Require learner participation （学習者の参加を求める）
6) Evaluate and revise （授業全般、細部を評価し次回のために改善する）

　ID では共通して授業開始前の 学習者の分析 が重要であるとされる (Gagne & Briggs, 1976; Kemp, Morrison & Ross, 1998)。実際に大学の授業では、授業開始前に先行知識、スキル、経験知などの受講生の分析は行わない。では、どのようにして学習者のデータを収集できるのか。これに関しては、大学の LMS

（Learning Management System）を利用すれば実質的に可能な方法がある。オンライン型の授業ならさらに迅速且つ正確に行うことができる。

　私は、受講希望生に対して、授業開始 1 週間ほど前に、大学の LMS の科目サイトに、自己紹介として Data Sheet（以下 DS）をアップロードしておき、受講希望生に DS を記入してもらい、提出フォルダにアップロード、提出してもらう。その DS には、第 1 回目の授業遂行上、重要な情報（大学のメールアドレス、受講理由、関連した進路のこと、特技や活動歴など）を書いてもらう。このデータにより、うまくいきそう、あるいは同じ興味がありそうだというような個人的な情報をある程度授業開始前に把握しておくことができる。そういうことを把握しておくと、授業活動で対立や落胆や問題が生じた時、授業でのグループ協働作業で相談してくるような場合に役立つことがある。学生の授業内容に関した興味関心、将来の進路などのことについての多少のことがわかりつつ、授業を進める上で参考になることもある。私の授業で行う何回かのグループ協働作業では学生の多くが対人コミュニケーションやネゴシエーションの経験知の違いにより、学生間で摩擦や対立、不満などが生じることが時々ある。毎学期末に行う授業アンケートを分析してみると、自分が譲れないこと、強すぎる自己主張などの原因は、多くが自己視点を離れられないことにより生じることが多いことがわかる。自己との対話、他人との対話、そして環境との対話をふんだんに行えるように、授業担当教員も授業TA も、あるいはクラスの学生からの視点も不可欠であるということを活動内外で伝えることも重要であると考える。一義的には ID における学習者分析は、教授内容に関する事前知識や技術（prior knowledge/skills）に関するデータ収集を中心に想定しているのではあるが、その他のことなどでも授業運営に活かせる部分は活かせたらいいであろう。

　　学習者の参加 と積極的な 振り返りと次回の授業への改訂 という部分の実践でも応用できることはある（保崎・冨永・北村, 2023）。筆者が 24 年間担当している Media Production Studies（以下 MPS）という半期、2 単位、15 週間（2023年度より、100 分 14 週の授業に変更）の専門科目のカテゴリーに属する EMI（English Mediated Instruction）方式で行なっている授業科目を例に取り紹介する。この授

業でも実に多くのトラブルや解決、物別れが毎年活動のあちこちで起きる。そしてその収束のプロセスは毎年共通しているものとその年度で個別の対応をしているものとが存在する (保崎、2016)。この授業では、2 週間で一つの作品をグループ (毎回 4 人前後) で制作する。1 週間で制作し各グループが完成した作品でクラスプレゼンを行う。その時にプレゼンの後、こちらが用意した映像作品評価シート (12 項目の 5 段階尺度評価と 1 問の自由記述) を用いて相互評価を行う。この評価票は各グループに授業の翌日か翌々日にクラス TA がPDF にしてグループリーダーにメール添付で返却している。この作品評価や改善のコメントを参考にして、各グループは翌週までに適宜修正をして最終発表を行う。2 週目の最終授業での発表後には次のグループの編成を行い、新しい課題を提示し、その新しいグループで次の課題遂行の 2 週間の作業に入る。学期内で 4 回その活動を繰り返す。4 番目の作品課題は、Final Projectとして冬休みを挟んで 4 週間というやや長めの活動期間としており、グループ活動期間も長い。Final Project は、30 秒の長さで著作権違反はしない、というのみの条件で作品の内容、タイトルはそれぞれのグループが自由に合意のもとで決めることとしている。授業ではプロの映像制作者、テレビ番組制作者をゲストに招いて制作時の対立や意見の違い、妥協をしつつ完成させるという苦労話を聞くことも行なっている。

　この授業において重要なことは、協働でものづくりという活動を行うと、ほぼ全てのグループに落胆、対立、妥協、ディスカッション、合意形成が起きており、それらの多くを自分たちで改善、解決することができてきているという現象である。それらは、この MPS での拡張発展させた ID によるものだとも思われる。それらは、

1) 映像制作の過程で、正解が 1 つに定まらない問いの答えを協働で追求するという課題構成。

2) 毎回の映像作品のプレゼンテーション時に、クラス全員による相互評価 (段階尺度評価と自由記述で) をするという構成。

3) 学生と教員間で毎週の手書き文字などによるコミュニケーション (授業 Reflection) を行うという構成

　このグループによる協働的な映像作品の制作という活動では、正解が一つに定まらない作業を行なっているので、グループ内での見解の相違、意見の違いは常に生じ、それゆえにグループ内で生じる不仲、相互無理解、妥協せずという状況はしばしばグループ活動最初の頃に起きる。そのことは、社会の組織で働けば自然に起きていることであり、学生時代にあれこれ経験して、その対立や葛藤を解消する術なども含めて身につけることが重要である。このことは、実は授業の構造として、作品の評価はグループ単位で行われるという説明をしていて、個人を評価する方式ではないというところにも特徴がある。そうなると、当然活動を続けていてグループ内での貢献度や努力などに違いが出て、不満も妥協も出てくる。そうなることはこの MPS のような協働でのものづくりでは、織り込み済みでもあるので、学期の最初にこのことは説明とともに丁寧に伝えて合意を得ている。もし不平不満が出てきたら、グループ内で対話を十分して納得の上で解決策を見出す、ということを学生はこの授業内の規則として理解している。組織内でのグループ作業でも細かく按分化された労働は存在しにくい。各自の得手、得意の分野での貢献を考える、自分のスキルアップは活動への参加を通して行う、知っている人は知らない人に教える、ということで対立や葛藤はかなりの程度で解決できる。この得手を考えるということは、互いが認める得手でもあるため、お互いの得意不得意をグループ活動時に伝え合ったり、譲り合ったりしてやっているようである。

　グループ再編成は、学期に4回行なっていて、4回新しいグループでの活動となるためその都度、自己紹介、得手紹介、スケジュール調整などを最初に行い、活動を遂行するのでほぼ毎回新しい自分からスタートできることが、対立、葛藤を如何に調整するかという知恵につながっていることは、学期末の授業終了後の分析からもはっきりと出ている。授業全体を通してグループ協働作業で遂行するという隠れた学習課題のようなものは、明示されて伝えるようなものでもなく、活動をやっているうちに、課題を遂行していくうちに改善されたり習得される。そしてその習得にはできるだけ教員が関わらない方が良いとも考える。

　また正解が1つに定まらない作業を行なっている点も葛藤の調整に関わっ

てきていると思われる。他のグループの作品との比較をしにくく、そのグループ独自の美的感覚、説得力、表現力が如何にクラスプレゼンで意図したように伝わるのかということがポイントであることも活動を重ねるとわかってくる。説得力、感動させる映像、より多くのクラス学生に価値観を共有してもらうというのが、作品の評価に現れてしまう。独りよがりの作品では評価表でも厳しいコメントが書かれる。わからない、とか、メッセージが伝わってこないという評価は致命的である。映像制作では、しばしば独りよがり、自分たちだけわかっている（つもり）という作品が多く作られる。担当教員やTAも授業の一参加者として、こうしたらもっと面白そうとか、このカットはもっと切ることができるのではないかとか、オーディエンスに伝えるコンセプトはこれがもっとも効果的かとか、というようなことを遠慮なくどんどん発言する。各グループもクラス評価や先生にこう言われたからこう修正しようというようなストレートな方向には行かず、いったんグループでコメントの咀嚼や解釈を行なっていてそこにディスカッションや葛藤調整がしばしば起きていることも興味深い。簡単には妥協しない人もいてあるいはそのディスカションと評価票で新しい発見、描写、撮影から編集に向かうということもしばしばあるようで対立が創造性のある作品に創り替えられることを体験することが重要だと考える。安易な妥協は作品の質向上につながらないということも学生は身をもって理解する。

　さらにSNS世代、Z世代には、形を変えたX（旧Twitter）がいいのかもしれない。それは授業後、あるいは終了後に<u>提出自由の</u> Reflection Sheet（以下RS）の実施である。教員と学生双方のつぶやきの延長のような相手を定めた一対一の対話が、対立や葛藤を自己調整することや、状況を改善することにつながっているのかもしれないと考える。そのRSで毎回問う質問は2つのみである。

　　1）今日のこの授業であなたは何に気づき、何を学びましたか。

　　2）何か質問やコメントなどはありますか。

　対面（Face-to-Face）での授業なら、シートを授業最後に配布して記入後に提出して授業終了となるが記入しなくても成績とは無関係の作業なので記入や提出は自由である。質問に対しては私が手書きで回答し翌日か翌々日には

メール添付の PDF として返却する。

　学期末の RS 活動についての評価では、ほとんどの学生が楽しんで描いていたこと、この作業を肯定的に捉えていること、成績評価に含まれないという気楽さ、時に授業と関係の全くないような相談事でも教員が真剣に考えて描いてくれること、冗談も皮肉も社会批判も時事ネタなどもあれこれ入っていること、そして何よりも返却が 1 週間後の授業時ではなく、授業から 2、3 日後までにはほぼ必ず返却される速さ、個別の手書きコミュニケーションであることなどが肯定的に評価されている。この RS は、相手の悩みや苦情を理解し自己を知る対話であり、普段の学生同士のコミュニケーションとは異なる言語表現や感覚で伝え合う作業でもある。もともと、映像制作のような活動では思ったように伝えられないという葛藤や悩みが常に生起しているので、RS のように自由に描けるものには楽しんで参加できるのかもしれない。

　以上のような授業の構造により学生は対立や葛藤を自分たちで調整することを学んでいるように思われる。

4.　研究室の諸活動の理論ベースとなっている「拡張された活動理論」について

　本節では、まず研究室のゼミ活動の一部として関わっている実践の理論的な基盤としての「拡張された活動理論」(山住・エンゲストローム, 2008) について短く触れてから (**図 1-2-2**)、次節で具体的にそのゼミ活動の一つの短期米国研修における参加者のコミュニケーション活動における問題解決と、産官学の三者連携のプロジェクトで学生がどのような学外活動をしてきたのかという 2 つの実践例を紹介する (保崎・藤城, 2021)。

　拡張された活動理論の基本概念は、人間の多様な活動 (仕事、教育、文化、芸術、組織) を分析する理論的な枠組みである。その原型 (主体―媒介する人工物―対象) を学校での授業活動に当てはめて考え、図 1-2-2 における最上部の三角形で説明する。まず最初に主体としての学習者が、媒介する人工物 (道具) とされるものを利用、経由して、授業における学習目標である対象に向かって学び

を進めて課題などとして完遂させる。例えば、学習者が英語を学ぶ、修得するという対象に向かって活動をするようなことを考えると、英語習得という対象に直接向かうよりも、料理やダンスを英語で学ぶという方が効果が上がるということは既に紹介されている。元々は個人の学びや発達を考えてモデル化された活動理論は、現在まで 100 年近くを経て、そのモデルに社会や文化というものを具体的に取り入れて拡張されてモデル化されている。

　その基本的な理念を図 1-2-2 に掲載されている語句を使い説明すると、拡張された活動理論では、その原三角形に、主体が関わる コミュニティ があり、規則 があり、分業 などということを経由して対象に向かうと考える。その活動の中で、教員の参加や言動ということを考えてみると、教員は表面に出ては行かず、何かあった場合に裏で支えるような存在として活動全体に目配せをし、責任を取るという立場での参加という形になりそれは、「気づかれない参加」が理想の参加であるように考えている。現実の活動におい

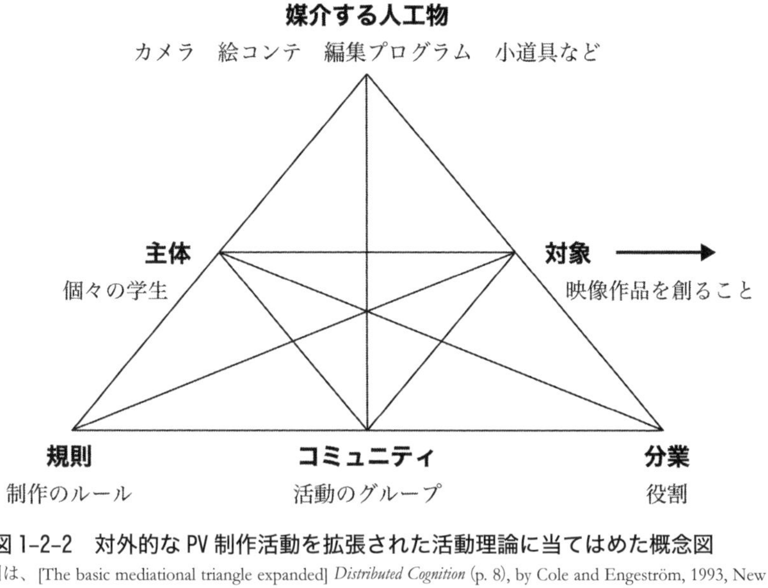

　　　　　　　　　　　　媒介する人工物
　　　　　カメラ　絵コンテ　編集プログラム　小道具など

主体　　　　　　　　　　　　　　　　　**対象** ⟶
個々の学生　　　　　　　　　　　　　　映像作品を創ること

規則　　　　　　　**コミュニティ**　　　　　　　**分業**
制作のルール　　　　活動のグループ　　　　　　役割

図 1-2-2　対外的な PV 制作活動を拡張された活動理論に当てはめた概念図

（本図は、[The basic mediational triangle expanded] *Distributed Cognition* (p. 8), by Cole and Engeström, 1993, New York: Cambridge University Press. を参考にし、授業実践に合わせて加筆した）

出典：冨永・保崎, 2023, p.17

ては、ほぼ全般に亘って学生が中心となってそれぞれの関わりの中で責任ある対話や交渉が学生に求められ、意義ある社会参加活動への積極的な参加の諸場面において対立や葛藤、それから失敗などが生じることになる。教員が教えたり、イニシアチブを取りがちな、教室学習とはやや異なり、活動の大枠は提示しても詳細や運営方法や途中で起きる問題解決などは、学生に任せるということになるだろう。

5.　研究室が外部との繋がりで行う学外の場における 2 つの実践

　研究室が米国オハイオ州立大学 (The Ohio State University：以下 OSU) と連携して国外で活動する「米国研修」のような活動は、研修実践を対象とすることの途中にプレゼンテーション活動が位置され、団体行動というものが媒介する人工物と考えられる。この短期米国研修では、学生と研修先の生活環境の間でも、あるいは学生と授業内容や方法、使用するメディアとの間などでもあれこれの葛藤は起き、自助努力や協力、クラスメートの助けを得たりして調節、解消していることもある。団体生活や諸活動から逃げられない海外でのゼミ活動という「対立と寛容のコミュニティ」では、hard lesson も意義ある学びと考える。失敗、ぶつかりにも向き合っていかなければ自分の居場所も相手の立場もないような環境で自分を表現し、相手をどのように思いやり、また進んでいくかということも表面的なゼミでの学習とは違い、隠れた学びであろう。さらに対外活動に参加すると学生が対立し苛立つ対象は外部組織の人間にもなることがある。教員は研修中、学生や外部組織とはちょっと距離を置いた日常での接し方をしている。海外研修のように非常にアナログな実体験をすると言語コミュニケーション、身体表現ということの意味が Z 世代には新鮮な認識させているのかもしれない。

　学生らが 3 人ほどのグループで別々の教室でプレゼンをする現地校 OSU の日本語・文化クラスは、1 年生から大学院生まで日本語レベルに応じた多様なクラス、日本語力編成クラスである。学生は相手の日本語力にそのクラスで咀嗟に合わせつつ、慣れない英語主体から日本語主体のプレゼン、行ったり

来たりという切り替えでバリエーションに富んだ柔軟なバイリンガルのプレゼンをクラス毎に求められる。そして、クラスプレゼンの間の移動時間に揉め事がしばしば起きる。この一連の異国、異文化での協働作業は初めての活動ゆえ、想定外のことがあちこちで予測なく起きる。クラスプレゼンの合間や昼休み、さらに宿泊先のホテルでは、寝る時間を削って、よりよいプレゼンに向かうための反省と合意を基に自己と自己のぶつかりあい、アイデアの行き違い、経験知の違いを巡り各自が忌憚なく主張するミーティングを行う。翌日使用する資料の修正、変換、使う言語表現、仕草の違いなども含めて仕事の分担での対立、意見の対立や見解の相違がより真剣な議論を生む。事前の日本での準備であちこち取材をしたり揃えたり、制作したりという作業を本気で準備をした人ほど自分の仕事にこだわり、現地であれこれが通用しないと感じると落胆する。加えてプレゼン時の質問に的確に答えられなかった時などは翌日のクラスプレゼンまでにホテルで夜遅くまで議論し意見をぶつけ合い、妥協も説得もして時には苛立ちや諦めも引きずって翌日のプレゼンを迎える。私の接し方も「あれこれ気にせず精一杯やって、その結果から学べばいいからね。」とだけ伝えるのみである。研修の準備の深さや真剣さが主張や説得に強くつながることも参加学生の後日談からわかる。学生の責任ある活動、修正、対応であるから、私としては突き放してより良い仕事になるようにコミュニケーションでの更なる工夫をしてみてはどうかという程度のアドバイスをするぐらいである。常に、原則的には自分たちでやりましょう、という精神でやっている研修なので、そこはあまり関わらないようにする。

　海外研修のような非日常時でのことを経験することで変化が出るということはこの研修を長年実施してきて痛感する。何が自分にとって当たり前ごとなのかということは、研修ばかりでなくゼミ活動や授業でもしばしば触れることである。どのような場合でも取り敢えず相手の考えや行動を受け入れてから、考え、対応するということは言葉では簡単に言えることではある。如何に非日常ごとを人の学びに組み込んでいくのかということは、想像以上に困難であることも実感する。人を説得するにしても相手の人生、仕事、既存の知識や経験は不明であることが多い。相手の気持ちになるということも言

うほど簡単にできることでもなく、むしろ自分の希望通り、要求通りにならないと、苛立ち相手の非を探すことを安易に行ってしまう。

　学生は慣れない相手校でのより良いプレゼンや接し方を巡って、しばしば発表グループ内で対立したり、議論を繰り返して合意形成をする。その都度妥協もし、プレゼンを微調整から大幅修正をしつつも翌日、次のクラスのプレゼンに向かう。この過程でお互いの違いというものが理解され始め、グループメンバー相互に異なる感性や意見を持つのが当たり前であるという意識になっていき、妥協、納得、発見、寛容を毎日のように繰り返す。もう20年近くも実施していて、毎年10名ほどの学生グループは研修が進むにつれて変容していくのを見るのが興味深い。それは単にコミュニケーションが上手くなったということでもなく、若者として「面白く」なっている（良くなっているのとは少々異なって、ちょっと生意気、声を上げられる？）ようなのである（保崎・藤城, 2021）。その活動での教員の位置どりとしては、教えるようなことはほとんどなく、一緒にワイワイ言いながら、面白がることになるのかもしれない。そこでは教員は規則決定者でも履行者でもなく、学生が自主的にやり方を考え、柔軟にというか必要に迫られて修正している。教員は大まかにしか参加せずに、あくまでも協働での学びのコミュニティでの参加者傍観者の一人であるということになる。

　2つ目の実践例は、埼玉県庁の依頼で2012年に始まった県内中小企業のPV制作という対外的な活動である。制作活動での教員の関わりは時に適度な傍観者であり、学生と共感、共振となるような時間空間を共有しているような気がする。この活動では、行政や会社の人の存在、言語コミュニケーション、撮影に使用するドローンなどの道具、インタビューのやり方とルール、会社組織の活動内容、会社人の話ぶりなども媒介する人工物であったり、また時に社則という規則や会社というコミュニティにも拡張され関連されることもあるかもしれない。

　このプロジェクトの詳細を述べると、発端は埼玉県庁（産業人材育成課）の依頼から始まり、私の研究室の学生が、県内の中小企業のプロモーションビデオ（以下PV）を制作したという内容である。この活動は、所謂、産（県内の中

小企業）、官（埼玉県庁）、学（大学研究室）の三者連携によるプロジェクトである。まず産業人材育成課が、県内中小企業を対象として、PV 制作を希望する企業や団体組織を募集する。その広報に対して制作を希望する企業が県庁に制作を依頼する。企業は人材育成課に多少の制作申し込み費を支払う。人材育成課は PV 制作を希望する企業のリストを作成し、地理的なことや企業の業務内容などを考慮し、大学研究室に依頼するか、プロジェクト開始 2 年目から参加したプロの制作会社に依頼するのか原案を作成し、割り振る。活動の初年度は、県庁も手探りで次年度以降の実施を模索していた年で予算も付いていなかったため、全ての費用、機材、移動の車などは研究室持ちで 4 社をゼミ生 10 名で分担して制作した。

　本物の状況（authentic situation）におけるこの活動での経験は、学生には自分たちが制作したものが社会で実際に使用される作品になるというのが主な目的、モチベーションであったようであるが、指導者である私としては、実はそれは二の次であり、8 年間の活動で最も重要に考えていたのは、取材、説明、撮影、様々な連絡や報告（まさに、研究室のモットーである「ほうれんそうメ：報告―連絡―相談―メモをとる）などのコミュニケーションを通して、二十歳を過ぎたばかりの学生たちの社会性や社会マナー向上、納期のある仕事では、責任を持って行政、会社の人たちと対等に接し、映像作品を完遂するということであった。

　まず、活動の流れは、毎春プロジェクト全体の企画をした行政の人が大学に来て学生の前でプレゼンテーションをして活動への参加を依頼することから始まり、学生には興味や関心を持ってもらうことから始めた。引き受けるかどうかという最終判断は、毎年 2 月の県庁職員のプレゼンの後、先輩を含めた学生たちだけのミーティングで侃侃諤諤の議論を 1 時間程かけて行い、結論を出した。毎年そのミーティングでは、あれこれと議論が起こっていたようで、各自の考えの相違、やるかやらないという意思、参加して何を得るのかという計算、自分のプライベートな時間への影響などのことを学生一人一人が真剣に議論、主張、妥協しながら結論を出し、私はその結論に従った。私としては、この活動参加では学業優先という位置付けで県庁職員、起業・

会社側にも納得してもらっていた。

　実際にしばしば生じた対立や葛藤、そしてその調整が主に起きた場面は、1) 学生―学生との間（規則、コミュニティ、分業）、2) 学生―企業人との間（規則とコミュニティ）、3) 学生―行政の人との間（規則）、4) 学生―指導教員との間（規則とコミュニティ）、5) 指導教員―企業との間（規則とコミュニティ）の 5 面であった。多くの対立や葛藤は作業内容と作業方法、スケジュール調整に関わるところで起きた。またそれは突然起きて拗れたことや、ある程度事前に予想して起きたこと、予想と反対方向で起きた。そして一番興味深かったこととしては、学生が企業側と対立すると考えて臨んだことが全く対立にならずに、拍子抜けになったことであった。学生間の対立で最も典型的なものは、取材や撮影などでの意見の違いからであった。撮るシーンのアングル、美的感覚、インタビューの構成、受け答えやスケジュール調節によるものが原因であった。

　解決策の一つとしては、スケジュール編成や大学の実験室や自宅で行っていた編集作業などを、他のグループのメンバーとの協働で助け合ってやっていたこともあった。アポ取りで会社側から注意されたり、作品の修正のリクエストが相手方の複数の担当者から学生らにバラバラに来て、何週間か振り回され、苛立ちから一時は納得のいかない怒りで一触即発になったこともあった。毎週のゼミミーティングで進捗を報告してもらいつつ、怒りを鎮めたり、他のグループメンバーからのアドバイスや慰めの言葉で怒りが収まったということは時々あった。また、実験室での編集作業時に作業のやり方などのずれが原因で、互いに口も聞かないという険悪なムードのまま徹夜で映像編集をしたり、時の経過というある意味効果的な特効薬で解決したこともあったようである。私の立ち位置は学生らが自分たちがやると決めたことで、多少なりとも謝礼金が生じる社会的にも責任ある活動であり、自分たちが決めた作業ルールを見直し、修正して遂行するという実にシンプルな仕事であることは常に強調した。また、私は聞かれない限り作業工程などにはほとんど口出さずに、多少の摩擦や葛藤は自分たちで解決しようね、というスタンスだったので学生もこちらを頼らず、というかほぼ無視してやっていたという印象もある。

　その反面、制作交渉過程でだいぶ揉めた精肉業会社の PV 制作では、作品

完成後に同社が都内に経営する焼肉店に招待されたという心地よい体験もしたこともあり、感情的なしこりや葛藤、不満などが解消される結末にもなったのは興味深い。このような「商売もの」のやり取りなどに関するようなことは大学ではなかなか教えない、教える必要もない、伝えられないことでもあり、有難いこともあった。

　また 2016 年には、学生から担当する会社への連絡が 1 ヶ月以上滞り、当然のことながら相手側の怒りを買い、担当の県庁職員、指導教員である私、担当学生とで菓子折りを持って謝罪に行ったこともあった。学生個人の不始末で県庁職員役職者に頭を下げさせたことについては、後日ゼミでことの経緯を話し、全員で分析し、反省し合ったこともあった。学生による作業の懈怠 (コミュニケーションの問題) から不満、怒り、取りなし、謝罪という通例である一連の作業も良い教材ではあるのだが、学生は学外の、あまり馴染みのない人が本気で怒ることにも直面し、関係を修復するという経験をあまりしないないため、致し方ないことでもあった。どのように相手方の怒りを静めるのかということを、知識ばかりでなく、互いの知恵、知性を活用して時間もかけて話し合った。

　このように 1 つの活動を以前の経験者や参加者であった先輩とのつながりや意見交換、協力なども大切にして何年も継続して実践しているとわかってくることも多い。継続した経験が良い教材となるという考え方は説得力がある。毎年起きる実務や感情に関わる出来事にも共通しているものとその年、その参加メンバー独自のものがある。調節や解消方法も参加者相互の努力やおもいやり、知恵に委ねたいとは考え、そしてこちらも学びたいと思う。実践するという労働も心的負荷も協働で行うことで緩和されたり、乗り切り易くなるのかもしれない。教員は様々なトラブルで毎日試され、成長を続けるということであろう。

6.　おわりに

　まず全体的な立て付けとして、大学としての学生の人権に対する部署の設

置、人の配置や卒業単位への接続を考えた授業プログラムはこの15年ほど確実に充実しており、かつ発展途上でもある。それは私が関わる教育の具体例の上位に位置する組織的な枠組みとして重要なものである。そしてその学生の権利保護の具体的な理解となるように該当箇所で全学生に向けて、卒業単位にもなる科目が開講されている。そして最も現実に起きる問題や課題が実践に埋め込まれているところに、各学部における個々の教員の不断の教育実践が求められる。その実践の過程の様々な活動に葛藤、対立、合意形成などという生きる上で重要な人間活動があり教員が日々取り組んでいるという構造になる。

　教員としての留意点は、1) スピード感溢れるデジタルコミュニケーションの長所を活かしつつ、且つ、2) 手間のかかるアナログコミュニケーションとしての日常的な授業内外での対面活動を充実させること、3) 人と人との情報や感情のやり取りの意義を、日々の授業や学生との対話において相互理解や誤解をしつつ充実させることだと思う。

　今のSNSで起きている既存の登録情報をone clickで消去する（＝関係を断つ）、写真に写った不要の人間を簡単に削除するという簡便で日常的な「抹殺」には、落胆や怒り、やりきれなさを感じ、メディア属性を憂慮する。我々はそういう現状にどこか感覚が麻痺しているのかもしれない。私が関わるメディア教育では倫理や論理もスキル修得、知識獲得と同等に重要であると考える。そこでは大学からつながる学外にて、ややこしいことが起きがちな実践活動の経験も重要である。残念ながら人は自分のアイデンティティを隠して、攻撃的なメッセージの放り投げや相手が嫌がるアップロードを行ってしまう。Stop and think、「できること」はそのまま「やって良いこと」とは限らない。ストレス、摩擦、苛立ち、憔悴、葛藤を増やしてばかりである。生成AIへの安易な「友達登録」も要注意である。適切な距離感と親和性が賢明であろう。

　現実にその時代、その年の目の前の若者と一緒に何ができるのかと言うことを、「継続する経験という教材」として捉えて実践をすると、本章で述べたような活動として描けるように思う。日常使用しているデジタルメディアの送受信、反応速度、横広がりの瞬時のコミュニケーションなどというメディ

アの属性に影響を強く受けて、身体反応速度、認知反応などに過度に馴染んでしまい、待てない、忍耐力が減るなど、人がメディア化している現在、教員の出来そうなことの一つとしては、日常業務を迷いつつも毎年工夫を凝らし、汗をかきながらなんとか続けていけることが重要であると考えたい。そういう学生との活動や現代人の「タイパ」、「倍速視聴」といった社会現象の意味を、学生同士の議論を通して、現代的課題でもある日常の「つながり不安」を和らげたり、メディア接触がより人の幸せに影響を与えるような構造を考える必要がありそうである。

　本章で紹介した実践例などはその中心が人と人の直接のぶつかり合いの実践であるが、そこでのコミュニケーションにはメディアもテクノロジーもかなり関与している。時にその統合は面倒で手間がかかり、ややこしくもある。簡単に one click では進まない構造の実践にもなっている。オンラインでできることの簡便さや良さはとことん追求する必要もあると思う。逢って行うと効率が良いこと、効果があること、楽しいこと、発見できることなども多く埋め込まれているのが教育実践である。このようなことを考えつつ、まだまだ私自身関わりながら、お節介を続けてみる。

引用文献

Gagne, R. M., & Briggs, L. J. (1976). *Principles of instructional design (Expanded 2nd ed.)*. Holt Rinehart Winston.

Heinich, R., Molenda, M., Russell, J. D., & Smaldino, S. E. (1996). *Instructional media and technologies for learning (Expanded 7th ed.)*. Merrill Prentice Hall.

保﨑則雄 (2016)「映像表現という活動」山地弘起編著『かかわりを拓くアクティブ・ラーニング：共生への基盤づくりに向けて』ナカニシヤ出版.

保﨑則雄・藤城晴佳 (2021)『海外研修×ディープ・アクティブラーニング：早稲田大学保﨑研究室18年間の実践活動』早稲田大学出版部.

保﨑則雄・冨永麻美・北村史 (2023)『対話を重視した新しいオンライン授業のデザインを創る：映像モード・音声モード・文字モード・身体モードの役割とは』唯学書房.

Kemp, J. E., Morrison, G. R., & Ross, S. M. (1998). *Designing effective instruction*. Merrill.

Lave, J. & Wenger, E. (1991). S*ituated learning: Legitimate peripheral participation*. Cambridge.

冨永麻美・保﨑則雄 (2023)「大学生がオンラインで映像制作を協働する過程において形成される態度と変容する意識」『人間科学研究』36(1), 15-27.

山住勝広・Y. エンゲストローム編著 (2008)『ノットワーキング Knotworking：結び合う人間活動の創造へ』新曜社.

【参考リソース】

- 異文化交流センター（ICC）　https://www.waseda.jp/inst/icc
- 障がい学生支援室　https://www.waseda.jp/inst/dsso
- GS センター　https://www.waseda.jp/inst/gscenter/

　　これら 3 つのリソースは、早稲田大学としての学生への取り組み全般についての情報である。それぞれに職員が配置してある 3 つの組織が常に連携して大学全体の軸として全学生、全教職員が自由に参加、関与できるようになって動いている。全ての大学関係者（留学生も含めて）が活動に参加するばかりではなく、運営に関わることもあり、日本人学生や留学生も含めた流動的な参加、運営がプログラムの活性化につながっている。

- 谷 美奈（2021）『「書く」ことによる学生の自己形成：文章表現「パーソナル・ライティング」の実践を通して』東信堂.

　　私が関わる授業で学生が書くものは、アカデミックライティングとパーソナルライティングが融合され、発信する、表現する、表象するという包括的な描き、となっているので、シームレスな主体的な描きということを考えるためにヒントになる分析だと思われる。

- NHK 番組（10/03/2022 放送）「中学生がスマホで夏休みを撮ってみた」

　　コロナ禍で 4 人の中学生が自分で自分たちの夏休みの生活や活動をスマホで撮影し、自分たちが経験した苦しみや葛藤とともに、映像で描いている。兄との関係性を見直した中学生、ダンスイベントが全て中止となり、悩みつつ一人でダンスレッスンに励む中学生、バス釣りにはまって趣味を考え直した中学生、不登校者としての自分の学びと将来のことに悩む中学生一人一人が中学生の視点で正直に描かれている。NHK オンデマンド（NHK の有料の配信サービス）で視聴可。https://www.nhk-ondemand.jp/goods/G2022122456SA000/（2024 年 1 月 15 日）

- 映画「十二人の怒れる男」（原題　12 Angry Men,1957年, 米国）

　　十二人の陪審員の葛藤や説得を描いた映画である。18 歳の少年が、父親殺しの罪で起訴され、当初は、陪審員 12 名中 11 名が有罪の結論を出した。しかし陪審員のうち一人だけが少年の無実を主張するうちに、次々と無罪の証拠が上がってきて、11 名の陪審員が苦悩し、自省しつつ判断を徐々に変えていき、最終的には審判が覆るという行き詰まる法廷を舞台にした物語。

第3章　キャリアの多様性と社会正義を志向する ライフキャリア教育の実践

勝又あずさ

【本章のポイント】

①キャリア教育では、「働く」視点（ワークキャリア）から考えることに加え、「生きる」視点（ライフキャリア）から考えることも重要である。

②本章では次の2つの視点、1.「自己実現を促すキャリア教育」を補完する「キャリアの多様性と社会正義を志向するライフキャリア教育」の課題、2.「キャリアの多様性と社会正義を志向する教育」において学生のコンフリクトが自身のライフキャリアにどう影響するか、に着目する。

③「キャリアの多様性と社会正義」の授業では次の3つのテーマ、1. 出産・不妊と特別養子縁組、2. LGBTQ と HIV/ エイズ、3. ホームレスと生活困窮 / 社会的孤立について、それぞれ専門家・実践家による講義の後、フィールドスタディを実施した。

④学生のコンフリクトには次の5つの特徴、1. 授業開始時の将来への不安、2. 講義を通した社会問題との対峙、3. 他者の生き方や考え方を通した社会への問題意識、4. 現場での実感と課題の再認識、5. 自らの視野の狭さに気づく、があり、それがやがて他者承認を経て自己承認に繋がる。

---

1. はじめに

日本の大学のキャリア教育（中央教育審議会, 2011）は、若年層の就労・雇用問題の深刻化から 2000 年頃よりその必要性が主張されてきた。文部科学省

(2023) によれば、キャリア教育を正課科目として設置している大学は全体の98.0％であり、科目の目的は、勤労観・職業観の育成、資格取得・就職対策、将来設計が上位を占めており、就職対策に偏っていること (前田, 2020；児美川, 2023) が未だに課題となっている。児美川は、現代のキャリア教育はワークキャリアに傾斜し就職活動との関連を意識しすぎた (場合によってはノウハウ的な) 傾向にあり、学生のライフキャリア全体を視野に入れる必要があると述べている (児美川, 2023)。

　一方で近年、国内外において SDGs[1] 教育、グリーンガイダンス (Plant, 2020；下村・高野, 2022)、DE & I[2] や社会正義のキャリア支援 (Irving & Malik, 2019；下村, 2020) など、社会の諸問題を当事者として考えるキャリア教育もある。また、会社組織においては、サステナブルな (ダイバーシティも含まれる) 企業が投資先としても、就職先としても、商品の購買先としても評価され、その担い手となるサステナビリティ人材が必要とされており (Marquis, 2020；村上, 2021)、それがキャリア教育に影響していることも考えられる。前述の Plant は、これまで提唱されてきたキャリア理論 (Super, 1957；Savickas , 2011, 他) の多くは、自らのキャリア (自己実現) を中心に考え、社会に目を向けていないと批判している (Plant, 2020)。言い換えると、個人の行為が社会にどのようにインパクトを与えるか、社会の当事者としてキャリアを構成していく時代が到来している。

　そこで、本章では次の 2 つの視点、1.「自己実現を促すキャリア教育」を補完する「キャリアの多様性と社会正義を志向する教育」の課題、2.「キャリアの多様性と社会正義を志向する教育」における学生のコンフリクト (本章では特に戸惑い)、ここでは外的な戸惑い (社会の理不尽さ) と内的な戸惑い (自分ならどうするかといった) が学生自身のライフキャリアにどう影響するかについて、授業実践と学生のキャリア構成をもとに言及する。

2. 大学のキャリア教育と社会正義

2.1 日本の大学のキャリア教育
　日本におけるキャリア教育は、「一人一人の社会的・職業的自立に向け、

必要な基盤となる能力や態度を育てることを通して、キャリア発達を促す教育」(中央教育審議会, 2011) と定義され、キャリア発達とは「社会の中で自分の役割を果たしながら自分らしい生き方を実現していく過程」と定義された。2011 年度に、キャリアガイダンス (社会的・職業的自立に関する指導等) が制度化され (中央教育審議会, 2011)、それを機に各大学でのキャリア教育科目の開講が加速した。日本学生支援機構 (2023) によればキャリア教育科目を必修として開講している大学は全体の 70% を超えている。

　児美川 (2014) は、子どもと若者の「社会的・職業的自立」の支援を目標とするキャリア教育は、職業教育だけでなく、生活者としての自立に関わるライフデザイン (ライフキャリア) 教育や、市民としての自立を促すシティズンシップ教育とも、それぞれ密接に関係していると述べている。これらを含んで学校教育全体で取り組まれるべき「広義のキャリア教育」と、勤労観・職業観の育成、職場体験・インターンシップの実施、自己理解や将来設計などに関わる「狭義のキャリア教育」とは、相互の有機的な関連が意識されつつ、混同されることなく取り組まれる必要がある (児美川, 2014)。すなわち、大学のキャリア教育において、社会に出てから直面するであろう様々な課題を、「働く」視点 (ワークキャリア) から考えることに加え、「生きる」視点 (ライフキャリア) から考えることも重要になってくる。

2.2 ライフキャリア教育における社会正義

　本章では、キャリア支援・教育における社会正義を、「人々の不平等や格差、それによって生じる分断に対する社会的公平さ。長期失業、格差、貧困、外国人、性的少数者など、非主流の集団に属している人、社会の縁辺に置かれている人、不正義に支援を受けられない社会構造にたいして、社会問題の解決に取り組んでいく考え方」と定義する (下村, 2020, pp.24-29 を引用、筆者により一部改編)。下村は、現代のキャリア支援・教育に、この社会正義の視点が重要であるとし、3つのプラクティスを示している。3つのプラクティスの第1はすべての層の存在を承認し様々な問題を聴く深い意味でのカウンセリング、第2は個人が自己決定と問題解決を通して自ら人生を切り拓くエンパワ

メント、第 3 は仕組みや制度の改善に向けて周囲や環境に働きかけるアドボカシーである (下村, 2020, pp.200-205)。

　前田は、日本のキャリア教育が職業教育主義に偏っていることを指摘し、社会正義を志向する「ライフキャリア教育」の方向性について述べている。ライフキャリア教育の実践は、自己省察を媒介とした精神的な成長、あるいは内省的な知の獲得を通して、社会正義志向を高めていく導線の役割を果たしている。また、社会科学の学習と並行的に、自分の人生を振り返りながら、それを自分の問題として内実化できるようなキャリア教育が正課教育においても必要であり、そうすることでキャリア教育は、狭義のキャリア支援を超えて、社会科学の知と実践の結合へと導く橋渡し的な役割を果たすと述べている。「振り返り・自己省察型キャリア教育」は、過去から現在 (今、この瞬間) までを省察し、当面の「今」にある自分を客観的に理解しながら、将来に向けて「希望」を持つことを目的とする (前田, 2020)。

　本章で言及するキャリア教育は、前述のようなライフキャリア教育であり、自己実現を促すキャリア教育というより、社会問題を通して生じる自らのコンフリクトを自らのキャリアにどう生かしていくかを重視する。社会問題を、政策的視点で他人事として傍観するのでなく、社会の当事者として向きあう勇気と態度が前提にあってこそ、学びにつながると考えている。学生が、社会の一人 (当事者) としてコンフリクトを乗り越えて、そこで初めて政策的な解決に向かうというプロセスを採る。

3.　キャリアの多様性と社会正義の教育実践

3.1 キャリア教育のカリキュラム体系

　本章では前述の考え方に基づき、「キャリアの多様性と社会正義を志向する教育」の実践について言及するが、その実践を紹介するにあたり、先ずこの授業の位置づけ、すなわち、その基になる本学、成城大学の教育理念について述べておきたい。

　成城学園の創立者の澤柳政太郎は、1917 年の創立時に教育の理想として、

「人それぞれの備えている内在的な「天分」を伸ばし、個性の花を開かせること」を示した[3]。成城学園の中で成城大学の創立は1950年、教育ビジョンは「将来にわたっても、「所求第一義」の精神に則り、真理を究める研究を行うとともに、各人の個性を大切にする教育によって、独創性と協働性を培い、未来を切り拓くことのできる人材」である。また、ディプロマ・ポリシー（卒業の認定に関する方針）の4つの方針の一つに「豊かな人間性を持ち、多様な人々と協力して社会に貢献する意欲と能力を身につけている（主体性・多様性・協働性）」があり[4]、これらの方針に倣いキャリア教育が開講されている。

　本学でキャリア教育科目が初めて開講したのは2006年度であり、当初は全学共通教育科目の中に計1科目2クラスが設置された。その後、2回のカリキュラム改編を経て現在に至り、2023年度は正課として計14科目16クラス開講している（表1-3-1）。現カリキュラムの特徴としては主に次の4点、1. 理論と実践を組み合わせ、理論を実際に体験しながら体験的に理解を深めていく。2. 初年次から高年次まで成長段階にあわせて勤労観・職業観を醸成する体系的な科目構成、3. 学部・学科・学年の異なる学生同士が、他大学、企業、卒業生、学園内、地域、学内教職員と関わりながら相互学習を行う。4. 正課科目と正課外プログラムを有機的に連携させ、単に行動を促すだけでなく、土台となる意識の形成も重視する。図1-3-1のように、自己理解、他者理解、組織・集団理解、社会理解を往来し、総合的に自らのライフキャリアを開発していく（勝又, 2023）。

3.2 キャリアの多様性と社会正義の授業実践

　対象科目「キャリア・プランニング・プログラムⅠ」は、キャリアデザイン科目群の集大成科目として設置され、全学部・3, 4年生対象を対象に2017年度より継続的に開講している。履修生は他のキャリア科目を履修しキャリア形成の基盤を整え、アドバンスな学びに臨む。授業では社会の諸問題に向きあいながら、社会正義の視点からライフ・キャリアについて理解することを目的としている。2023年度は、社会問題として次の3つのテーマ、1. 出産・不妊と特別養子縁組、2. LGBTQ と HIV/ エイズ、3. ホームレスと生活困窮 /

表 1-3-1　成城大学キャリアデザイン科目一覧 (2023 年度)

	科目・講座名	配当	概要
正課	キャリア形成Ⅰ〈コミュニケーション〉	1-4	対話を通して自己・他者・社会について考える
	キャリア形成Ⅱ〈リーダーシップ〉	1-4	ファシリテーションを通してリーダーシップを学ぶ
	キャリア形成Ⅲ〈ワークライフバランス〉	1-4	仕事と生活との調和を理論と実例を通して学ぶ
	キャリア形成Ⅳ〈チームワーク・協働〉	1-4	小田急の未来をチームで協働しながらデザインする
	プロジェクト演習〈ホスピタリティとサービス〉	1-2	真のホスピタリティを現場から学び自ら実践する
	プロジェクト演習〈企業提案〉	1-2	企業の人材育成の内容を先取りして体得する
	プロジェクト演習〈企業提案〉	1-2	NTT データと共に社会の未来をデザインする
	成城インターンシップ	1-4	国内・海外の現場での実践から仕事とビジネスを学ぶ
	業界企業分析	2-4	業界と企業の現状と動向を複数名の実務家より学ぶ
	職業選択	2-4	VUCA 時代のライフ・キャリアをケーススタディする
	時事英語 (2 クラス)	1-4	時事問題をトピックにキャリアの視点から英語を学ぶ
	時事問題研究 (2 クラス)	2-4	リアルタイムのニュースを新聞記者・関係者より学ぶ
	キャリア・プランニング・プログラムⅠ	3-4	キャリアの多様性と社会正義を専門家と現場から学ぶ
	キャリア・プランニング・プログラムⅡ	3-4	学びのプラットフォームをデザインし大学・学長に提案
正課外	澤柳塾	1-2	創立者澤柳政太郎先生の理念を学び継承する
	世田谷学生交流プログラム	1	6 つの大学の 1 年生 30 名で世田谷区へ施策を提案
	ワーク×ライフ×マネーバランス講座	1-4	生活設計のための金融経済の基本を実務家より学ぶ
	キャリアの多様性と社会正義	1-院	キャリアの多様性と社会正義を専門家と現場から学ぶ

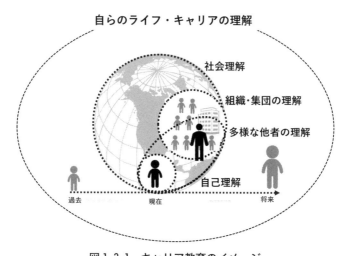

図1-3-1 キャリア教育のイメージ

キャリア自律開発モデル(花田・宮地, 2003)を参考に筆者作成

社会的孤立について、それぞれ専門家・実践家による講義の後、フィールド
スタディ(本章では短時間の現場実習)を実施した。この一連の活動を通して学生
は、社会問題にたいして当事者意識を持ち、自己を認識する機会を得ていく。
授業全15回のながれは**表1-3-2**を参照されたい。授業は、[講義の事前学習
→ゲスト講義→講義のふり返りとフィールドスタディの事前学習→フィール
ドスタディ→フィールドスタディと全体のふり返り]を、前述の3テーマご
と繰り返し、**図1-3-2**のように学生相互の意見から学びを深めていく。学生
は同じ活動をしながらも異なる気づきを共有することで、学生のキャリア構
成につなげていく。本科目では、第1回の授業で科目の趣旨を丁寧に説明する。
毎年度若干名であるが授業内容を理解した上で履修を辞退する。しかし、履
修確定後はほとんどの学生が離脱することなく最後まで学んでいる。

　次に3つのテーマそれぞれの2023年度の概要について紹介する。はじめに、
1.出産・不妊と特別養子縁組のテーマでは、不妊ピア・カウンセラーによる
講義の後に、フィールドスタディでは二葉乳児院(新宿区南元町)を訪問した。
講義では、自らが30歳から10年以上不妊治療に取り組み、2回の流産の後

表1-3-2　「キャリア・プランニング・プログラムⅠ」授業全15回のながれ

1. 科目趣旨説明、人権の尊重（人格教育）、導入講義、クラスづくり
2. テーマ①出産に関する課題：講義「不妊からの特別養子縁組、新しい家族の形」
3. テーマ①の講義での学びを整理しながらダイアログ（対話）
4. 課外活動：二葉乳児院訪問（信濃町）
5. 課外活動での学びを整理しながらダイアログ（対話）
6. テーマ②LGBTQに関する課題：講義「セクシュアリティの多様性」
7. テーマ②の講義での学びを整理しながらダイアログ（対話）
8. 課外活動：コミュニティスペースakta訪問（新宿2丁目）
9. 課外活動での学びを整理しながらダイアログ（対話）
10. テーマ③ホームレスに関する課題：講義「ホームレス問題とBIG ISSUEの取組み」
11. テーマ③の講義での学びを整理しながらダイアログ（対話）
12. 課外活動：「道端留学」BIG ISSUEの販売（新宿西口）
13. 課外活動での学びを整理しながらダイアログ（対話）
14. 課外活動：三友会訪問（山谷地域）
15. 課外活動での学びを整理しながらダイアログ（対話）、授業の総括

　の死産の経験、その後、特別養子縁組で養子を迎えたゲスト講師のライフストーリー、加えて、不妊に関する基礎知識、国内外の不妊治療の現状とその支援の問題について話を聞いた。一方で社会では、出産後にも様々な問題があり、出産しても育てられない子どもの支援については、フィールドスタディ先の二葉乳児院にて院長に話を聞いた。具体的には、保護者の離婚や死亡、家庭環境など乳児院で預かる子どもの背景、院内の事業概要とスタッフの業務内容、退所後の進路としての児童養護施設、里親支援のもと成長していく子どもの成長過程等について説明を受けた。説明の後には施設内の、子どもたちの生活の部屋、調理室や浴室、親との面会室等一通りを見学し、最後に30分間程の質疑応答を行った。

　次に、2.LGBTQとHIV/エイズのテーマでは、文化人類学者/ゲイアクティビスト砂川秀樹氏による講義の後に、フィールドスタディでは厚生労働省委託事業としてHIVの予防啓発・支援を行うコミュニティセンター「akta新宿」（新宿二丁目）を訪問した。講義では性の多様性に関する基礎知識、砂川氏自らも実行委員長や共同代表を務めた「東京プライドパレード」、「ピンクドット

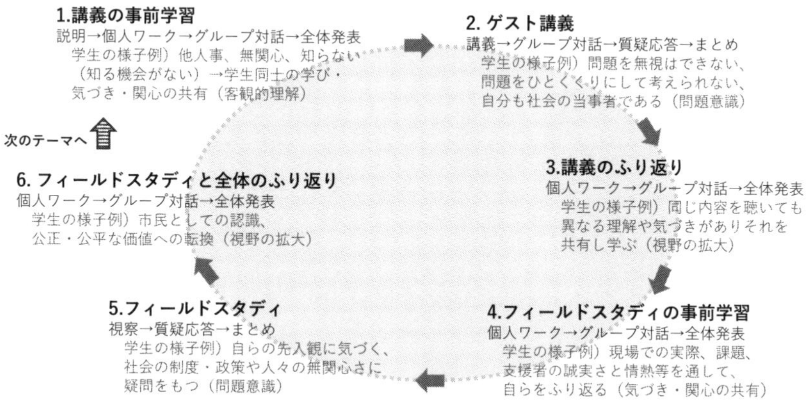

1.講義の事前学習
説明→個人ワーク→グループ対話→全体発表
　学生の様子例）他人事、無関心、知らない
　（知る機会がない）→学生同士の学び・
　気づき・関心の共有（客観的理解）

2. ゲスト講義
講義→グループ対話→質疑応答→まとめ
　学生の様子例）問題を無視はできない、
　問題をひとくくりにして考えられない、
　自分も社会の当事者である（問題意識）

次のテーマへ

6. フィールドスタディと全体のふり返り
個人ワーク→グループ対話→全体発表
　学生の様子例）市民としての認識、
　公正・公平な価値への転換（視野の拡大）

3.講義のふり返り
個人ワーク→グループ対話→全体発表
　学生の様子例）同じ内容を聴いても
　異なる理解や気づきがありそれを
　共有し学ぶ（視野の拡大）

5.フィールドスタディ
視察→質疑応答→まとめ
　学生の様子例）自らの先入観に気づく、
　社会の制度・政策や人々の無関心さに
　疑問をもつ（問題意識）

4.フィールドスタディの事前学習
個人ワーク→グループ対話→全体発表
　学生の様子例）現場での実際、課題、
　支援者の誠実さと情熱等を通して、
　自らをふり返る（気づき・関心の共有）

図1-3-2　「キャリア・プランニング・プログラムⅠ」テーマごとの6つのステップ

沖縄」の取組み、カミングアウトについて、そして法をめぐる問題と当事者が抱える課題などについて話を聞いた。性をめぐる問題の一つであるHIV/エイズについては、訪問先のakta新宿にて理事に話を聞いた。具体的には、HIV/エイズの基礎知識、日本における陽性者の推移、その背景にある問題、予防啓発として新宿二丁目のバーやクラブにコンドームやパンフレットを配布する活動など、20年間に亘る諸活動と各事例について説明を受けた。

　3. ホームレスと生活困窮／社会的孤立のテーマでは、ホームレス経験者の自立を支援する事業「ビッグイシュー」東京事務所長による講義の後に、フィールドスタディでは「道端留学」（新宿駅南口付近）に加え、山友会（東京山谷地域）を訪問した。講義ではホームレスをとりまく問題とその背景、ビッグイシュー立ち上げの経緯、20年間の沿革、販売者の自立のケース、貧困ビジネス等の問題について話を聞いた。「道端留学」はBIG ISSUE誌の販売体験である。本誌の販売者によるレクチャーの後に、販売用のID（名札）とユニホーム・帽子を着用し実際に路上に立ち本誌を販売する。路上では、大勢の通行人やアーチストの演奏、ビラ配りなど、自らの声が通らない程に混雑した中で、1時間以上声を出し立ち続けても1冊も売れないこともある。そのような中で、BIG ISSUE誌を支持し購入してくれる人との交流、道を尋ね

てくる外国人との会話など、これまでの生活では得られない経験と出遭いに恵まれることもある。販売終了後は路上でふり返りを行う。販売者とスタッフへ質問し、各々の感想を共有して解散といったプログラムである。その後日に訪問した山友会では、副代表より山友会の主な事業として、生活相談、無料クリニック、共同墓地の運営、炊き出し等のアウトリーチについて話を聞き、施設内見学の後、山谷地域を歩きながら説明を聞いた。

　これらのテーマをライフキャリア教育の中に実装した理由として、特に1. と 2. は初等中等教育で性教育が十分でないために、各問題に対して学生の知識が不足していること、現代の社会で学生がライフキャリアを構成するうえで、また卒業後に会社組織の一員として、知っておく必要があると考えたからである。3. は 1. と 2. の問題とも関連しており、前述「キャリアの多様性と社会正義」に関して優先すべき課題と考える。実施にあたり、授業時間が限定される中で、大学所在地から訪問先へそれぞれ 30 分〜 50 分程で到着できるという利点もある。

　各活動を通して学生は諸問題に多くの疑問を持ち始めた。実際にあった質問について抜粋して紹介すると、前述の 1. では「特別養子縁組でお迎えしたお子さんへの真実告知はどのようにするのか」、「乳児院で育つ子どもたちの幼少期の思い出はどのように残していくのか」。2. では「LGBT について教育やニュース等でとりあげていることに当事者はどう思うだろうか」、「コンドームを日本では避妊具と呼ぶ場合もあるがどう捉えるか」。3. では「ホームレスを広義に捉えれば心のホームレスもホームレスではないか」、「簡易宿泊所で孤立している高齢者にはどのような支援をしているか」といった質問であり、講師より回答を得ながらさらなる疑問が生じた。質疑応答は質問者だけでなく、他の学生の気づきを促す機会にもなったようである。本章で紹介した 3 つのテーマでの講義・フィールドスタディの詳細を**表 1-3-3** にまとめたので、こちらも参照されたい。

3.3 学生の経験学習とその省察

　図 1-3-2 に示したテーマごとの 6 つのステップでは、経験と省察が随時で

表1-3-3 3つのテーマの講義とフィールドスタディの詳細

テーマ	講義	フィールドスタディ
1. 出産・不妊と特別養子縁組	不妊ピア・カウンセラーによる講義：不妊治療の国内外の現状とその支援の問題、里親（養育家庭）支援、特別養子縁組、避妊、赤ちゃん遺棄、社会的養護に関する基礎知識、現状と問題、取組み内容と課題、社会問題の解決にむけての対策・事例等。ゲスト講師自身が不妊治療に取り組み、その後特別養子縁組で赤ちゃんを迎えられた、これまでのライフストーリー。質疑応答。 質疑の例：特別養子縁組でお迎えしたお子さんへの真実告知はどのようにするのか。お子さんをお迎えするにあたって夫婦でどのような話し合いをされたのか。	二葉乳児院（新宿区南元町）を訪問：二葉乳児院の事業内容、乳児の入所前の状況と入所理由（出産しても育てられない様々な事情として保護者の離婚や死亡、家庭環境の問題など）、入所期間中の支援体制（院内の事業概要とスタッフの業務内容）、退所後の進路としての児童養護施設、里親支援のもと成長していく子どもの成長過程について。施設内見学（子どもたちの生活の部屋、調理室、浴室、洗濯室、親との面会室、親子ルーム、ショートステイ、一時保育室、ひろば、心理相談室等）、質疑応答。 質疑の例：乳児院で育つ子どもたちの幼少期の思い出はどのように残していくのか。DVなどの問題は他の機関とどのように共有され連携をはかっているのか。
2. LGBTQとHIV/エイズ	文化人類学者／ゲイアクティビストによる講義：性の多様性に関する基礎知識、現状と問題、取組み内容と課題、法をめぐる問題と当事者が抱える課題、解決にむけての対策・事例等。砂川氏自らも実行委員長や共同代表を務めた「東京プライドパレード」、「ピンクドット沖縄」の取組み、カミングアウトについて。質疑応答。 質疑の例：LGBTについて教育やニュース等でとりあげていることに当事者はどう思うだろうか。カミングアウトしてくれた友人を大事にしたいがどのように対応するのがよいか。	「akta新宿」（新宿二丁目）を訪問：HIV/エイズの基礎知識、日本における陽性者の推移と状況、その背景にある問題。厚生労働省委託事業としての「akta新宿」の事業目的、相談内容とその支援体制、陽性者の推移、カミングアウトと周囲の支援について、予防啓発として新宿二丁目のバーやクラブにコンドームやパンフレットを配布する活動、郵送でのHIV・梅毒検査キットの配付、情報提供、個別相談等。質疑応答 質疑の例：コロナ禍で来室できない方への支援とその工夫について。コンドームを日本では避妊具と呼ぶ場合があるがどう捉えるか。
3. ホームレスと生活困窮／社会的孤立	ビッグイシュー東京事務所長による講義：ホームレスに関する基礎知識、現状、貧困ビジネス等の問題、ビッグイシューの取組み内容と課題、社会問題の解決にむけての対策・事例等。ホームレス経験者の自立を支援する事業「ビッグイシュー」立ち上げの経緯と20年間の沿革、販売者の自立のケース、海外でのその他のストリート雑誌との連携。質疑応答。 質疑の例：公園のベンチに仕切り板を設置し公園で生活できなくなったホームレスへの対応について。ホームレスを広義に捉えれば心のホームレスもホームレスではないか。	「道端留学」（新宿駅南口付近）：新宿駅南口付近の路上でのBIG ISSUE誌の販売体験（販売者によるレクチャー、個々に路上に立ち体験）、販売終了後の全員で路上での感想共有、質疑応答。 質疑の例；販売において工夫していること、購入者とのコミュニケーション、BIG ISSUE誌を販売することになった経緯と、販売者間の連携について。 山友会（東京山谷地域）を訪問：山友会の事業内容、相談内容とその支援体制（無料クリニック、生活相談、炊き出し・アウトリーチ、食堂、居場所・生きがいづくりプロジェクト、共同墓地の運営）を聞き施設内を見学。山谷地域を歩き、地域全体の支援と課題、地域内での連携とコミュニティを視察。質疑応答。 質疑の例：簡易宿泊所で孤立している高齢者にはどのように支援しているか。無料のクリニックはどのようにして成り立っているのか。

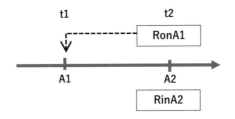

図1-3-3　行為について・行為の中の省察

出所：河井 (2018)

なされていることが考えられる。そこで本項ではまず、経験学習と省察の考
え方について紹介する。経験学習とは、具体的経験、省察的観察、抽象的
概念化、能動的実験の局面をスパイラル状に進むプロセスである (Kolb, 1984)。
経験学習では、人の経験は自らが直接関わった「直接経験」に加え、他者か
ら学ぶ「間接経験」があり、他者の経験は、「自分の経験にはどんな意味があ
るのか」、「今回の経験から何を学ぶべきか」といった自らの直接経験を振り
返り意味を考える上で貴重な情報となる (松尾, 2011)。

　経験と省察の影響関係は、D.A. ショーンの2つの省察 (Reflection) の視点、
すなわち「行為の中の省察」(行為の最中に行なわれる省察；Reflection-in-action) と「行
為についての省察」(行為の後でなされる省察；Reflection-on-action) から整理されて
いる。河井 (2018) はこの行為を A、リフレクションを R、「の中での」を in、「に
ついての」を on とし、行為の中でのリフレクションは RinA、行為について
のリフレクションは RonA と表記し、両者とその関係を**図1-3-3**のように示
している。

　図1-3-2における学生の経験と省察を図1-3-3の枠組みに当てはめると、学
生自らの直接経験と他の学生を含む多様な他者からの間接経験に対する、行
為についての省察 (RonA) と行為の中の省察 (RinA) は相互に作用し、省察が深
化していることが考えられる。例として、授業のながれ (図1-3-2) に対応し
て**図1-3-4**のように、ゲスト講義の中の省察を R2inA2、その後のフィール
ドスタディの中の省察は R5inA5、ゲスト講義についての省察を RonA2 とし
た場合、ゲスト講義についての省察をフィールドスタディの中で省察する

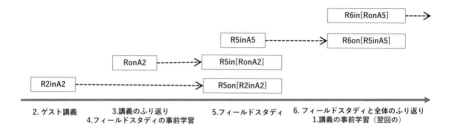

図1-3-4　本実践における学生の行為について・行為の中の省察の例

河井 (2018) を参考に筆者作成

R5in[RonA2]、フィールドスタディの中の省察について次の授業で省察する R6on[R5inA5]、フィールドスタディについての省察を次の授業の中で他者と意見共有をしながら省察する R6in[RonA5] などがある。すなわち、直接経験と間接経験それぞれの行為 (A) とその省察 (R)、on と in、自らの R だけでなく他者の R の on と in とが間接的に相互に作用しながら省察が深化する。さらに、3つのテーマの講義内容や現場での体験の R と A、on と in も複雑に作用することが推察される。授業を通したこのような経験と省察が学生のライフキャリアにどのように影響するか、次節で考察をしていく。

4. 学生のキャリア構成とコンフリクト

4.1 学生のキャリア構成プロセス

本実践における、学生のコンフリクトを介したキャリア構成について、本節では勝又 (2021) を加筆・修正して紹介する。ここでの分析対象者は本研究の該当科目の2021年度の履修生全8名 (内訳：3年生7名、4年生1名) であり、学生の記述データを学内の研究倫理規定に基づき分析を行った。プロセスの分析には M-GTA を援用し独自の分析方法を採った。分析テーマは「社会正義を志向するキャリア教育における、学生のコンフリクトを介したキャリア構成プロセス」と設定した。分析においては、24のコードに計1,089の割り当てを行い、これらのコードを束ねて22概念が生成された。**表1-3-4**に22

表 1-3-4　カテゴリー・概念・定義・頻出数・出現者数の一覧

	概念	定義	頻出数	人数	出現率
社会問題にたいする意識形成	1-1. 社会問題への関心	自らをとりまく社会の様々な問題に関心を持つ	53	8	100
	1-2. 講話への共感	ゲスト講師の講義の内容を聞きそれに共感する	84	8	100
	1-3. 社会問題にかんする現状理解	社会の諸問題についての現状を知り理解する	96	8	100
	1-4. 社会問題と自己との対応	諸問題を自らの状況やライフキャリアに重ねて考える	77	7	87.5
	1-5. 社会問題への問題意識	社会の諸問題に対しての問題意識が高まる	80	8	100
	1-6. 現場での体験・体感	社会の現場に身を置きその状況を体験し体感する	19	7	87.5
	1-7. 現状の再認識・実感	講義での諸問題の現状を現場で再認識し実感する	38	7	87.5
	1-8. 社会問題にたいする新しい視点の獲得	社会の諸問題に対しての新しい視点を得るようになる。	54	7	87.5
	1-9. 当事者意識の形成	問題を構成する当事者の一人としてその問題を捉える	33	5	62.5
	1-10. エンパワーメントの向上	学生自身の主体的で自律的な意思決定力が高まる	16	3	37.5
	1-11. 自発的行動とアドボカシー	問題の解決にむけて周囲へ適切な働きかけを行う	30	5	62.5
自己のライフキャリアの意識形成	2-1. 他者のキャリアへの関心	他者の生き方や人生観、困難克服の経験に関心をもつ	43	7	87.5
	2-2. 他者のキャリアへの共感	他者の生き方や人生観、考え方等に共感する	34	7	87.5
	2-3. キャリアの多様性の理解	ライフキャリアは多様であることを理解する	12	5	62.5
	2-4. 他者のキャリアを通した問題意識	他者の行動や経験を通して問題意識を持つ	20	6	75
	2-5. 自分の視野の狭さへの気づき	見る・聞く・知ることで自らの視野が狭いことに気づく	7	4	50
	2-6. 現実の客観的解釈	世の中の現実を客観視し俯瞰して解釈する	2	2	25
	2-7. 新たな視点の獲得	これまでにない新たな視点や考え方を得る	34	8	100
	2-8. 他者の考えや行動への承認	他者の考えや行動の背景を肯定し承認する	30	6	75
	2-9. 自己の考えや行動への承認	自らの考えや過去現在未来の行動を肯定し承認する	16	6	75
	2-10. 自己の目指す姿の検討	自らどう生きるか、何を大事にするかを検討する	23	7	87.5
	2-11. 自己の意思確認と実行	自らの行動に対しての意志を確認し実行する	10	6	75

合計　811

勝又（2021）を改変

概念の定義、概念の頻出数の合計、出現者数と出現率の一覧を示す。それに
続いて、図 1-3-5 に概念モデル「自己と社会と他者を通したキャリア構成プ
ロセス」とそれに基づくストーリーラインを述べる。尚、図 1-3-5 の縦軸は
自己、他者、社会と 3 つに分類し、横軸は 3 つのテーマそれぞれの過程を示
している。文中のカテゴリーは【 】、概念は《 》で示す。また、文脈に応じて
概念名の語尾を一部変更している場合がある。

　ストーリーライン

　対象の授業において学生は、【社会問題にたいする意識形成】と【自己のラ
イフキャリアの意識形成】の相互作用により自己を構成していく。社会問題
を通して自己のライフキャリアに向きあう際、ゲスト講師や、ゲスト講師の
話に登場する人物、実習先で出会う人々、クラスメイト等、多様な他者の生
き方・考え方に影響を受けている。学生は 3 年生・4 年生であり、就職活動
を通して、様々な不安を抱えながら将来について考え、《2-1. 自己の目指す
姿を検討》している。

　授業では、出産・不妊と特別養子縁組、LGBTQ と HIV/ エイズ、ホーム
レスと生活困窮 / 社会的孤立、それぞれにおいて、ゲスト講師をはじめ各テー
マに関わる《2-2. 他者のキャリアへの関心》を持ち、《2-3. 他者のキャリアに
共感》を覚える。

　一方、本科目の趣旨である、《1-1. 社会問題への関心》の中で、ゲスト講師
の《1-2. 講話に共感》する。

　講話の中では、《1-3. 社会問題にかんする現状を理解》するとともに、《2-4.
キャリアの多様性を理解》する。話題となる《1-4. 社会問題と自己とを対応》
しながら、《1-5. 社会問題への問題意識》を持つとともに、社会問題が影響を
及ぼしている《2-5. 他者のキャリアを通して問題意識》が高まる。

　フィールドスタディとしての《1-6. 現場での体験・体感》では、あらためて
《1-7. 現状を再認識・実感》をするとともに、《2-6. 自分の視野の狭さに気づく》。
その後、《2-7. 現実を客観的に解釈》することで、《1-8. 社会問題に対する新
しい視点を獲得》する。それは、自己のライフキャリアに対する《2-8. 新たな

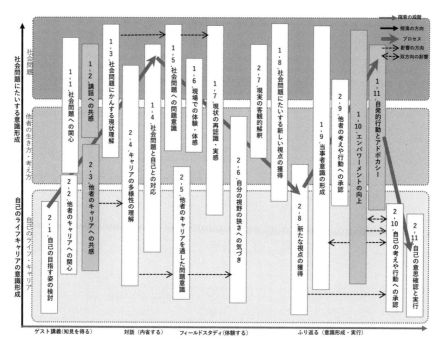

図1-3-5　自己と社会と他者を通したキャリア構成プロセス

勝又（2021）を改変

視点の獲得》にもつながり、《1-9. 当事者意識が形成》される。

　やがて、《2-9. 他者の考えや行動への承認》もできるようになり、加えて自己の《1-10. エンパワーメントも向上》する。それにより、《1-11. 自発的行動とアドボカシー》を通して《2-10. 自己の考えや行動への承認》を経て、《2-11. 自己の意思確認と実行》ができるようになる。

　以上のストーリーラインのように学生は、「自己」と、「社会」と「他者」の3つの視点を往来しながら問題に向きあっている。例えば、講義や対話を通して感じていた社会問題をフィールドスタディの現場で再認識する。多様な他者の生き方や考え方を通して社会問題の理解が深まる。次第に多様な他者への受容もなされ、このような「自己」と「社会」と「他者」との対峙により、視野が拡がり、自らの考えや行動も肯定できるようになる。

　具体的に学生がどのようなプロセスを経ているか、各概念に割り当てられた学生の実際の記述(ヴァリエーション例)を以下に示す。

　　社会問題は沢山あるけれども、知ろうと思う目を持たないと視野に入っていても気付けないことです。私たちは自分の目の前のことで精一杯になりがちですが、本当は自分たち以上に現状に苦しんでいる人が沢山いました。その一方で、その社会問題に対して懸命に働きかけている多くの皆さんのお話を聞いて、人のあたたかさにも触れられたように思います。「知っていれば、何か出来たことがあるかもしれないのに。」都合のいい色眼鏡を私たちは最初からかけていたのかもしれません。《1-5.社会問題への問題意識》《1-8.社会問題にたいする新しい視点の獲得》。

　　私自身にいつ起こってもおかしくないこれらの問題に対して手を差し伸べてくれる存在がいるあたたかさを学び、私もそのセーフティネットの一部になりたいと思えました。自分に出来ることは全然小さいことかもしれないですが、この気持ちや意識がいつか誰かの役に立てればと思います。これまで授業を受講して感じた気持ちを忘れず、社会に出ていきたいと思います《1-10.エンパワーメントの向上》《1-11.自発的行動とアドボカシー》。

　このように、学生は社会の諸問題に対する新しい視点を獲得し、それは自己のキャリアの新たな視点の獲得にもつながり、問題に対する当事者意識が形成され、やがて自他の是認と自発的行動につながることが推察される。尚、本研究の概念生成にあたっては、理論的飽和にむけて継続的比較分析を行ったが、更なる精査が求められることを述べておく。

4.2　学生の省察とコンフリクト

　本実践における学生のコンフリクトを整理すると次の 5 つ、1.授業開始時の将来への不安、2.講義を通した社会問題との対峙、3.他者の生き方や考え

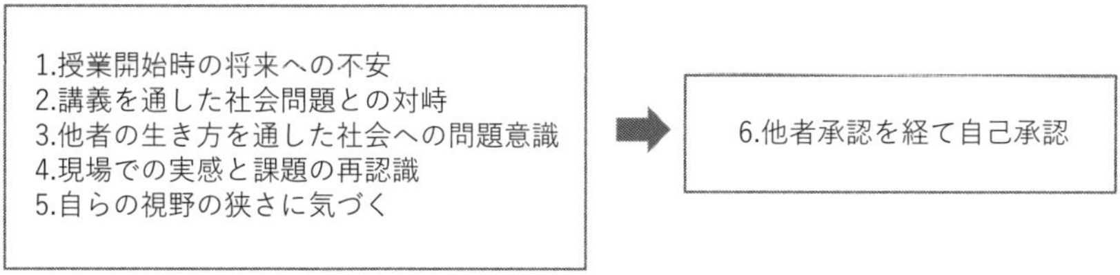

図1-3-6　本実践における学生のコンフリクトの整理

方を通した社会への問題意識、4. 現場での実感と課題の再認識、5. 自らの視野の狭さに気づくといった特徴があり、やがてそれが、6. 他者承認を経て自己承認に繋がる（**図1-3-6**）。

　それらの具体例として、これらの問題を知らずに生きてきた自分に対しての葛藤、当事者ではないために話を聞くだけで理解した気持ちになる自らへの憤り、解決しにくい問題に対して評論家的な視点で議論することへの問題意識、自らのアドボカシー活動の困難さなどが見受けられた。これらに該当する学生の記述を以下に紹介する。

　　　これまでホームレス問題は私には関係ないと思っていた。佐野さん（ゲスト講師）の話を聴いて衝撃を受けたと同時に、知らないという自分に対する罪の意識と、偏見や色眼鏡で見ていた自分に残念な気持ちだった。

　　　体験しても、自分がその状況の立場に実際にたったわけでない。自分のことのように理解して語ることはできない。同情でなく状況に理解を示す姿勢で語るべきである。

　　　今の自分なりに全力で考えた、だが、まるで自分はすべてを知ったかのように話すのは違う。今後、社会で経験していく、そのときに、この体験が経験として身につくことができると思っている。

　　　自分たちは周囲の偏見に囚われず、ありのままの姿を見る事で「何が

今問題なのか」や「自分達はどう行動し、また問題にどう向き合えば良いのか」という行動をとる必要がある

*　学んだ上で今後どうするべきなのか、というのが私たちの課題である。自分の視野は拡がったけれど、それを無闇に広めて良い話題では無い。キャリア科目というものを「自己実現を目指し、将来設計を探るための助けとなるもの」、「職業観・勤労観・進路選択に必要な能力や心構えを養い育成するもの」だと定義するならば、闇雲に情報発信をすれば良いというわけではなく、人生の中で自分が必要だと感じた時や、周りに悩んでいる人がいたときに、ここでの知識や感覚、そして経験が生きてくるのだと思う。*

学生は講義やフィールドスタディでの学びに加え、他の学生のコンフリクトも共有し、再び省察することにより新たな気づきを得たり、さらに別の社会問題にも向きあい、視点を拡げる。

*　少人数の希望者が履修する科目だからこそ、公にはタブー視されがちな問題について深く考えることができた。この状況を有効に活用し、今後も多様なトピックに触れたい。フィールドスタディを行う前に講師をお招きして話を聞いたり、事前学習で学生がそれぞれ調べたことや感じたことを共有する時間をとることで、訪問先での学びがより深いものになった。描いていたイメージとのギャップが自分自身の記憶に鮮明に刻まれる。学生同士で積極的にコミュニケーションをとることができたので、トピックからだけでなく、人を通じて視野を広げることができた。*

*　数少ない人たちが多くの貢献をしてくれることも大事ですが、多くの人が小さな貢献をすることの方がずっと大事だと思います。なぜならすべての人が社会問題の当事者で、周りの人が暮らしやすい環境を作ることが自分の環境の暮らしやすさにも伝播するからです。親切の循環が巡*

り巡って、自分を含む誰もが取り残されない社会につながるのだと思います。

　学生は社会の現場に出向きその問題を言語化し他者と共有することで、各課題に対する問題意識が整理されても、コンフリクトは解消しきれずに解決の難しさを感じることもある。そのような中でも自分自身にできることに取り組んだ学生もいた。これまで例えば、ビッグイシュー事務所でのインターンシップ（夜回り等）への参加、成城大学図書館にて「ホームレス問題」に関する書籍の展示、文化祭での出展（ビッグイシューを知ってもらうための活動）、卒業論文のテーマにホームレス問題を設定するなどである。

　以上、自己と社会と他者を通した学生のキャリア構成と、そこでのコンフリクトについて述べてきたが、これらの過程で学生は、社会に向けた戸惑いと内的な戸惑いを交差しながら、視野を拡げ、社会問題と自らのライフキャリアに対する新しい視点を獲得し、当事者意識が形成される。やがて、他者承認と自己承認を経て、行動につながっていくことが推察される。そこでは、3つのテーマのゲスト講義とフィールドスタディにおける、直接経験と間接経験それぞれの行為（A）とその省察（R）、on と in、自らの R だけでなく他者の R の on と in が複雑に作用する。また、本テーマに限らず、社会には様々な問題が混在し、その相互作用により新たな問題を引き起こしている。今後、日常の中で直面する問題においても、Ron[RinA]、Rin[RonA] が機能していくことが考えられる。

5.　おわりに

5.1 キャリアの多様性と社会正義の教育実践課題

　まず本実践上の課題について述べる。課題の第1は、カリキュラム上の科目連関についてである。本科目は前提科目が設置され体系づけたキャリア教育カリキュラムの中にある。しかし、他の全学共通教育科目群や、学生各々

の専門領域との連携ができているとは言い難い。学生が本授業での学びを、自らの専門に繋げ発展させていく仕組みを検討したい。

　課題の第2は科目の継続性・汎用性についてである。本実践でとりあげた3つのテーマに加えて様々な社会問題を教育に実装していくには次の3点が重要と考えている。1. 外部の有識者・現場（企業・団体等）の理解、2. 科目内容や定員、設置曜限などの教育実践を支持する大学側教職員の存在、3. 活動に主体的に参画する学生の取組み意識（姿勢・態度）である。この3点に加えて、物理的課題（大学所在地と実習先の立地）も考慮すると継続的な実施は容易ではなく、汎用化も課題になる。

　本実践においては、1. のゲスト講師とフィールドスタディ先、2. の学内教職員の理解にも恵まれており、これまで大きな問題は発生していない。3. の受講学生の意識はゲスト講師より高い評価を得ている。しかし本科目は自由科目であり（成績と単位はつくが卒業要件単位数に算入されないため）、目的意識をもって受講する学生が毎年度10名弱である。人数が多くては実習先に負担になり、少なすぎるのも課題であり、人数規模とその体制については今後改善していく必要がある。

5.2 ライフキャリア教育の実践的示唆

　実践的示唆の第1に、学生自身のマジョリティとマイノリティの立場について述べたい。多くの学生はこの授業を通して、ある意味自らがマジョリティであることを認識する。その過程で、新たな視点、例えば、自らの行動や言動、自分の視野の狭さ、物事の見方や捉え方、無知さ、差別的視点に気づく。一方で、自らのマイノリティの要素を承認し自己を肯定することも少なくない。例えば、社会問題の当事者の気持ちに共感し、自らのマイノリティを受容することも考えられる。自らのマジョリティとマイノリティの要素の認識を通して、社会問題に取り組む「アライ」として一歩踏み出す勇気を持つ。それにより自らも解放される。

　最後に実践的示唆の第2として、学生自身の本音（問題意識）と向きあう必要性について述べたい。本実践とは別の話題になるが、学生より次のような

意見があった。

　　僕たちの世代は、高校でも大学でも SDGs 教育が盛んで"誰一人取り
残されない社会"を目指し、女性、障がい、国籍、貧困など、ダイバー
シティの問題について考えてきた。一人ひとり全員にマイノリティの要
素がありそれを個性と呼ぶのなら、"表面的にはマジョリティと呼ばれ
る存在"も共に議論されてよいのではないか。真のインクルーシブとは
いったい何だろう。

　　マイノリティの要素を顕在化して対策を練っていて、当事者にとって
はそれが負担になる場合もあるのでは。マイノリティの自認をうながさ
れているように思う人もいるのではないだろうか。

　　昨今、社会ではサステナビリティというワードが飛び交っていて、僕
たち学生がビジネスターゲットとされているように感じる時がある。ビ
ジネスの前に大人たちが先ずは自らサステナビリティを体現してほしい。

　　我々学生が SDGs を強制されているように感じることもある。私たち
は私たち自身の問題意識の中で考えて社会をよくしていきたい。

　我々教職員が後進に対して良かれと思い実践している、本章で扱ったよう
な教育は、学生にとって社会にとってよい教育と言えるだろうか。『オーセ
ンティックなソーシャルグッドとは』について、実践者である筆者自らが取
り組み、学習し続けなければいけない。

注

1　SDGs（Sustainable Development Goals）：持続可能な開発目標（参考：外務省）
　（https://www.mofa.go.jp/mofaj/gaiko/oda/sdgs/about/index.html）（2023 年 10 月 31 日）
2　DE & I（Diversity, Equity & Inclusiveness）多様性・公正性・包摂性（参考：EY

Japan）〔https://www.ey.com/ja_jp/diversity-inclusiveness/diversity-inclusiveness-japan〕
（2023 年 10 月 31 日）

3　成城学園 建学の精神（参考：成城学園）〔https://www.seijogakuen.ed.jp/thought/
founders-vision/index.html〕（2023 年 10 月 31 日）

4　成城大学 人材育成の目的と 3 つの方針（参考：成城大学）〔https://www.seijo.
ac.jp/about/edu-policies/〕（2023 年 10 月 31 日）

引用文献

中央教育審議会 (2011)『今後の学校教育におけるキャリア教育・職業教育の在り方
について（答申）』〔https://www.mext.go.jp/b_menu/shingi/chukyo/chukyo0/toush-
in/1315467.htm〕(2023 年 10 月 31 日)

花田光世・宮地夕紀子 (2003)「キャリア自律を考える：日本におけるキャリア自律の
展開」『CRL REPORT』1, 1-14.

Irving, B.A., & Malik-Liévano, B. (2019). Ecojustice, equity and ethics: Challenges for educational
and career guidance.*Revista Fuentes,* 21(2), 253-263.

勝又あずさ (2021)「社会正義を志向するキャリア教育の実践と学生の意識形成プロセ
ス」『日本キャリア教育学会』第 43 回研究大会.

勝又あずさ (2023)「成城教育とライフキャリア教育」『成城学園教育研究所　成城教育』
199, 36-45.

河井亨 (2018)「経験学習におけるリフレクション再考―「行為についてのリフレクショ
ン」と「行為の中のリフレクション」の関係性についての考察」『ボランティア学
研究』18, 61-72.

Kolb, D.A. (1984). *Experiential learning: Experience as the source of learning and development.* Prentice
Hall.

児美川孝一郎 (2014)「キャリア教育、職業教育」日本キャリアデザイン学会編『キャリ
アデザイン支援ハンドブック』ナカニシヤ出版, p.19.

児美川孝一郎 (2023)『キャリア教育がわかる 実践をデザインするための〈基礎・基本〉』
誠信書房.

前田信彦 (2020)「大学におけるキャリア教育と社会正義―社会科学系学部の学生デー
タを用いた探索的分析 ―」『立命館産業社会論集』56(1), 131-153.

Marquis, C. (2020). *Better Business: How the B Corp Movement is remaking capitalism.* Yale University
Press. C・マーキス（土肥将敦監修、保科京子翻訳）(2022)『ビジネスの新形態 B
Corp 入門』ニュートンプレス.

松尾睦 (2011)『「経験学習」入門』ダイヤモンド社.

文部科学省 (2023)『大学における教育内容等の改革状況について（令和 2 年度）』〔https://

www.mext.go.jp/a_menu/koutou/daigaku/04052801/1417336_00009.htm)（2023 年 10 月 31 日）

村上芽 (2021)「サステナビリティ人材を育成する」『JRI レビュー』10(94), 114-126.

日本学生支援機構 (2023)『大学等における学生支援の取組状況に関する調査（2021 年度）』(https://www.jasso.go.jp/statistics/gakusei_torikumi/2021.html)（2023 年 10 月 31 日）

Plant, P. (2020). Paradigms under pressure: Green guidance. *Nordic Journal of Transitions, Careers and Guidance*, 1, 1-9.

下村英雄 (2020)『社会正義のキャリア支援：個人の支援から個を取り巻く社会に広がる支援へ』図書文化社.

下村英雄・高野慎太郎 (2022)「グリーンガイダンス―環境の時代における社会正義のキャリア教育論―」『キャリア教育研究』40(2), 45-55.

Savickas, M. L. (2011).*Career Counseling*. American Psychological Association Press. M・L・サビカス（日本キャリア開発研究センター監訳）(2015)『サビカス キャリア・カウンセリング理論』福村出版.

Super, D. E. (1957).*The psychology of careers; An introduction to vocational development*. Harper & Brothers.

【参考リソース】

1. 出産をめぐる社会問題での学外実習先

・二葉乳児院 (https://www.futaba-yuka.or.jp/int_nyu/)（2023 年 10 月 31 日）

乳児院は、様々な事情から家庭で暮らすことができなくなった 0 歳から就学前までの子どもたちを預かる児童福祉法に基づく認可施設。保護者の離婚や別居、入院、出産、家出、死亡などで子どもの世話ができなくなったとき、経済的な事情や家庭環境に問題があって子育てができないとき、家族が病気や事故で入院し付き添わなければならなくなったとき、育児に不安があるときなどに利用できる (参考：二葉乳児院)。

2. セクシュアリティをめぐる社会問題での学外実習先

・akta 新宿 (http://akta.jp/community-center/)（2023 年 10 月 31 日）

akta では「すべての人がもうすでに HIV とともに生きている」という視点のもとに、HIV への感染機会のある人びとと HIV 陽性者に向けて、予防啓発と支援の両面の重要性を踏まえた活動を行っている。また、全国にある LGBTQ+ コミュニティセンター間の横のつながりを強化している (参考：akta 新宿)。

3. ホームレスと社会的孤立をめぐる社会問題での学外実習先

・道端留学 (https://www.bigissue.jp/how_to_support/program/training/)（2023 年 10 月 31 日）

道端留学での学生の様子（販売体験・外国人観光客の対応）

　ホームレス問題や活動への理解を深める目的で路上でビッグイシューを販売する体験。大学、高校、企業・地域・団体等を対象に、講義も組合せながら実施している（参考：ビッグイシュー）。

・山友会（https://www.sanyukai.or.jp/）(2023年10月31日)

　東京都の通称「山谷地域」において、ホームレス状態にある方をはじめ生活困窮状態にある方に、無料診療、生活相談・支援、炊き出し・アウトリーチなどの支援活動を行う組織（参考：山友会）。

第2部　コンフリクトを介した学びと成長

第4章　行動変容と対話
——コンフリクト・マネジメント能力の向上のための学習活動

鈴木有香

【本章のポイント】

①新しいスキルを習得することは行動変容であり、そのためには自分の行動の前提となる思い込みに気づき、変化させることが必要である。

②個々人に新たな気づき、意味、知識、行動が生み出されるためには対話的な話し合い方が重要であり、コンフリクト・マネジメント及び教育の双方に役立つ。

③教室内における学習活動を共通の経験としながら、「体験 —— 対話 —— 内省」の学習サイクルを回していこう。

④対話を可能にするためには学習者の心理的安全性を確保するような学習活動が重要である。

⑤授業にも使えるアイスブレイクとロールプレイの導入方法を紹介する。

1.　はじめに

　コンフリクト (conflict) には「紛争」、「対立」、「争い」、「摩擦」、「葛藤」など様々な日本語訳があり、その背後には当事者の認知の齟齬がある。コンフリクト・マネジメントを和田・中西 (2011) は「コンフリクト (認知齟齬) 状況への対処」(p.46) と定義しており、暴力によらず話し合いによる対処方法を意味する。その対処方法としては、交渉、ミディエーション (mediation)[1]、仲裁、訴訟などがある。大学、大学院等でも交渉とミディエーションを授業に導入しているところが昨今増加しつつある。

　交渉やミディエーションには、文部科学省が提唱する21世紀の「学士力」の汎用的技能に掲げられるコミュニケーション・スキル、論理的思考力、問題解決力、情報リテラシーを総合的に使用していくことが求められるが、一朝一夕に習得されるものではない。それは実際のコミュニケーション行動であり、単なる知識のインプットだけではなく、新しいスキル（行動）の習得が伴う。そのためには自分自身の行動に影響を与える思い込みや信念に気づき、それらを変容させていくことが必要である。

　本章ではコンフリクト・マネジメント教育で重視する学習理論とその具体的な方法を紹介することを目的とする。

2. 米国のコンフリクト・マネジメント教育から

　1990年代後期に筆者がコンフリクト・マネジメントの教授方法を学んだコロンビア大学ティーチャーズ・カレッジのモートン・ドイッチ記念協調的コンフリクト解決国際センター（The Morton Deutsch International Center for Cooperation & Conflict Resolution, Teachers College, Columbia University：以下 MD-ICCC）では、協調することの価値やそれに伴うマインドの育成を重視している。なぜなら、コンフリクト解決の目標に対して協調的志向か競合的志向かという志向の違いがプロセスと結果に影響を与えているからである（Deutsch, 1973）。すなわち、競合的志向は破壊的な戦略を取りやすく、協調的志向は建設的な交渉戦略をとる傾向がある。当時、提供されていた「紛争解決基礎講座（Basic Practicum in Conflict Resolution & Mediation」ではドイッチの紛争解決理論を基礎に「協調的交渉モデル」（レイダー＆コールマン, 1999）が導入され、交渉とミディエーションのための事例分析やプロセスの訓練に使用されていた。これは異なるインタレストの両立に焦点を当てた原則立脚型交渉（フィッシャー＆ユーリ, 1990）に世界観という分析視点が追加されており、当事者自身の成育歴や文化的背景から培われた価値観、信念、常識、解釈方法などの影響も考慮されており多様性が満ちる社会への実践的な視点が加味されていた。

　今日、紛争解決基礎講座は「状況対応交渉と紛争解決（Adaptive Negotiation &

Conflict Resolution)」と「効果的ミディエーション：標準と状況対応的実践 (Effective Mediation: Standard &Adaptive Practices)」として発展している。コンフリクトをより動態としてとらえ、複雑なシステムと関連づけて提供されているが、当事者が満足できる結果をもたらすのに必要な基本的態度と技能の育成のためには、コンフリクト解決についての自分自身の態度、行動、感情を自覚し、内省すること (MD-ICCC 2018) は継続されて行われている。アクティブラーニングという用語こそ用いてはいないが、その背景には変容学習 (Transformative Learning) や協同学習 (Cooperative Learning) などの学習理論があり、それを推進する学習活動が実施されている。

　変容学習は自分の行動の前提となる思い込み (assumption)、固定観念やものの見方、考え方に気づき、行動の前提を問い正し、その思い込みが間違っていたことに気づくことによって、行動変容することが新たなスキルと習得につながる (クラントン, 2002, Knowles, 1998) という成人教育で紹介されている学習観である。

　例えば、「協調的な行動が重要」と頭では理解しても、実際の行動の変化には結びつかないのである。むしろ、「協調的な行動をしているはずの私」が、実は競合的な行動をしてしまうことに気づき、その背景にある自分の競合志向を自覚する内省から始まる。その上で協調志向の重要性を認識し、新たな視点を取り入れ、それに基づく新しい行動を生み出す内省的プロセスを経て新たな行動を実践するのである。

　こうした内省を得るためには個人的にジャーナルを書いて内省を深める方法 (キーガン・レイヒー, 2013) や学習者同士の対話などの方法がある。教室内における学習活動を経験としてとらえ、自分が依拠している前提と他者の前提に気づき、認め合い、行動変容を促すプロセスとして「体験―対話―内省」の学習サイクル (Yoshida, 2005) を提案している。体験には、自己診断活動、ロールプレイ、シミュレーション、言語分析、身体ワークなど多種多様な学習活動がある。そして、教員と学習者、学習者間の双方向の対話を重視し、学習者が自ら参加、体験し、協同で学び、意味を構築するところに特徴がある (Raider, Coleman, & Gerson, 2000)。

　ただし、文化的コンテクストの異なる日本では米国の教育方法を参考にしつつも対象となる学習者とコンテクストに合わせた調整も必要となってくる。

3.　日本での教育実践から

　筆者は 2000 年以降国内の成人（大学生や社会人）に対して、交渉やミディエーション教育を実践しているが、実施機関、学習者は異なれど、共通した問題があるように感じられる。一つは実施機関側からの制約条件に関すること、もう一つは学習者の思い込みとコミュニケーション行動に関することである。

3.1 実施機関の制約条件

　多様な学習活動をし、豊かな学びにつなげるには様々なリソースを整え、最適化した学習環境を創造する必要がある。学習活動に応じて、少なくとも時間、空間、人的リソース及び学習者数が明確化されたうえで教育デザインが可能になる点への理解不足が制約条件となる。一般に日本の高等教育機関では 1 コマ 90 分から 100 分程度の授業の枠組みがあり、教員 1 名が 1 教室を使用して行う前提で予算やスケジュールが組まれている。しかし、学習者主体の多様な学習活動を実施するにはそれが大きな制約条件になってしまう。むしろ、学習者の主体的な学びや多様な学習活動に応じた時間設定、複数の教室、様々な人的リソースの導入などを考慮してもいいだろう。

　そうした制約条件を越えて、2016 年に関西大学大学院総合情報研究科の 4 日間の夏季集中講座「協調的交渉論」の授業では、「協調的交渉モデルに基づいて、コンフリクトが分析できること、社会の中の多様性を認識し肯定的に受け止め、適正なコミュニケーションが実践でき、ミディエーションの基礎を学ぶ」ことを目的にした授業が実施できた。履修者 15 名（うち 7 名が留学生）に対して、担当教員 1 名の他に裁判外紛争解決制度において調停人をし、日々の紛争についての相談業務をしている司法書士 6 名がボランティアで参加し、諸活動のファシリテーションやロールプレイ、対話の相手役として協力して

写真 2-4-1 教室の前方のレイアウト　　写真 2-4-2 教室の後方での対話

くださったクラスであった。

　参考までに「協調的交渉論の授業計画」を**表 2-4-1** に記す。知識インプットに関わることには(知)、「体験―対話―内省」のサイクルにおける体験・経験には(体)という記号を付けた。なお、履修学生の状況にその場で応じて、担当教員が柔軟に計画を変更するプロセスと学習者の意識変容については鈴木・久保田 (2017) を参照されたい。

3.2 学習者の思い込み

　企業、大学などのコンフリクト・マネジメント教育で共通した初心者の問題には内容面に関わる思い込みと学習活動に対する思い込みがある。

　内容面では、「交渉とは勝ち負けを基本にした駆け引きである」、「日常的なコンフリクトでの第三者介入は当事者の意見を聞いた第三者が解決案を与える仲裁である[2]」、「権力など交渉に関係する資源は固定的で変化はしない」などである。

　そのため、コミュニケーションがどうしてもディベート的な討論になりがちで、気づきや新たな視点を生み出すような対話になりにくい。

　また、アクティブラーニングという用語は普及してきても、大学及び社会人研修の学習者は知識は教員が伝達するという「教授パラダイム」(Barr & Tagg, 1995) を継承しており、「学習は受け身なもの」という思い込みがあり、教壇に立つ一人の教師に対面して整列した机配置で多数の学習者が座って講義を

表 2-4-1 協調的交渉論の授業計画

知識・概念…（知） 体験・経験…（体）

1日目

コマ	時間	授業内容	目的	学習活動
1	13:00	■オリエンテーション ■チェックインとは ■アイスブレイク	（知）アクティブラーニングの参加の仕方、「成功の循環モデル」の理解、肯定的感情の重要性。 （体）アイスブレイクの効果、安全な場の雰囲気を作る。	・チェックイン ・身体ワーク ・ゲーム
	13:30	■異文化接触時の行動と感情	（知）文化や価値観の概念の理解のための前作業。 （体）異文化体験での自分の感情、行動を認識する。	・シミュレーション「バルーンバ文化を探れ」 ・振り返りと解説
2	14:30	■文化の定義、 ■対話の定義、方法	（知）表面的違いの奥に価値観、認識、解釈の違いが潜んでいる。共通認識を作り出す対話の概念の理解。	・講義 ・グループ対話 ・個別作業 ・グループワーク
	15:30	■「交渉」とは	（知）意味、定義は自分たちで作りだせる。 （体）共通認識を作るツールの体験。	・全体共有
3	16:00	■コンフリクトとは □定義 □対処方法 ■二重関心モデル □Win-Winの意味	（知）コンフリクト（対立）は個人が認知する。一般的に否定的な感情にとらわれるが、肯定的な側面もある。交渉、第三者介入などコンフリクトへの対処方法を学ぶ。Win-Winは単なる妥協ではなく、「発想の転換、コミュニケーション、信頼」があって実現される。 （体）自分の体験からコンフリクトの肯定的側面を考える。自分のコンフリクトに対する志向性をワークから認識する。	・講義 ・グループ対話 ・身体ワーク（シミュレーション） ・振り返りと解説
	17:00	■コンフリクトの分析視点 ■ブレーン・ストーミング1	（知）コンフリクトの分析視点理解したうえで分析ができる。 （体）ブレーン・ストーミングの経験、自分の発想の枠を広げる、協同作業をすることの効果を知る。想定外のことを意識する。自分自身の柔軟性について考える。ロールプレイの導入段階。	・講義 ・事例分析 ・ブレーン・ストーミング ・ロールプレイ
		■チェックアウト	（体）自己開示、1日を振り返る。	（全体対話）

2日目

コマ	時間	授業内容	目的	学習活動
4	10:40	■チェックイン ■前日の復習 ■アイスブレイク	（知）前日の知識の復習と定着。 （体）対話になれる。自分自身の振り返る。	・チェックイン ・対話（全体） ・身体ワーク
	11:10	■模擬交渉	（知）志向性の違いによって、認識方法、行動が変わる。 （体）交渉は知識だけではなく感情、身体もある行動である。自分たちの発想の傾向を知る。ロールプレイになれる。	・交渉シミュレーション（録音）
	12:30	昼 食		
5 6	13:30	■交渉分析のための5つのコミュニケーション・スタイル ■録音した交渉のコミュニケーション分析	（知）5つのコミュニケーション・スタイルを理解し、自分たちの交渉を分析する。 （体）話し手の意図通りに聞き手には解釈されない。立場によって聞き方が異なる。言語以上に非言語によって意味が伝わるなど。	・ロールプレイを見ながら、分析視点を導入・交渉の録音した音声のコミュニケーション分析 ・振り返りの対話（グループ⇒全体）
		■情報提供 （DESO方法）	（知）DESO方法の理解し、アサーティブな伝達文が作成できる。	・講義 ・事例を基に、グループで回答を作る
7	15:30	■判断保留と傾聴 ■質問文、パラフレーズ ■リフレイミング	（知）それぞれのコミュニケーション・テクニックを理解し、再現できる。 （体）聴いてもらうことによって、心が落ち着いたり、相手への信頼感が深まること。質問をすることでより深いコミュニケーションが可能になる。言語の使い方によって相手の感情や認識のフレームの変化をもたらすことができる。	・講義 ・ペアワーク ・ストーリーテリングと語り直し ・振り返り ・グループ作業
		チェックアウト	（体）自己開示、1日を振り返る。	（全体対話）
	17:50	終了		

3 日目

コマ	時間	授業内容	目的	学習活動
8	10:40	■チェックイン ■前日の復習	(知) 前日の知識の復習と定着。 (体) 対話からの気づきや新たな視点の共有。	対話 (全体)
	11:00	■フィードバック	(知) 相手の成長のたのフィードバックの方法の理解、肯定的感情が自分やチームに与える影響に気づく。 (体) 注意すること、指摘することは相手のためになる。褒めることの効果を体感する。	講義 ペア／グループ練習 事例分析 ブレーン・ストーミング 人物多面性円グラフ 教師とロールプレイ 振り返りの対話
		■事例「ロハスな母」 □事例分析 □ロールプレイ ■振り返り	(知) 相手の背景的事情を知ることでより的確な推測が可能になる。相手を想像する方法を理解する。 (体) 最初に自分の正しさを押し付けると交渉がうまくいかない、最初に相手との信頼関係を作ることが重要、そのために「聴く」ことが効果的などに気づく。	事例分析 ロールプレイ 対話
	12:30	昼食 (12：30 - 13:30)		
9	13:30	■「聞く・聴く」練習など	(体) これまで学んだコミュニケーション・テクニックを意識して使ってみる。相手の立場に立つことで新しく見えてくることがある。経験を振り返る。学んだ知識を自分の経験に対し活用してみる。	・グループ／ペアインタビュー
10	15:30	■自分のコンフリクト分析		・自分のコンフリクトをペアで分析する。
	16:20	■自分の事例でロールプレイ		・ロールプレイ ・ペアで振り返り ・全体振り返り
11	17:20	■ミディエーションとは ■ミディエーションのプロセス ■チェックアウト	(知) ミディエーションの意味、方法とプロセスを理解し、関係するコミュニケーション・テクニック、マインドを理解する。 (体) ミディエーターのコミュニケーション・スキルが分析できる。	・講義 ・フィシュボールでロールプレイを観察 ⇒全体共有
	17:50	終了		

4 日目

コマ	時間	授業内容	目的	学習活動
12	10:40	■チェックイン ■前日の復習	(知) 前日の知識の復習と定着。 (体) 対話からの気づきや新たな視点の共有。	対話 (全体)
	10:50	■ DVD 分析	(知) 非言語コミュニケーションから全体を把握する。 (体) 相手の立場になることは簡単にできない。自分自身の想像力が重要。	・DVD による事例分析 ・ブレーンストーミング
	11:20	■推論の梯子 (思い込み、メンタルモデル)	(知) スキーマ、思い込みのメカニズムを理解。 (体) 人それぞれに異なる思い込みを持っている。相手と自分の意見が異なることは当たり前であることを実感する。	・講義 ・グループワーク (ブレスト)
13	11:50	■ミディエーションの第一段階	(体) ミディエーターのコミュニケーションが相手に与える影響を知る。今まで学んだコミュニケーション・マインド、テクニックを意識して実践してみる。	講義　参加者同士のロールプレイ　振り返り（グループ⇒全体）
	13:00	昼食 (13:00-14:00)		
14 15	14:00	■ミディエーションの説明とモデルプレイ (40)	(知) ミディエーションのプロセスの理解促進、コミュニケーションを観察しながら分析できる。第三者介入のためのコミュニケーション・テクニックの理解する。	・ロールプレイ観察・言語スキル解説・言語変換ドリル
	15:00	■ミディエーション・ロールプレイ	(体) 学んだ知識を活かしてミディエーションをやる。相手からのフィードバック、対話を通じて自分のマインド、行動を振り返る。	・ミディエーションロールプレイ（2 から 3 セット）・全体振り返り（グループ⇒全体）
	17:20	■ 全体のまとめと課題提示	(体) それぞれの学びを共有する、自分自身の内省の場とする。	・対話 (全体)
	17:50	終了		

聞くイメージが保持されている。そのため、学習活動の目的に合わせた机や椅子の配置に戸惑いを示し、ロールプレイの状況に合わせた環境設定を考えたりするのに時間がかかったりもする。さらに、ロールプレイやシミュレーションなどの学習者の主体的な参加が必要な学習活動への抵抗感も少なくない。また、ブレーン・ストーミングや振り返りのための学習者間の話し合いが表層的になる傾向もある。そうした学習に対する学習者の思い込みを払拭するためにも、学習者の主体性を求める活動の段階的導入や学習者間のチーム・ビルディング活動及び深い対話が行えるような心理的安全性の確保などを考慮する必要がある。経験上、教員が遊び心を持ち、遊びの延長のような形で必要とするコミュニケーション活動に巻き込んでいくと、主体的な行動や本人のナマの声がでやすくなるように思う。

4.　コンフリクト・マネジメント教育と対話を活性化する授業へ

　意見や見解の不一致は人間の解釈の異なりから生じるという認識 (Deutsch, 2000) を前提とした話し合いの方法やそのコミュニケーション・スキルの育成もコンフリクト・マネジメントの範囲であり、「対話」の概念と類似する点が多い。対話の概念を現代に再定義したボーム (2007) によると、対話の目的は、議論に勝つことでも分析することでもなく、メンバーそれぞれが持つ「意味の共有である」と解説している。また、意味の共有に関わる効果的なコミュニケーションが行われやすくなるのは、協調志向でコンフリクトに取り組む時であるとドイッチ (Deutsch, 2014) は説明している。コンフリクトにおける効果的なコミュニケーション・スキルとしては、「率直な自己開示」、「他者の意見や価値を尊重し傾聴すること」、「他者のアイディアに合意する気持ち」、「信念、価値について基本的な共通性を意識すること」、「全員のニーズに対応した解決案を探求する必要性を認める」ことなどがあげられる。

　ここでは対話を個々人が自分の判断を保留し「お互いの中の意味の流れを大切にし、率直に話し、相手の言葉以外の表現をもくみ取りながら洞察を深めていくことで新たな気づき、意味、知識、行動が生み出されていくプロセ

ス」(鈴木, 2017a) とする。そして、対話はコンフリクト解決や「『学習は学生中心』、『学習は産み出すこと』、『知識は構成され、創造され、獲得されるもの』を特徴とする (溝上, 2014, p.34)」とされる「学習パラダイム」に基づく教室現場に必要な話し合いのモードであると位置づける。教室内において対話が実践されることは、学習者自身の意識変容に役立つと同時に、教室活動そのものが交渉やミディエーションに必要な対話の経験を必然的に積ませることになる (鈴木・久保田, 2017)。**表 2-4-2** は対話の特徴の理解のために、日常的な 3 つの話し合いのモードを比較したものである。

表 2-4-2　話し合いの 3 つのモード

	討論モード (ディベート／ディスカッション)	会話モード (カンバセーション／チャット)	対話モード (ダイアログ)
実施の前提	・正しい答えがどこかにある ・自分が正しい答えを持っている	・特に前提はない (適当なおしゃべり、雑談)	・自分にもわからない何かを他者が持っている ・話し合いの中で、わからない何かが現れる
目的	・相手を自分の主張に同意させること ・結論を導くこと	・社交関係の維持 ・惰性、習慣	・気づきを得ること ・共通認識・基準を持つこと ・新しい何かを生み出すこと
配慮する点	・相手が間違っている点を探し、自分の正しさを立証する ・話を聞きながら反論を考える ・落としどころを模索する	・話の内容が参加者の思いつきの話題に左右される ・続ける、途切れないことに意味がある	・相手の言葉だけでなく、背景、感情を理解しようとする ・相手の良い点、強み、価値を引き出す ・沈黙にも意味がある
結論	・自分の主張、あるいは妥協点に着地する ・討論を整理したうえで、次回に持ち越す	・特にない	・新たな視点、切り口、選択肢を見出す ・学習者全員の未来につながる集合知の出現
志向性	競合志向 (訴訟、仲裁、評価型調停、駆け引き型交渉)	⟵⟶	協調志向 (協調的交渉、ミディエーション、コーチング)

鈴木 (2017b, p.245) より一部修正

5. 対話を活性化し、内省を深めるための学習活動

しかしながら、デジタルネイティブとも言われる世代の学習者は昭和世代に比べて対面によるコミュニケーション経験も減少しており、学びの場で学習者自身が率直に掘り下げた対話をすぐに始められるとは限らない。教室内のコミュニケーションの活性化のためには、コミュニケーション不安（西田, 1989）を軽減し、心理的安全性（エドモンドソン, 2021）の確保が担保される必要がある。そのためには学習者の緊張をほぐし、場を和ませ、率直な自己開示を可能にするアイスブレイク（堀・加藤・加留部, 2007; 鈴木, 2014; 森田ゆり, 2000）が必須である。アイスブレイクには手軽に短時間でできる多種多様な活動がある。ここでは学習者の関係促進、対話の場づくり、学びのテーマの導入などに役立つアイスブレイクの具体的な方法と手順を紹介していく。

最後に、欧米諸国と異なり演劇が教育機関で日常的に導入されていない日本社会では、ロールプレイを苦手とする学習者が少なくない。効果的なロールプレイを実施するために演劇指導者と筆者が共同で開発したロールプレイの導入方法を紹介する。

5.1 チェックイン

（人数無制限、所要時間 10 分、準備物なし）

チェックインとは「確かめる」と言う意味である。会議やワークショップの開始時に参加の思いや気持ちを確かめる活動である。発言者は思い浮かぶことを自由にありのままに述べ、聞いている人は発言を受け止める。学習者の主体性、自己決定権を尊重するためには話す順番を決めないことも重要である。

〈手順〉

①全学習者がお互いの顔が見られるように、円形に並べる。（人数が多い場合はグループごとに着席して行ってもよい。）

②「これからチェックインを行います。自由に、今自分の心に浮かぶこ

とを話してください。ですから、話す内容は何でもかまいません。順番を決めないで、話したいと思った人から始めます。人の発言に対して、質問や突っ込みはしません。ただ、話を聴くことを大切にしてください。笑いをとる必要も、何か深いことをいう必要もありません。では始めてください。」と手順を説明する。

③(グループごとの場合は)「チェックインが終わったら、最後のグループが終わるまで自由に雑談をしていてください。」

「最近、嬉しかったこと」、「気になるニュース」、「今日の期待」など、チェックインで話すことにテーマをきめてもいいだろう。基本的には一人ひとりが自分の語りたいことを語り、周囲がそれを受け止めるという対話的な姿勢を自然に導入することが重要である。毎回の授業で継続的に実施すると、学習者が人前で自発的に話すことに慣れてくる。チーム内の心理的安全性、人間関係の質を高めるのに効果的で企業内でも導入されている。

5.2 フルーツバスケット
(8人〜30人程度、所要時間15分、準備物なし)

人間の心と身体は密接に関連している。頭で「リラックスしろ」と唱えても身体の緊張は解けないが、身体からほぐすことで心の緊張がほぐれる。「フルーツバスケット」は学習者が自己紹介をしなくても教室内にどのような人がいるかが様々な角度から観察されるので初対面同士の緊張をほぐすのに効果的である。社会人にも有効である。

〈手順〉
①学習者の人数より1つ数を少なくした椅子を円形に並べて座る。
②一人が円の中心にオニとして立ち、席を移動しなければいけない人の条件をお題として言う。例えば、「黒いシャツを着ている人」と言うと、それに該当する人が異なる席に移動し、その隙にオニは空いた席に座る。

　③椅子に着席できなかった人が次のオニになり、次のお題を言う。

　身体を移動させると同時に、オニのお題から、メンバーの経験、興味、嗜好などがオープンになるため、クラスの全体像を学習者は把握しやすい。また、オニになった人には様々な角度からの問いを自由に考える訓練にもなる。お題のバリエーションを広げるためにはファシリテーターがいくつか例を示すと良いだろう。例えば、「映画を見て泣いたことがある人」(経験)、「中国語で挨拶ができる人」(能力)、「愛情よりお金が大切な人」(価値観)、「来年、海外に行きたい人」(願望) など様々な切り口を提示すると学習者の刺激になる。また、椅子の取り方、譲り方などの何気ない学習者の行動から学習者の性格などが観察される。

　ゲームが終わったら、「この教室にはどんな人がいると思いますか。」と学習者に尋ねてもいいだろう。学習者からゲーム中に気づいた学習者の特徴が共有される。

5.3　共通点・相違点エクササイズ

(人数無制限、所要時間30分、紙とペン)

　これは2023年7月の異文化コミュニケーション学会の定例会で行われたコミサロフ喜美氏が開発した学習活動である。メンバーがお互いの共通点と相違点を語り合うことで相手との関係づくりに役立つと同時に、どのような「異なる点」もマクロでみれば「共通点」になり、「共通点」もミクロで見れば「異なる点」になるということを学習者が自ら気づけるようにする構成主義的なワークである。コンフリクトが起こった際に自らの視点の変化が重要である点などの導入としても使えるワークであり、アイスブレイク的でありながら、学びのテーマに関連づけやすい活動である。

〈手順〉

　①学習者を4人から5人のグループに分けて、グループごとに島型で着席する。

②「2分以内になるべくたくさんの共通点を探してください。そして共通点をメモしておいてください。」と指示を出す。

③各グループでどのような共通点がいくつ出たかを全体に報告してもらう。

④「2分以内になるべくたくさんの相違点を探してください。メンバー全員が違う相違点です。」と指示を出す。（高校時代の部活で2名が茶道部、2名が野球部というのはNGであることも伝える。）

⑤各グループでどのような相違点がいくつ出たかを全体に報告してもらう。

⑥各グループで自分たちが出した「共通点」のいくつかを視点を変えて「異なる点」に、そして自分たちで出した「異なる点」のいくつかを視点を変えて「共通点」にするように指示する。（5分程度）

⑦ ⑥の作業後に「どうすれば共通点が相違点に、そして相違点が共通点になるのか、考えてみてください。」個々人で考えるように指示する。

⑧「何かわかったことがあったら、教えてください。」と言って、意見を求める。（ここで、視点をミクロにすると「共通点→相違点」になり、視点をマクロにすることで「相違点→共通点」になることを理解してもらうように対話していく。）

⑨このワークをした感想を全体に共有してもらう。

　初対面同士でも共通点が見つかると相手とのつながりを感じ、心理的安全性が高まってくる。その後、相違点を探すのもゲーム感覚なので楽しい会話が繰り広げられる。そして、自分たちの経験に基づいて法則性を発見する経験ができる。さらに、相手に壁を作って境界を作るのが自分自身であることに気づける。視点を切り替えることで、コンフリクトでの関係性や意味が変化することへの導入にも使えるワークである。

5.4 背中合わせ

（人数無制限、所要時間10分、準備物なし）

　「協力する」と言っても、相手に嫌われないように相手に合わせることを

写真 2-4-3　背中合わせに座って

写真 2-4-4　立ち上がろう

優先し、相手への遠慮があるために自分の意見が言えない学習者が多いとき、身体から考えてもらう活動である。お互いの背中を合わせる身体接触を含むので、同性同士の方がやりやすいかもしれないが、ゲーム感覚を共有していると異性同士でも安全にできるワークである。

〈手順〉

①二人組になって、背中を合わせて床に座るように指示する。

②姿勢ができたら、「では、腕を使わないで二人で立ってください。」と指示を出す。

（教員が最初に学習者の1名とペアを組んでモデルを示してもよい。）

③ペアを変えて複数の人とやるように指示を出す。

④ 4-5人グループになって、成功した理由、失敗した理由を話合い、どうしたらうまくいくかを考えてもらう。

⑤全体に「成功するコツ」を発表してもらう。

このワークを成功に導くコツは相手に体重をかけ、タイミングよく2人で立ち上がることである。体重のかけ方が不安定だと立つことはできない。

「なぜ、相手に身を任せられないのか」、「どうやったら、タイミングを合わせられるのか」学習者の意見や戸惑いを引き出していくことが重要である。

このワークは二人の協力の姿勢が問われる。相手への遠慮があったり、信頼感が欠けたりすると、成功しづらい。一人が受け身であったら、課題は達成できない。今すぐにできなくても、日を置いて行うと、グループ活動が積極的に行われているグループの成功確率が高まっている。

5.5 オートマティック・ライティング (Automatic Writing)

（人数無制限、所要時間 20 分、紙とペン）

　暗黙の理論（Implicit theory）は「人間の特性の可変性について個人が有している信念」（Dweck, Chiu, & Hong, 1995, p. 267）のことで、前述した個々人の行動に影響を与える思い込みとも言える。コンフリクトに関わる概念の自分自身の思い込みを明らかにするワークがオートマティック・ライティングである。2018 年に一橋大学ビジネススクール及び異文化コミュニケーション学会世界大会のワークショップで MD-ICCC のディレクターである P. T. コールマン教授が行った。彼は「自分自身、他の人々、私たちをとりまく世界の様々な側面を把握するために、個々人が持つ論理立てられていない思い込みや信念があり、そうした思い込みや信念は我々の判断力や行動に影響を与えている」と説明してから、ワークを始めた。

〈手順〉

　①暗黙の理論の定義を説明してから、「暗黙の理論は明確で論理的な文章にはならないかもしれません。ですから、思いつく単語、フレーズを書くだけでもいいです。私が『スタート』と言ったら、白紙に手書きで、止めることなく、思いつくままに 3 分間書いてみましょう。ちょっと、難しいけど頑張ってください。」と指示する。

　②「では、これ（用語を出す）について思いつくことを書いてください。」例えば、「交渉」、「コンフリクト」、「権力とは……」など、その時の学習テーマに合わせた用語を 1 つ提示する。

　③「スタート！」と声を出す。

　④学習者はその用語について 3 分間ひたすら書き続ける。

　⑤3 分後、「終了」の合図をする。

　⑥3-4 人のグループに別れて、各自の暗黙の理論について対話する。

　⑦クラス全体で気づきを共有し、今日の学習テーマの内容にうつる。

　⑧その用語についての導入や学習活動が終わったら、各学習者は再度同

じ用語で3分間書き留めてみる。

⑨最初に書いた暗黙の理論と2回目に書いた暗黙の理論を比較してみる。

　自分の信念、思い込みは通常意識しているものではないが、書き出すことで見える化する。さらに学習者同士の対話から、自分の信じていることが必ずしも人と同じではないことが友好的な雰囲気の中で気づくことができる。①から⑦まで実施するのに大体20分程度かかるが、これから導入する学習テーマへの関心を引き、学ぶ姿勢を作るのにも役立つ。また、⑧と⑨を行うことで、自分自身の信念や思い込みが変化することが体験できると、コンフリクトが当事者の意見や思い込みの違いで生じていること、またそれらが変化することなどに気づきやすくなる。

5.6　効果的にロールプレイをするために

（所要時間30分程度、ロールカードと役作りのための指示書、役ごとに1教室使用）

　コンピテンシーの育成を目指す交渉やミディエーションの授業ではロールプレイは必須の学習活動である。ロールプレイは「role（役割）」と「playing（演じる）」を組み合わせた用語である。脚本のセリフを覚えて演じるのではなく、状況説明を書いたロールカードを理解し、即興で演じることを意味する。例えば、高尾（2006, p.29）によると即興演劇の定義は以下のようになる。

　　アイディア、状況、キャラクター（あるいは、テキストさえも）を一貫した身体表現で産み出すための、また即座の環境の刺激に反応してこれを自然発生的に行うための、そしてそれを不意をつかれたように、あらかじめ考えることなく、「即興で（a l'improviste）」行うための、からだ、空間、すべての人間の資源を使う技術（Frost & Yarrow, 1990, p.1）。

　現実場面を想定し、そこで遭遇するだろう場面での役割を演じる疑似体験を通じて適切な対応力を身につけられる。また、交渉相手の視点からコンフリクトをとらえ直すことで、課題を明確化し改善策を考えるきっかけになる

など豊かな学びをもたらす。しかし、日本ではロールプレイに対する抵抗感が強く、羞恥心から割り当てられた役になりきれない人、与えられたロールカードを棒読みするだけになる人など初心者にとっては難易度が高い学習活動になることも多い。

　ロールプレイをはじめる前には十分なアイスブレイクを行い、学習者同士の関係性を温め、協力して学ぶ仲間と言う信頼関係を構築していると羞恥心は軽減される。そのうえで、ロールプレイの事例を読み、その本人になりきれるよう教員側がサポートしていく必要がある。筆者が提案したいロールプレイ導入方法は、役作りのための作戦会議時間を十分に持つことである。

　ロールプレイでは通常コンフリクト関係にある人物の役柄ごとにロールカードが渡される。ロールカードは脚本のセリフではなく、役柄の基本的な属性の他に、コンフリクトの状況や経緯がその役の視点から描かれている。対立している相手との過去のやり取り、本人のこれまでの思いや今後の願望などが記載され、役柄の人物像が浮かびあがるようになっている。国語のテストのように答は本文の中にあるのではなく、ロールカードの本文の情報に基づいて「適切に想像する」ことがポイントである。ロールカードに書いてある事実を基に人物像を想像し、演者が主体的に役のセリフや感情を作り上げて身体化させていくことが深い学びにつながる。

　また、ロールプレイはクラス全員が同時に実施できるものだ。仮に、A さんと B さんのコンフリクトであれば、2 人組を作りそれぞれのペアでロールプレイを行うことができる。重要なことはロールプレイの前に、同じ役をする者同士を集めて、演技プランを考え身体的な動き（表情、姿勢、動作など）も練習する作戦会議の時間を持つことである。作戦会議の時間を十分にとった直後に、交渉やミディエーションのロールプレイをすると感情のこもった自然なロールプレイがやりやすくなる。ここではロールカードを読み、演技プランを立てる作成会議の方法を紹介する。

〈手順〉

①まず、Aさん役とBさん役のペアを作り、作戦会議後、そのペアで交渉をすることを伝える。

②Aさん役は教室Aへ、Bさん役は教室Bへ別れるように指示し、役ごとに作戦会議を始める。人数が多い場合、2人から5人でグループを作って話し合いをしてもよい。

③担当する役のロールカードと共に、次ページのような「役作りのための指示書」を渡し、その指示に従って同じ役の者同士と話し合いながら、ロールカードを検討をするように指示する。できれば、教員1名が一つの役の教室へ、もう1名が相手役の教室へ行き、学習者をコーチング[3]しながら行うと効果的である。（初心者の場合は役ごとにコーチが1名つくと効果的である。）

④作戦会議の時間が終わったら、相手役のところへ行きロールプレイをするように指示をだす。

　ご覧のとおり、指示書は演じる役柄を想像するための問いかけで作られている。問いに答えることで演じる人が役の人物の内面や行動を想像しやすくなる。また、同じ役の人と話し合いながら行うと、異なる意見が共有され、役作りの選択肢が増える。一人一人の演者は異なるので、同じ役であっても全く同じように演じる必要はない。むしろ、その役になりきって、ロールプレイの本番で「相手の行動が自分の感情や行動にどう影響を与えるか」を経験し、「自分の行動が相手の感情や行動にどう影響を与えるか」を知ることが重要なのである。

　ロールプレイは録画、録音などをして、ロールプレイ直後に相手役と一緒になって、振り返りの対話を行い、お互いの気づきを共有する。言語・非言語コミュニケーションや感情の分析ができるような評価シートをつくってもよいだろう。そのうえで、望ましい交渉行動、ミディエーターのコミュニケーションなどについて学習者自身が考え、話し合い、新たな実践につなげられるようサポートしていくことが重要である。

役作りのための指示書

- ・　想像的に役作りをして、自分が役の気持ちに入り込むことが重要です。
- ・　気持ちが出来上がると、表情、声、身体動作なども自然に入り込んでいきます。
- ・　基本的にロールプレイは「・・・ごっこ」なのです。
- ・　ロールカードに書いてあることは基本的に**最低限の情報で後は想像力で補い**、会話の成り行きで自分の感情に合わせて演じていきます。以下の問いに対する答えを作っていきましょう。

1）　ロールカードを読む　（黙読、音読）
2）　ロールカードから役柄をつかむ　（以下のポイントを引き出していく）
　　（ア）ロールカードに書かれている事実の確認
　　　　① 　「私は誰？」：ロールカードの中からその人に関する「物理的事実」、「心理的事実」を確認する。例）学歴、年齢、職業経験、習慣、生まれ、育ち、今の問題、人間関係、性格、信念、価値観、仕事やプライベートな時の気持ちなど
　　（イ）ロールカードに書かれていることを根拠に想像を働かせていく
　　　　① 　「私は何をしたいのだろうか？」
　　　　　　1．　目的（ニーズ）：長期的目的、短期的目的、（それはなぜか？）
　　　　　　2．　相手に何をしてほしいのか？　それはなぜだろうか？
　　　　② 　「もし、自分の目的が達成されないと、どんな問題が起きるだろうか？」
　　　　③ 　「私は現状の何が不満なのか、困っているのか？」
　　　　　　1．　誰に対して、どのような不満で、いつから不満に思っているのか？
　　　　　　2．　その理由はなぜだろうか？
　　　　　　3．　これまで、問題解決のためにどのようなことをしてきただろうか？
　　　　　　4．　あるいは、どのようなことが問題解決の手段と考えているか？
　　　　　　5．　何か人に知られたくないこと、できるなら、話したくないことはあるか？
　　　　　　6．　それはなぜだろうか？
　　　　④ 　「私をイラつかせる（悲しませる）もの、こと、/怒りの引き金は何か？」
　　　　　　1．　自分自身への怒りはどんなことか？
　　　　　　2．　相手がどんなことをしたら、怒りが爆発するだろうか？
　　（ウ）　上記の（ア）や（イ）の項目の中で自分との共通点や共感できそうなところはどんなところであるか？
　　　　　（共通点があると、自分の経験から人物を想像しやすい。）
　　（エ）　上記の（ア）や（イ）の項目の中で、個人の特徴となる身体動作、表情の癖、強い感情が伴った場合の身体表現について想像する。
　　　　① 　どんな癖があるだろうか？
　　　　② 　時間があれば、少しその動作を繰り返してみる。繰り返しながら行動してみる

＊上記のようなポイントを参考に役柄に自分を近づけていく。
＊知的作業だけでなく、身体全体で役作りをする。

6.　おわりに

　コンフリクト・マネジメントの実践はコミュニケーション行動を伴う。ニューヨークで教授方法を学んでいた時のファシリテーターたちは、コンフリクト・マネジメントは「知識だけではなく、感情を伴う身体を使うアートなのだ。」とよく言っていた。"Art"は日本語では「技術」、「術」に訳されることが多いが私は心と身体を伴う「芸術的なコミュニケーション能力」と理解している。だからこそ、教師は心と身体を含む学習活動と学習環境をデザインし、学習者が参加しやすいようなファシリテーションに習熟し、対話のモデルになることが要求される。「Yuka、教師がコミュニケーションのモデルを示さなくてどうするの？」というエレン先生の言葉を思い出す。また、教員自身がもっと自由に学習をデザインし、そして現場の学習者に合わせて柔軟に変化することの原点には最初に教育デザインを教えてくださった古川先生の言葉がある。「鈴木さん、教師の計画通りにやる授業が本当にいいもの？」という問いかけだ。そう、記憶にある学びはいつも対話の中にあったように思う。

　この章では新しいスキルを習得することは行動の変容であり、そのためには教室で「体験―対話―内省」のサイクルを回していくことが必要であることを解説した。そして、コンフリクト・マネジメント教育に導入しやすい学習活動を具体的な手順を添えて紹介した。学習者主体の活性化した場づくりに応用していただけることを願うしだいである。

注

1　ミディエーションは当事者間の話し合いでコンフリクトが解決できない場合、当事者同士で解決案を創出できるように第三者が話し合いを支援する方法である。"Mediation"は1990年代に交渉学会などで、「ミディエーション」という表記で日本に紹介されていたが、法学分野からは「メディエーション」という表記が使われている。

2　Kubota, M. & Suzuki, Y.（2022）International Conference for Media in Education の抄録より。

3 コーチングとは対話を基礎にコーチ役が相手からの考え、意見、思いを引き出し、本人が自発的に答えを見つけることを促すアプローチのことである。詳しくは、鈴木 (2017a) を参照されたい。

引用文献

Barr, R. B., & Tagg, J. (1995). From teaching to learning: A new paradigm for undergraduate education. *Change*, 27(6), 12-25.

Bohm, D. (1980). *On dialogue*. Routledge Classics. D・ボーム (金井真由美訳) (2007)『ダイアローグ：対立から共生へ、議論から対話へ』英治出版.

Coleman, P. T. (2018). *Conflict intelligence and systemic wisdom: A 3-day master class on competencies to engage conflict in complex, dynamic organizations.* 一橋大学ビジネススクール集中講座配布資料.

Coleman, P. T., Kugler, K. G., Bui-Wrzosinska, L., Nowak, A., & Vallacher, R. (2012). Getting down to basics: A situated model of conflict in social relations. *Negotiation Journal*, 28(1), 7-43.

Cranton, P. (1992). *Working with adult learners*. Wall & Emerson. P・クラントン (入江直子・豊田千代子・三輪健二訳) (2002)『おとなの学びを拓く：自己決定権と意識変容を目指して』鳳書房.

Deutsch, M. (1973). *The Resolution of conflict: Constructive and destructive process*. Yale University Press.

Deutsch, M. (2000). Cooperation and competition. In M. Deutsch, & P. T. Coleman (Eds.), *Handbook of conflict resolution: Theory and practice* (pp.21-40). Jossey-Bass Publishers.

Deutsch, M. (2014). Cooperation and competition. In M. Deutsch, P. T. Coleman, & E. C. Marcus (Eds.), *Handbook of Conflict Resolution: Theory and Practice* (3rd ed., pp.3-28). Jossey-Bass Publishers.

Dweck, C. S., Chiu, C., & Hong, Y. (1995). Implicit theories and their role in judgments and reactions: A world from two perspectives. *Psychological Inquiry*, 6(4), 267-285.

Edmondson, A. C. (2019). *The fearless organization: Creating psychological safety in workplace for learning, innovation, and growth*. John Wiley & Sons. A・C・エドモンドソン (2021) (野津智子訳)『恐れのない組織「心理的安全性」が学習・イノベーション・成長をもたらす』英治出版.

Fisher, R., & Ury, W. (1981). *Getting to yes*. Houghton Mifflin Company. R・フィッシャー, W・ユーリー (金山宣夫・浅井和子訳) (1990)『ハーバード流交渉術：イエスと言わせる方法』三笠書房.

Frost, A., & Yarrow, R. (1990). *Improvisation in Drama*. Palgrave.

堀公俊・加藤彰・加留部貴行 (2007)『チーム・ビルディング』日本経済新聞社.

Kegan, R., & Lahey, L. L. (2009). *Immunity to change: How to overcome it and unlock the potential in yourself and your organization*. Harvard Business School Publishing Corporation. R・キーガ ン，L・L・レイヒー（池村千秋訳）(2013)『なぜ人と組織は変われないのか：ハー バード流自己変革の理論と実践』英治出版.

コミサロフ喜美 (2023)「共通点、相違点エクササイズ」7月定例会「パラダイムの転換 を図る異文化コミュニケーションのための教授法」配布資料, 異文化コミュニ ケーション学会.

Knowles, M. (1998). *The adult learner* (5th ed.). Butterworth-Heinemann.

Kubota, M., & Suzuki, Y. (2022). Lesson design for online mediation for university students. *Proceedings of ICoMe 2022*, 312-317. International Conference for Media in Education.

溝上慎一 (2014)『アクティブラーニングと教授学習パラダイムの転換』東信堂.

森田ゆり (2000)『多様性トレーニングガイド：人権啓発参加型学習の理論と実践』解 放出版.

西田司 (1989)「コミュニケーションの不安」西田司・西田ひろ子・津田幸男・水田園子 著『国際人間関係論』聖文社，pp.46-57.

E・レイダー，S・W・コールマン（野澤聡子・鈴木有香・中野恵美訳）(1999)『協調的 交渉術のすすめ：国際紛争から家庭問題まで』株式会社アルク.

Raider, E., Coleman, S. W., & Gerson, J. (2000). Teaching conflict resolution skills in a workshop. In M. Deutsch, & P. T. Coleman (Eds.), *Handbook of conflict resolution: Theory and practice* (pp.449-521). Jossey-Bass Publishers.

鈴木有香 (2014)『ファシリテーションマインドとコミュニケーションツール：モジュー ル3　アイスブレーキング』早稲田総研ワークショップテキスト.

鈴木有香 (2017a)『人と組織を強くする交渉力：あらゆる紛争を Win-Win で解決するコ ンフリクト・マネジメント入門　第三版』自由国民社.

鈴木有香 (2017b)「交渉学の実践と応用1：協創を目指した『コンフリクト・マネジメ ント』を！」NPO 法人日本交渉協会編『交渉学のすすめ』生産性出版，pp.232- 254.

鈴木有香・久保田真弓 (2017)「科目『協調的交渉論』の教育的意義：『ディープ・アクティ ブラーニング』の視点から」『情報研究』46, 41-69.

高尾隆 (2006)『インプロ教育：即興演劇は創造性を育てるか？』フィルムアート社.

The Morton Deutsch International Center for Cooperation & Conflict Resolution (2018). *Adaptive negotiation & conflict resolution: Student manual*. Teachers College, Columbia University.

和田仁孝・中西淑美 (2011)『医療メディエーション：コンフリクト・マネジメントへ のナラティヴ・アプローチ』シーニュ.

Yoshida, B. F. (2005). *Conflict resolution/ negotiation*. シティグループ研修テキスト.

【参考リソース】

- 映画「きっとうまくいく」（原題　3 Ideots、2009 年、インド）

　　インドのエリート大学で型破りな自由人ランチョー、動物好きなファルハーン、神頼みのラジューの三馬鹿トリオが巻き起こす青春コメディー。知識とは何か、価値観とは何か、発想力とは何か、信頼関係とは何か、様々な角度から考察を巡らせられる映画。全編を通じてマインドの変化が行動の変化をもたらし、結果が変化することがしみじみと考えられる秀作。

- ドラマ「不適切にもほどがある！」（脚本　宮藤官九郎、2024 年、TBS）

　　昭和のおじさん（小川市郎）が 1986 年から 2024 年へタイムスリップしたことで巻き起こるトラブルを軸にした社会派コメディ。令和の視点からは非常識でしかない昭和の常識との対比を中心に、社会レベル、業界レベル、個々人の視点から「多様性」、「コミュニケーション」、「価値観」、「個人の行動」などが様々なエピソードで描かれ構成されている。ジェンダー、コンプライアンス、ハラスメント、言語使用、教育、メディア、働き方改革、同調圧力、家族、対話など様々なテーマへの導入、教室内ディスカッションの題材などに使用しやすい教材である。視聴は配信サービスの Netflix、U-Next で可能。

- ドラマ「逃げるは恥だが役に立つ」（原作　海野なつみ、2016 年、TBS）

　　お互いの目的のために、森山みくりと津山平匡は「雇用主と従業員」という関係の契約結婚という道を選ぶ。生活上の様々な問題を二人は建設的な交渉で解決していく。結婚、恋愛、ジェンダー、世代差、同性愛などについてのテーマが取り上げられているコメディー。日常生活の中の様々なことに人々は悩みながらも交渉し、問題解決をしているという視点から見てほしい。視聴は配信サービスの Netflix、U-Next で可能。

- 大河ドラマ「花神」総集編第 3 話（原作　司馬遼太郎、1977 年、NHK）

　　大村益次郎を中心に吉田松陰、高杉晋作など明治維新の原動力となった若者たちを描いた青春群像劇。下関戦争で米仏蘭の連合艦隊に敗れた長州藩が講和談判に送った高杉晋作の交渉術は必見。絶対負けらない交渉で軍事力が弱い側は何ができるのか。晋作の臨機応変な対応、状況をいかした戦術、声・姿勢に現れる非言語コミュニケーションなどを観察してほしい。「日本人は交渉が苦手」、「英語ができなければ国際交渉は無理」、そんな思い込みを拭きとばそう。講和談判のシーンは 8 分程度であるので授業でも使いやすい長さである。視聴は NHK オンデマンドのほか、配信サービスの U-Next や YouTube（https://www.youtube.com/watch?v=xiRNsy6x29E）で可能。

- NPO 法人日本交渉協会編 (2017)『交渉学のススメ』生産性出版.

　　日米の交渉学の系譜をたどり、分配型交渉と統合型交渉の特徴、認知バイアス、交渉倫理など交渉の基礎的知識を紹介。欧米の交渉学だけではなく、東洋思想からの交渉の解説もある。また、異文化コミュニケーションの知見も加わり、ダイバーシティーが増し、多文化共生を考えなければならない時代の交渉のあり方を解説している。

- P. T. コールマン, R. ファーガソン (鈴木有香・八代京子・鈴木桂子訳) (2020)『コンフリクト・マネジメントの教科書』東洋経済新報社.

　　交渉における権力と感情の問題を正面からとりあげ、コンフリクト状況に合ったマインドに基づく 7 つの交渉戦略と 70 の戦術を紹介している。各戦略についての自己診断、組織診断があり、読者自身が状況分析をして自らの行動を柔軟に選べるように工夫されている。ナラティブをいかした事例の記述は人物の心の動きも交渉の一部であることがよくわかる。

- 堀公俊・加藤彰・加留部貴行 (2007)『チーム・ビルディング』日本経済新聞出版社.

　　学習活動をデザインするときに必要な参加対象者の選定、空間の作り方、関係促進についての基礎的知識をわかりやすく提示したうえで、アイスブレイクやチーム・ビルディングのための 120 の活動が紹介されている。ファシリテーションの入門書としても位置付けられる。

- 八代京子編 (2019)『アクティブラーニングで学ぶコミュニケーション』研究社.

　　「コンフリクト・マネジメント」、「ボームのダイアログ」、「アートセラピー」、「ドラマセラピー」、「ナラティブ・アプローチ」などを取り入れた学習活動が具体的に紹介されている良書。心と身体を開放し、積極的なコミュニケーションを通じて学ぶ学習活動が初心者でも実践できるように解説されている。

第5章　紛争(コンフリクト)を転換する能力の育成
──バイナリーを越えて平和アプローチへ

奥本京子

【本章のポイント】

①紛争(コンフリクト)は、違いがあるところに自然に生起する。一定の
　エネルギーを持つため、その扱い方を学べば、関係性を好転させる
　ための良い機会となる。その方法や過程を紛争転換と呼び、コンフ
　リクトの抱える文脈・構造・歴史を理解しつつ実践することが重要
　である。

②平和・暴力概念を通じてコンフリクト概念を把握し、トランセンド
　理論を通じて紛争転換を理解する。また、安全保障アプローチでは
　なく、平和アプローチを志向する意味を考える。

③紛争転換のための能力を育成するための授業事例を紹介する。

④バイナリーを越えていくこととは、二項対立ではなくトランセンド
　的な発想をすることであり、紛争転換の能力を獲得することでそれ
　が可能となる。

1.　はじめに──紛争(コンフリクト)とは何か

　「コンフリクトを肯定的に捉え、それとどう付き合っていくかを学ぶこと
ができたことは、私の人生にとって有益な授業だった」とは、ある学生の授
業終了時アンケートの中でのコメントである。人が持つ意見や感情、感性や
背景は、言うまでもなくそれぞれに違う。違いがあるところに、コンフリク
トは当然・自然に生起する。これは不可避なことであり、あることがらに対

する関係各人・当事者の間に何らかの目標の不一致がある場合、自然な現象
としてコンフリクトが発生する（奥本京子, 2012a, p.27）。違いというものは齟齬
を生み摩擦を起こすことが多いので、コンフリクトはエネルギーに満ちてい
る。そのエネルギーを上手に活用し、コンフリクトをトランスフォーム（転
換・変容）させるためには、ヨハン・ガルトゥング（Johan Galtung）によれば共感・
非暴力・創造性が必要になる（ガルトゥング, 2000; 2003）。平和的な転換が可能な
場合、コンフリクトそれ自体が、当事者どうしのより良い関係性を模索した
り創造したりするための良い機会となる。

　コンフリクトは、ミクロのみならず、メゾ・マクロ・メガのレベルにおいて、
生起する。日常に生活する中で（ミクロレベル）、社会生活において（メゾレベル）、
国家・国際関係において（マクロレベル）、それより大きな概念等の中で生きて
いく中で（メガレベル）、われわれは様々なコンフリクトに出会う。ミクロレ
ベルのコンフリクトは個人の心の中の葛藤をも含むし、メガレベルでは地球
環境問題などは代表的なコンフリクトと言えるであろう。「コンフリクト」
との用語は、日本語では、レベルや文脈によって「葛藤」「摩擦」「齟齬」「揉め
事」「対立」「紛争」等と言い換えることができる。よって本章では、レベルが
明示的な場合には日本語を用いる場合もあるが、レベルを問わない議論の場
合には「コンフリクト」を用いることとし、コンフリクトを転換する能力の
育成の重要性について考察する。

2. 紛争〔コンフリクト〕を転換する

　貧困・差別などの社会課題や、領土・戦争などをめぐる国家間の衝突も、
われわれの社会・世界の関係性の中に、直接的に目に見えて、また構造的・
文化的に目に見えにくい形態にて表出する。一見して個人のコンフリクトだ
と思われる事態であっても、それは社会と深く繋がっていたりする。暴力と
紙一重のところまで発展してしまったコンフリクト、または暴力化してし
まったコンフリクトも、現実には多く発生する。われわれ一人ひとりの市民
は、そういった多様なコンフリクトの中に存在する当事者である。コンフリ

クトと向き合うためには、まず、その当事者性が自覚される必要があり、次に、どう考え行動しなければならないか、すなわちコンフリクト転換とは何か、どのように成すことができるかを理解する必要がある。

反対に、不可視化されていてコンフリクトとまでは認識しにくい場合においても、関係各人の間にある様々な感情や意見を抽出したりして、関係性を解きほぐしたり、深化・進化させることが可能なことがある。このように、コンフリクト転換とは、コンフリクトの激化を予防する機能もある。人間どうし、人間と自然との関係性は未知数であるのが、われわれが生きるこの世界であろうし、それがコンフリクト転換の無限の可能性を示す。

加えて、コンフリクトは、世代を越えて引き継がれる。歴史の中の連続性に気づき、われわれもまたその歴史の当事者であることが自覚される。歴史の流れの時間軸と、ミクロからメガレベルの空間軸を同時にとらえながら、有機的なコンフリクトのあり方を学ぶことは、どのようにして可能か、そして何が限界か。

互いの違いを認識し、コンフリクトを機会と捉え、そのエネルギーを有効に活用しつつ、コンフリクトの平和的転換を実現するための能力をどう育成するか。本章では、知的なレベルのみならず身体・感覚的なレベルにおいて、その能力を修得するための学び・トレーニングは如何に可能かを実践例を通じて検証する。そのために、2 つの大学における「紛争転換（conflict transformation）」関連の 2 つの授業事例のエッセンス（2つの授業は、枠組・担当時間数や対象学年なども異なるので、それらに共通する重要点）を紹介する。20 年余り試行錯誤しながら続けてきたが、原型を留めないほどに展開してきた現在の形を紹介してみたい。

3. 平和・暴力概念を通じて紛争概念を理解する[1]

まず、平和学（平和紛争学）におけるコンフリクト概念と平和・暴力概念の関連を示しておきたい。第一に、平和・暴力概念について、ガルトゥングによれば、**表 2-5-1** に表わされるように、平和＝消極的平和＋積極的平和、消

極的平和＝直接的暴力／構造的暴力／文化的暴力の不在、積極的平和＝直接的平和／構造的平和／文化的平和の存在・構築、である。平和については、まずは暴力の否定という側面から捉えられる。暴力概念に倣い、平和概念は、直接的平和・構造的平和・文化的平和という三種類の定義が対応する。消極的平和とは、上記の三種類の暴力が不在であるという意味において、消極的に定義された平和概念である。直接的平和は、消極的平和の観点から見ると、直接的暴力の不在となる。同様に、構造的平和は構造的暴力の不在であり、文化的平和は文化的暴力の不在となる。それに対して、積極的平和は、暴力の不在というだけではなく、その上に新たな暴力化を阻止する何か積極的なものが生成された状態やその過程を指す。消極的平和と積極的平和の両方が統合されて初めて、平和の全体像が現れる。

　個々の人間に対する影響という視点から見ると、ある人に対してある影響力が行使された結果、その人が実際に肉体的・精神的に実現し得たものが、その人の持つ潜在的実現可能性を下回った場合、暴力が生じた状態であるということになる (Galtung, 1969, pp.110-111)。すなわち、暴力とは、人間の潜在的発達能力を阻害するものであるが、それは、人間の行動様式の変更によって除去することができるものである (Galtung, 2008, p.204)。消極的平和の指し示すものは、人の潜在的可能性が開花しないまま留まっている状態であり、積極的平和とは、それが十分に開花することを指す[3]。すなわち、消極的平和と積極的平和とは、コインの表裏の関係であることが分かる。これらの平和

表 2-5-1　直接的・構造的・文化的暴力／平和及び消極的・積極的平和

暴力		直接的暴力 (DV)	構造的暴力 (SV)	文化的暴力 (CV)
平和		直接的平和 (DP)	構造的平和 (SP)	文化的平和 (CP)
	消極的平和 (NP)	DV の不在 （休戦・砂漠・ 墓場）	SV の不在 （搾取の不在・ 構造の不在）	CV の不在 （正当化の不在・ 文化の不在）
	積極的平和 (PP)	DP の存在・構築 （協力）	SP の存在・構築 （衡平・平等）	CP の存在・構築 （平和の文化・ 対話）
平和		NP+PP	NP+PP	NP+PP

（奥本京子, 2012a）[2]

概念 (直接的・構造的・文化的平和と消極的・積極的平和) を組み合わせ、上掲の表 2-5-1 に照らすと、平和概念全体の意味を捉えることができる (奥本京子, 2012a)。

　第二に、平和学においては、コンフリクトは暴力と同義ではないとされる。コンフリクトが激化した先に、暴力が生まれる (暴力化) との理解である。それを英語表記すれば "armed conflict/violent conflict" つまり「武力化／暴力化したコンフリクト」という意味となる。

　では、コンフリクトが「平和化」されるとはどういうことか。「静態的平和 (static peace)」を超えて「動態的平和 (dynamic peace)」の存在を認識・重視し、平和をダイナミックに捉え直す——大袈裟に言えば再定義すること——まさにこれが平和学を学ぶ意義の一つであり、紛争 (コンフリクト) 転換と呼ぶものである (奥本京子, 2012b)。コンフリクトを平和化するために、われわれは日々学び行動に繋げようと努力するのである。

　このコンフリクトの平和化を、本章では、「紛争解決 (conflict resolution)」という言葉では表さず、「紛争転換・変容 (conflict transformation)」との用語を用いる。コンフリクトの表面的なニーズに応答するのではなく、深部を分析し、根本的な部分に繋がり、コンフリクト自体を創造的に転換・変容させる、との意味を表現したいと考えるからである。なお、「紛争転換」も「コンフリクト転換」も同じ内容を指すが、本章では、用語としての「紛争転換」を主に用いることとする。

4. トランセンド理論における紛争転換[4]

　ガルトゥングによって発展してきたトランセンド理論では、**図 2-5-1** のように、平和的手段による紛争転換によって、当事者の満足度の高い解決策の提供を目指す。この図における「超越 (トランセンド、transcend)」点とは、「ウィン・ウィン」を意味するのではなく、「平和 (コンフリクト) ワーカー」と呼ばれる調停者による介入によって、根源的な紛争が捉えられ、当事者の目標や必要を探ることで、状況に応じた平和的要素を加味しながら、解決を探り当てる結果を指す。

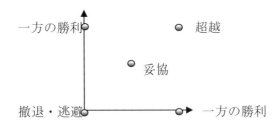

図 2-5-1　トランセンド法による紛争転換の5つの基本的な結果

(ガルトゥング, 2000, p.25)

　ガルトゥングは、「安全保障アプローチ（security approach）」を「平和アプロー
チ（peace approach）」に対比して議論する。「安全保障アプローチ」が国際政治の
場において支配的な言説であるに対し、「平和アプローチ」をもう一つの言
説とし、両者の特徴的な構成要素を対比し分析する[5]。

　安全保障アプローチを図 2-5-1 に落とし込むとすれば、**図 2-5-2** のような
範囲の解決策に終始する可能性が大きい。当事者Ａ・Ｂのどちらが勝利する
か、あるいは、どのように状況に妥協するかが主として問題になるのであり、
ここでの妥協は勝敗の精神における折衷点にすぎない。

　同様に、平和アプローチを図 2-5-1 で示すとすれば、**図 2-5-3** のような範
囲を模索し、発展的に超越点を目指すことになる。超越点まで到達しない場
合は、ネガティブな超越点、つまり、撤退を選択することも視野に入れ、ま
た、状況によっては、超越を目指すプロセスにおける妥協をも肯定的に受容
することになる。

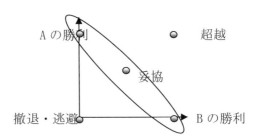

図 2-5-2　安全保障アプローチにとっての要点

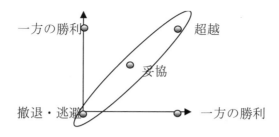

図 2-5-3　平和アプローチにとっての要点

　では、コンフリクトの実態を分析・把握し、その平和的転換を可能にするための能力をどう培うか。現実社会・世界では断然幅を利かせている安全保障アプローチのあり方を確かに認識しつつ、どうやって平和アプローチの発想へ移行していくことが可能となるだろうか。以下、本章では、実際の授業事例を、シラバスの内容と学習プロセスを通じて紹介する。授業における様々な課題や学習促進の工夫についても論述していく。

5.　紛争転換の能力育成を目指す授業事例

　本授業の目標は、次の事柄について、受講生ができるようになることである。1.平和・暴力・紛争（コンフリクト）といった平和学（平和紛争学）の基本概念を理解する、2.ミクロからメガ・レベルの多様なコンフリクトを分析する、3.共感・非暴力・創造性をもってコンフリクトの積極的そして建設的解決を提案する、4.コンフリクトを顕現させるアートのスキルを身に付ける、などである。

　授業の概要としては、次の通りである。「紛争解決は、世界中で広く受け入れられている概念である。学生はさまざまな方法を通じて対立を解決し、関係性や社会を変革する方法を学ぶ。紛争理論を学び、授業での実践的演習を通じてスキルの活用方法を追求し、最終的には平和（コンフリクト）ワーカーに必要な事柄を理解する。また、平和ワークに必須の想像力と創造性を促進するアートの役割についても学ぶ」（なお、シラバスでは「紛争解決」との文言を使用しているが、実際の授業では、下記に説明するように「紛争転換」を学習することが可能である）。

　授業の構成は、大きく6つの軸を立てておき、内容は相互に交差させることで、受講者の学びを深めていく仕掛けになっている（**表2-5-2**）。1つ目の軸は、社会・世界の時事問題を語り合うこととしている。「今日現在、気になっているニュース」を各受講生が提示しクラスで議論する。2つ目の軸は、ワークショップ形式のエクササイズ（練習問題）と呼ぶ紛争転換のワークである。ガルトゥングによるトランセンド理論を学びつつ、受講生は、「ああだ、こうだ」と言いながら互いの意見を受け止め合いつつ、創造的な態度を身に付けていく。3つ目の軸は、テキスト講読である。ジョン・ポール・レデラック（John Paul Lederach）による紛争転換の理論を理解することで、2つ目の軸でのやり取りを、さらに豊かに分析したり深化させたりすることに繋がる。

　4つ目の軸は、「個人プロジェクト」と呼ばれる、受講生自身が経験したことがある未転換のコンフリクトを、如何にして転換するか、学習した理論に沿いながら分析し、創造的に展開する。これは、最終的に提出物となる。加えて、このプロジェクトをアートによって表現する機会を持つ場合もある。5つ目の軸は、「グループ・プロジェクト」と呼ばれる。上記の個人プロジェクトでは、ミクロからメゾのレベルのコンフリクトが扱われることが多いのに対して、ここでは、マクロからメガのレベルのコンフリクト、すなわち国家・国際・地球レベルのコンフリクトを扱うことになる。授業の最終段階には、グループによるプレゼンテーションを行い、他のグループからの質疑応答を受け議論する。6つ目の軸は、次週へ向けての課題とし、15週の学びを有機的に展開するように工夫している。

　では、具体的に、1学期における授業展開の1事例（1コマ90分が15週続く場合）を描写してみよう。なお、実際の授業展開においては、1つのコマ（週）で1つのアクティビティが完結することが困難な場合も多く、何度も繰り返して復習したり、既に実践した内容とその日の内容を繋いだり、コマ（週）を越えて有機的に展開する。また、本務大学の場合、この授業は週に2コマ（連続2コマではなく、火曜日に1コマと金曜日に1コマ、などの分散された配分）で15週分となるので全30回で展開する。週2コマの30回展開の場合には、下記の1週分が2コマ

表 2-5-2　紛争（コンフリクト）転換学習のための授業展開の 1 事例

週	社会・世界の時事問題	紛争転換のエクササイズ	テキスト講読	個人プロジェクト（アート表現）	グループ・プロジェクト	次週へ向けての課題
1	次週から議論できるようにリサーチを促す	コンフリクトとは何かについて導入	理論的枠組みのためのテキスト紹介	15 週間の全体像を説明する中で、後半には、①受講生個人のミクロ・レベルのコンフリクト転換、②グループでマクロ・レベルの紛争転換に取り組むことを導入		テキストの構造をつかむ
2	複数名の受講者からトピックの聞き取りと議論の展開	「オレンジ」のエクササイズ	テキストの全体の構造をつかむ			テキスト第 1 章の講読
3		「オレンジ」継続、トランセンド二元軸の導入	第 1 章：なぜ紛争変革なのか	導入、身近な未転換のコンフリクトの模索開始		テキスト第 2 章の講読
4		アニメ視聴『Happy になる 5 つの方法』、紛争転換概念の導入	第 2 章：紛争変革のレンズ			テキスト第 2 章の要約
5		「パールネックレス」のエクササイズ	第 2 章継続			テキスト第 3 章の講読
6		「パールネックレス」の復習、ミクロ〜メガ・レベルについて導入	第 3 章：紛争変革を定義する			
7		アニメ視聴『クリスマスのオフィスにて』、暴力概念の定義	第 3 章継続			テキスト第 3 章の要約
8	時事トピックを「暴力」概念から分析					テキスト第 5 章の講読
9		「隣のネコ」のエクササイズ（ロールプレイ、前半）	第 5 章：解決と変革をつなぐ	コンフリクトにおける「当事者」と「目標」の解説	導入、関心のあるマクロのコンフリクトの模索開始	個人プロジェクトにおける当事者と目標のリスト作成
10		アニメ視聴『オレンジの木の下で』、平和概念の定義	第 5 章継続	コンフリクトにおける「矛盾」の解説	グループのトピックの選択プロセス開始	個人プロジェクトにおける矛盾についての執筆
11		「隣のネコ」のエクササイズ（ロールプレイ、後半）、トランセンド二元軸への落とし込み	第 5 章継続	個人プロジェクトの進捗についてグループで共有	グループのトピックの決定、議論の開始	
12				トランセンド二元軸への落とし込みの解説	議論の継続と、教員との個別相談	個人プロジェクト、トランセンドの二元軸作成
13			第 8 章：われわれの能力を伸ばす		議論の継続と、教員との個別相談	個人プロジェクトに関する論文、グループ・プロジェクト前半と後半についての執筆（学期末に提出）
14			第 8 章継続	（アート表現を用いたプレゼンテーション）	1. テーマ、2. 当事者と目標、3. 矛盾等についてのプレゼンテーション	
15					4. Transformation についてのプレゼンテーション	

の時間に充てられるので、より丁寧な学びのプロセスが可能となる。

5.1 第1の軸──社会・世界の時事問題

　授業の最初に、その直前(10日から1週間くらい)に発生する社会・世界の時事問題を語り合う。「今日現在、気になっているニュース」を各受講生は提示しつつ、それについて小さなグループ(近隣の2〜4名)で分かち合いを行った後、代表者からトピックをクラス全体に報告してもらう。こうして複数のトピックの聞き取りのあと、質疑応答や議論を行い、必要に応じて教員から補足説明する。

　ただし、教員はすべてのトピックについての専門家ではないので、受講生が持ち寄ったニュースや個人の思いを共有しながら、教員自身が知らなかった、またはよく分からないものについては、そのことを率直に伝え、一緒に学びリサーチする誠実な学習者としての姿勢を示すことは重要だと考える。そのことで、教員と受講者との信頼関係が深まる契機にもなり得るだろう。

　なお、グループ分けについては、隣どうしの2〜4名とするところから始まり、第2週目には、まだしっかり言葉を交わしたことのない人どうしの2〜4名とするなどして、クラスの中での交流を無理なく楽しく推奨する。「初めての相手には自己紹介しましょう」などと声をかけ、友人・知人が増えることが喜びであるといった雰囲気づくりを、ファシリテーターとしての教員は心がけるとよいだろう。また、グループでの話し合いのあと、代表者からトピックの報告がなされる際にも、「まだ報告者を経験したことの無い人を優先的に、お互いに励まし合って」などと声かけすることも、発言者が徐々に多様になるための工夫である。

　15週間のうち特に前半の数週間は、意識的にこのワークに授業時間の最初を割く。上記のようにクラスの中の雰囲気作りも大切であるが、当該の時事問題が、実は「他人事」ではなく、社会・世界の出来事が受講生自身の生活圏と繋がることを認知できるように、との意図からである。加えて、この授業において、紛争転換の枠組みを学ぶことは、実際の社会・世界の課題に応用できることを知ってもらうための準備という位置づけでもある。

そして、このワークを行うことで、受講生がニュースを見たり聞いたりすることが習慣づけられるようで、毎回15週が終わると、社会・世界の問題に自身の関心が開いた、とアンケートにフィードバックする人が毎回多数存在する。

5.2 第2の軸──紛争転換のエクササイズ

この軸においては、最初に、ガルトゥングによって開発されたトランセンド理論・方法論を基盤にしたトレーニングであることを、受講者に説明する。

第1回目の授業では、コンフリクトとは何かについて、すなわち、①自然な現象である、②エネルギーを持つ、③転換のチャンスになり得るということを、導入する。

紛争転換のエクササイズでは、内容をミクロ・レベルのコンフリクトから、徐々にメゾ、マクロへと進めていく。

最初のエクササイズは、「オレンジが1個、7歳の男の子が2人、さて何が起こり得るか」との単純な設定でグループ議論から始め、考え得る限りの発想のリストを作成する。リストの中身をグループからクラス全体へ共有することを受けて、トランセンド理論の基本的枠組を導入する。

2つ目のエクササイズの設定では、「祖母の形見のパールネックレスをめぐり、姉妹の希望がぶつかる」。このミクロ・レベルのエクササイズでは、「姉は日曜日のデートに、妹は同日の親友の結婚式に、ネックレスを着けてドレスアップして行きたい」という前提で、文脈をさらに詳細に設定しながら具体的に検討を行う。

2つのミクロのエクササイズを経て、次に、ミクロからメガまでのレベル概念についても解説し、次のレベルへ進んでいく。3つ目は「隣のネコが、わが家の菜園を荒らしに来る」との設定で、メゾ・レベルのコンフリクトを扱う。閑静な住宅地において、ご近所トラブルを扱うこのエクササイズでは、地域住民としてのロールを受講生一人ひとりが持ち、ネコを飼っている家族、菜園を楽しむ家族、町内会の会長、そのほかの住民それぞれを具体的に設定し、ロールプレイの形式で話し合いを持つ(大阪府人権協会, 2008)。

　加えて、紛争転換のエクササイズの合間に挿入するアニメーション視聴では、3つの作品を活用する。教育映像の制作会社の Be-Production（ビープロダクション）制作の『Happy になる5つの方法』『クリスマスのオフィスにて 3つの暴力：見える暴力 見えない暴力』『オレンジの木の下で：消極的平和・積極的平和』である。これらの作品は、ガルトゥングによる平和学の基礎を構成する重要概念を解説するものであり、紛争転換エクササイズとの親和性は高い。『Happy』では、トランセンド理論における二元軸を学ぶことができ、コンフリクトを扱う際の紛争転換の基本的枠組みを理解する。『クリスマス』では、直接的暴力、構造的暴力、文化的暴力といった暴力の定義を学び、さらに『オレンジ』では、同様に平和の定義を重ねて理解を深化させていくことが可能となる。すなわち、これらを紛争転換エクササイズの間に挟むことによって、平和・暴力・コンフリクトの概念の接合性を理解するというわけだ。

　これらの平和学の3つの基礎概念を理解するにあたり、時間と環境が許せば、イメージシアターやフォーラムシアターといった演劇アプローチも活用しながら、身体的・感覚的なレベルの学びを促進することもある。実際にクラスメートと共に互いの身体を用いて、イメージ（形）を作り出し、そこに見えてくるものや連想させる事柄について言語化するとき、われわれは頭脳で理解しようとするのとはまた違った知見を得ることが可能になる。また、「隣のネコ」のロールプレイでは、他者の感情に気を配りながら、そのロールを演じるとき、受講生は普段の議論のレベルとはまた違った関係性の感覚を体得するであろう。「演技」だからこそ発言できることもあり、そういった実験的な関係性作りから体験を通じて学ぶことも多い。

　さらに、第8週目（中間点）になると、暴力概念の導入と（第1の軸の）時事問題の分析を重ね合わせることで、社会・世界におけるわれわれ現代人の課題を読み解く訓練になる。加えて、後述のテキスト講読（特に第2章）を絡ませることで、社会的課題におけるコンフリクトの存在を認識した上で、その暴力的転換の要素や可能性についても議論を広げることが可能となる。

　紛争転換のエクササイズとアニメ視聴では、紛争転換の基本をミクロから始めることでより身近なコンフリクトを体感・体験しつつ、その構造がメゾ・

マクロと地続きであることを経験する。加えて、何よりも重要なことは、受講生自身の創造性を開花させることである。「突拍子もない」「茶化している」などと思われないかと不安になる必要はなく、独創的な発想で思い切って発言することが歓迎され、議論が開いていくことを経験してほしいと思っている。現実において八方ふさがりに思える状況下でも、その独創性・創造性こそがコンフリクトの平和的転換の切り札であるからだ。そして、失敗したコンフリクト転換は暴力に繋がるのであり、コンフリクト転換に成功することで平和を創造することができる。また、コンフリクト転換のプロセスそのものが、平和創造のプロセスそのものである。これらのことを徐々に理解することで、紛争転換エクササイズを通じた学びの意味への認識が深まるはずだと考えている。

5.3 第3の軸──テキスト講読

　テキスト講読については、本務大学においては英語による授業展開なので、レデラックによる *The Little Book of Conflict Transformation* (2003) を用い、非常勤で務める大学では日本語展開のためその翻訳版『敵対から共生へ：平和づくりの実践ガイド』(2010) を用いている。上記のトランセンド理論に加え、このテキストで解説されるコンフリクトをめぐる理論や方法論は、紛争転換を理論的に理解するために、非常に重宝している。

　第2章では、コンフリクトとは何か、それをどのように認知できるかを、目前の側面、背景・文脈の側面、その中間の側面をそれぞれに見るために必要な3つのレンズの暗喩を通じて、学ぶ。第3章では、コンフリクト転換の要素を人間の身体の各部分になぞらえ、その各機能や意味について学ぶ。第5章では、コンフリクト解決とコンフリクト転換 (この翻訳版では、transformation を「変革」と訳している) の相違点を理解する。第8章では、今後、読者がどのようなトレーニングを積むことで、より能力を発揮することが期待されているかをつかみ、今後の生活・人生に役立てて行けるように繋げる。また、授業の展開に応じて、上記以外の章についても、関連個所を参照しながら進めていく。

　さらに、テキストの予習を、次週への準備のための課題として課すことが多い。時折、1章分を読み終えた段階で、要約や感想を書かせるなど、変化をつけて工夫する。

5.4 軸の中の展開と複数軸の有機的乗り入れ

　この授業事例の大枠は、それぞれの「軸」の中で、発展的に展開していく。例えば、オレンジの練習問題で学んだコンフリクト転換の基本構造は、パールネックレスの練習問題において、さらに詳細な文脈が付け加わることで現実味が増す。それらのミクロ・レベルでの紛争転換の練習ののち、メゾ・レベルの隣のネコの練習問題へ進み、架空ではあるものの近所付き合い・地域のコミュニティにおける自治会の文脈において、理論はさらに具体化されて定着し、徐々に豊かな発想をトレーニングしていくことになる。ここでは、理論と実践が受講者の頭の中で往還する、ということが理想である。

　また、それぞれの「軸」の中での展開に加えて、複数の「軸」が交差する学びが可能であると考えている。上記のように、テキストの主要な紛争転換の理論は、合間に実践するエクササイズや、個人プロジェクトやグループ・プロジェクトを準備するにあたり、深く広く思考するための土台を提供する。ここでは、テキストの講読で得たレデラック理論の意味を、トランセンド（ガルトゥング）理論に基づいたエクササイズを実践する中で模索することにより、紛争転換の意味が深化し、理解に広がりが生じるのである。

　さらに、紛争転換の基盤となる理論枠組に依拠した知的なレベルでの学びを進めると同時に、実践の場面では、上記の通り、ロールプレイや演劇アプローチなどにより、意見や感情のやり取りを通じて、感覚的・身体的な学びも体験して欲しいと願っている。紛争転換の肝である独創性・創造性・想像力とは、こういった体感的実践の中で育まれていくと信じるからである。

5.5 第4の軸──個人プロジェクト（アート表現）

　上記のように、エクササイズを通じて紛争転換の発想が鍛えられ、受講生が個人プロジェクトに取り組む際、自身のコンフリクトに向き合うとき、そ

の発想を応用することが可能になる。個人のコンフリクトの場合、本人がその文脈を詳細に知っていることが多く、さらに現実味を増した思考・発想が期待できる。

　プロジェクトは、受講生自身が体験している、あるいは近しい関係性の人が関わっている未転換のミクロ・レベルのコンフリクトを選択するように、としている。最初に、そのコンフリクトにおける当事者(複数)は誰か、を考えてリストを作成する。次に、それぞれの当事者の目標(ゴール)あるいは必要(ニーズ)は何か、を検証する。実際の当事者に直接訊ねることが可能な場合には、できるだけ当事者の意思・意図を確認することを奨励している。しかし、コンフリクトの性質上、それが憚られる場合には、できる限りにおいて想像することを許可している。当然のことながら、本来の平和(コンフリクト)ワークにおいては勝手な「想像」や「推測」は許されないことを理解する必要はあるが、ここではケーススタディという名の練習段階であることを勘案する。

　次に、矛盾(contradiction)は何かを考える。ここでの意味は、レデラックのテキスト第2章に解説される「3つのレンズ」のうち、特に中間地点や背景を捉えるためのレンズを着けることで見えるはずの文脈・状況において——目前の表面的なコンフリクトの1側面だけに焦点を当てるのではなく——コンフリクトの根本には何があるのか、を検証する。段階を踏みながら進めていくプロジェクトであるが、クラスの中では、個人情報・プライバシーに配慮しつつも、小さなグループになり考察を共有する時間を時折持つ。そのことで、受講生はプロジェクトの方向性について安心したり、質問を受けたりすることでさらに模索を深めたりすることになる。ここまでを前半とする。

　個人プロジェクトの後半には、これらの分析を踏まえ、そのコンフリクトをどう転換することができるかに時間と労力を割くことになる。ここで一番重要なことは、思い切って創造的であることが推奨されることである。紛争転換のエクササイズで培ったその発想を大いに生かして、コンフリクトの各当事者が担うことが可能な、小さくてもよいからちょっとした案を考えて提案し、リストを作成する。これを「トランスフォメーション／Transformation」と呼ぶ。

　個人プロジェクトの最後には、論文を作成する。上記の前半の分析と後半の提案を文章化して提出する。教員は、論文構成の指導に始まり、当事者、目標、矛盾、そしてトランスフォメーションと、中身を都度提出させ、確認しながら、最終稿まで付き合うことになる。その間、必要があれば、授業の前後に受講生自身の相談に乗ることにもなる。

　本務大学の場合、この授業は週に2コマ、15週になると30コマの中で展開する。よりきめ細やかなインプットが可能になるので、特に、アートを通じた平和創造の例などを通じて、その意味を理解する機会を持っている。また、受講生自身によるアート表現を行う。そこでは、個人プロジェクトの具体的な内容をアートで表し、教室の中をミュージアムに見立てて、相互に鑑賞・対話する時間を持つ。詩、絵画、音楽、ダンス、その他様々なジャンルのアートが一堂に会し、時には受講生自身がクリエイティブなミニ・ワークショップをファシリテートする場合もある。

　アート表現は、より独創的な思考・感性が求められるため、紛争転換のカギであるところの発想力が、言語による議論とはまた別の角度から鍛えられることになる。個人的なコンフリクトを扱うのでプライバシーを守りたい受講生は、具体的に言語で解説する必要は無く、非言語アートや言語を介するが抽象度の高いアートを活用しつつ表現し、他の受講生との交流が進んでいく。何より、仲間たちと共有しあうことで、関係性の深化が期待され、その楽しさを実感することになり、自信がつき自己肯定感・達成感を持つ受講生も多くいるように見受けられる。

5.6 第5の軸──グループ・プロジェクト

　学期（コース）後半に入ると、グループワークによってマクロ・レベルの紛争転換に取り組んでいく。まず、受講生個人の関心を模索する。気になっている世界のニュースや、深く学びたかった社会問題があれば、それをリサーチしつつ、授業の中で発言しながら、相互に刺激を与え合う。

　次に、出来ることなら──それほどの思いを持たない消極的・受動的な学

生も存在するので、その人たちには強制することはしない——多くのトピックを見渡しつつ、それらのトピックの類似点がある場合には同じカテゴリーにまとめていく。こうして、1つのトピックにつき提案者を中心に5〜6人のメンバーで構成されたグループが複数成立する。

　これ以降は、トランセンド理論に沿って、①このコンフリクトのテーマの確定、②このコンフリクトの複数の当事者は誰か、③各当事者の思い（目標やニーズ）は何か、について、グループごとにリサーチ結果を持ち寄りながら議論を重ねていく。特に、複数の当事者に、様々な角度から焦点が当たるように工夫が必要で——そうでなければ、世間やメディアの影響を受け過ぎて、〇〇国の政府、△△国の政府……などと政府レベルの対立のみに回収されてしまうことが多い——、ある程度の情報収集と分析が進むにつれて、教員は都度チェックイン（状況がスムーズに進んでいるかの確認）する。教員は、必要に応じて大胆にアドバイスするが、その際、決して自身の考えを押し付けず、思考を促すための質問を多く投げかけることで深化を促す。

　その後、各コンフリクトの当事者どうしの権力関係や、目標やニーズの正当性を検証することなどを経ながら、いよいよ肝となる④トランスフォーメーション、すなわち紛争転換のアイデアを出していく。各当事者がそれぞれに、小さくてもいいから実行することの可能なアイデアを、創造性を駆使して考えだし、リストアップする。例えば、「メディア」が当事者の1つの主体であれば、メディアにできることを、「歴史研究者」が1つであれば、歴史家の専門性からの貢献について、考えていく。

　プレゼンテーションの前半は①〜③を、後半は④を、各グループごとに口頭で行う。模造紙やパワーポイントを用いてもよいとする。また、学期末には、グループごとのリサーチとアイデアのリストをまとめて執筆したものを提出し、評価対象の一部を構成することになる。

　このグループ・プロジェクトの目的は、ミクロから徐々にマクロへ移行しながら、コンフリクトそのものの基本構造は原則同じであること、すなわち基本的な理論や方法論をマクロ・レベルにおいても応用できることを理解することである。また、受講者自身の身近な（足元の）コンフリクトだけが「自

分ごと」というわけではなく、その延長線上に社会・世界のさまざまなコンフリクトが存在していることを体感し、発想によってはわれわれ市民がマクロのコンフリクトにアプローチする力を秘めていることを理解する狙いもある。

5.7　第6の軸──次週へ向けての課題

　課題は、単純に次週の授業を円滑に進めるための準備・予習でもあり、また、7日後の次の授業までにすっかり記憶も印象も「リセット」されてしまうことを少しでも避けるために持続的に学びを続けるための工夫でもある。本務大学では、週に2コマ、3〜4日毎に授業が設定されているので、学びの感触が持続しやすいこともあり、学習効果の面からは大変良い環境であると感じている。

　1週間に2コマであれ1コマであれ、各授業の最初の時事問題についてのセッションの直後の5〜10分程は、前回(前週)の授業を思い出すための時間を確保することにしている。そこでは、受講生から主体的にキーワード等を発言させることにより、振り返ることを習慣化し、今までの学習を有機的・構造的に捉えることができるよう工夫することに繋がっている。

　加えて、上述のように、テキスト講読の課題のほか、授業に対するコメントやプロジェクトを執筆したものなどを提出することも多く課す。繰り返しになるが、そこでも、それぞれの「軸」の中での展開に加えて、軸が交差する学びが可能である。

　なお、評価については、平常点60パーセントのうち、プレゼンテーションが20〜30パーセントを占め、学期末に提出される個人プロジェクトとグループ・プロジェクトをそれぞれ執筆したものを40パーセントとしている。

6.　そうして、バイナリーを越えていく

　われわれの生きる社会・世界においては、バイナリー（二項対立）な言説が幅を利かせている。様々な事柄に関して白黒をつけて議論し、敵か味方かと

いった発想で物事を判断しようとする。平和的な関係性を構築するためには
グレーの部分——限りなく白に近いグレーから黒に近いグレーに至るまで
——をどう捉えるかが重要であり、紛争転換の姿勢が不可欠である。われわ
れが自分自身の中のコンフリクト（葛藤）と向き合うのと同様に、国際問題に
ついてもコンフリクト（対立・紛争）を深く理解し、転換することだ。「国家・
政府」が主体となりリードする国際関係に期待するだけではなく、われわれ
一人ひとりが一市民としてどう感じ、考え、連携・連帯して行動するかなのだ。
「勝つか負けるか」発想の安全保障アプローチというバイナリーを越え、「共
に公正公平に」発想の平和アプローチの可能性を検証しようとするとき、紛
争転換の学びはその一助となるはずである。

　バイナリーを越える学びは、如何に実現するか。コンフリクト（葛藤・摩擦・
対立・紛争）を平和的手段によって転換・変容させることを平和ワークの中心
に捉えようとするトランセンド理論によれば、上述のとおり、トランセンド
法による紛争転換の図 2-5-1 のうち、「一方が勝利」する場合の手段としては
「討論」が、「超越／トランセンド地点」に達成するための手段としては「対話」
が望ましいとされる。加えて、「撤退」のための手段としては、「独り言／モ
ノローグ」を掲げても良いかもしれない。「妥協」については、「交渉／ネゴ
シエーション」が必要である[6]。

　「一方が勝利」する場合、「一方」は言うまでもなくその目標を勝利するこ
ととしなければならない。すなわち、相手を敗者に陥れるためには、討論的
要素を駆使する。自身の見方を肯定して揺るがず、相手のそれを否定的に見

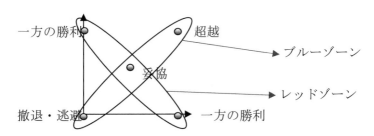

図 2-5-4　トランセンド法による紛争転換の 5 つの基本的な結果

たり、憶測に基づいて非難したりする。そして、**図2-5-4**に示す「レッドゾーン」的発想における「妥協」はコンフリクト当事者双方・全員を平等に扱わない。目標の達成レベルが10対0、9対1、……の延長線上にある5対5としての妥協の位置づけである。このような不平等的発想では、平和的関係性の構築は実現しない。

　レッドゾーンを脱し、「ブルーゾーン」的発想——トランセンド理論における「ブルーゾーン」、すなわち「撤退」から始まる「妥協」や「転換・超越」の領域において——を目指すとき、実は、「撤退」も重要な一つの選択肢である。例えば、コンフリクトが熱して行く場を無くしたように見える場合、当事者は双方・全員が、それぞれに「独り言／モノローグ」すなわち自己内対話を行うのである。それによって、ヒートアップした状況からクールダウンするための何らかの方途を模索するために、いったんは、コンフリクトから撤退・逃避するのである（ただし、その間、様々な方法によって状況を打開するための方策を練る努力を怠るものではない）。

　ブルーゾーンにおける「妥協」は、レッドゾーンのそれとは、質を異にする。ここでは、「交渉／ネゴシエーション」が必要であり、丁寧な双方向に機能する関係性の構築が求められる。目標の達成レベルが1対1、2対2、3対3、……の延長線上にある「妥協」であり、原則的に当事者は平等に扱い、扱われるのである。1対1から5対5、さらには8対8、9対9、……とレベルが上がるに従い、徐々に「超越」に近い点を志向していく。

　こうして、右肩上がりにシフトしながら、ブルーゾーンにおけるコンフリクト転換のプロセスにおいて、双方向的コミュニケーションの要素のほとんどない「独白」から、「相互への行為／インターアクション」の要素が存在する「交渉・駆け引き」や、さらに双方向性が深化した「対話」へと、そのベクトルの各段階に平和ワークの意味が生まれるのである。こうして、平和の創造のための対話を実現させながら、コンフリクトの転換・超越といった結果を生み出していこうとするのである。

　紛争転換の学びとは、すなわち、バイナリーを越えて平和アプローチを志向する能力を身に付けるものである。そこではまた、クラスの中で、グルー

プで、自己内における対話に加え、創造性（クリエイティビティ）やアート表現が必須になる。理性・知性のレベルだけではなく、相互にケアし尊重し合いながら、誠実に関わりを築こうとするとき、感情・身体的感覚を大切に共にプロセスを踏んでいく。共同で制作する織物のようなもので、織り重ねるイメージで捉えてみるなら、縦糸は紛争転換理論、横糸は創造性に満ちた対話であろうか。

7. おわりに——紛争（コンフリクト）転換の能力獲得の意義

「人生にとって有益」な授業であれば意味がある。しかし、「実践的」で「役に立つ」レベルに留まらず、すなわち受講生が深く認識しないかもしれないレベルにおいて、この授業は何を提供できているだろうか、こちらの期待・希望と受講生の現実が真の意味で合致しているのだろうか、と私自身、本章の執筆を通じて問い直しているところである。

この授業の重要なポイントは、平素からの自身との向き合い方、クラスの中での他者との関わり方、コンフリクトに出会ったときの態度・構え、そして平和的手段による転換における信頼醸成であり、人間どうしの、そして人間と社会や自然との関係性を深く認識することであろう。それは、受講生のみならず教員自身にとっても同じである。関係する人・事柄の多様なあり方がグラデーション（多様なグレー、いや、もっと色彩豊かなイメージで捉えてみよう、虹色！）で認識できるようになるとき、努力とトレーニングを通じて、われわれは、ようやく初めて、少しずつバイナリーを越えることができるようになるはずだ。

貧困・差別・領土・戦争などをめぐるコンフリクトが、この社会・世界の構造の中に発生し、そこにわれわれ一人ひとりが深く繋がっている。また、個人が抱えるコンフリクトは、社会・世界の構造と地続きである。加えて、世代を越えて引き継がれる歴史の中のコンフリクトをも意識するとき、その全体像を捉えながら有機的なコンフリクトと如何に共に生きていくか。われわれ市民一人ひとりが、その中にいる当事者であることが自覚されるとき、

コンフリクトをどう捉え、どう向き合うのかを考え、行動する準備が必要不可欠である。

注

1　ここでの平和と暴力概念については、奥本京子 (2017) から一部を抜粋した。

2　この表は、Johan Galtung (2017). Introduction: Peace by Peaceful Conflict Transformation － The Transcend Approach. In Charles P. Webel and Johan Galtung (Eds.), *Handbook of Peace and Conflict Studies* (pp.14-32). Routledge. に掲載の Table 2. 3. Peace: negative and positive, direct, structural, cultural (p. 31) を、筆者が編集したものである。また、「構築」の文言については、Johan Galtung (2012). *A Theory of Peace: Building Direct Structural Cultural Peace*, Transcend University Press and Kolofon Press, p.52. と、藤田明史・松元雅和 (2015).「巻頭言『積極的平和』とは何か　戦後 70 年の時点に立って」『平和研究』45, i-xvii. から p. ix を、参照・加筆した。

3　1969 年に定義された「直接的暴力の不在」は、当初、「消極的平和」と定義されたが、後に、「構造的暴力や文化的暴力の不在」も「消極的平和」に含まれるようになる。また、「文化的暴力 (cultural violence)」についても、その議論に組み込まれていく。それは、例えば、1987 年におけるスウェーデン・ストックホルムにおける Right Livelihood Award (もう一つのノーベル平和賞と呼ばれる賞) の受賞スピーチにおいて (Johan Galtung (1990). Acceptance Speech: Peace Studies: Inspiration, Objective, Achievement. In *60 Speeches on War and Peace* (pp.250-253). International Peace Research Institute, Oslo (PRIO))、また、1989 年に世界各地の大学や研究所での講演で、提起されている。論文として詳細に論じられるのは、1990 年の Johan Galtung (1990). Cultural Violence. *Journal of Peace Research, 27* (3), 291-305. においてである。

4　ここでのトランセンド理論の紛争転換については、奥本京子 (2017) から一部を抜粋した。加えて、奥本京子 (2012a) 第 3 章 pp.152-153 を参照のこと。

5　安全保障アプローチと平和アプローチについての詳細な分析は、奥本京子 (2012a) 第 1 章 pp. 17-51 を参照のこと。これは、ガルトゥングによるニューヨークの国連第一会議室での講演 (2004 年 9 月) によるものであり、ヨハン・ガルトゥング (2006)「安全保障アプローチと平和アプローチ」、『トランセンド研究：平和的手段による紛争の転換』村上綾訳 , *4* (1), 71-74. に収録されている。また、原文は、Johan Galtung (2005). The Security Approach and the Peace Approach.『トランセンド研究：平和的手段による紛争の転換』*3*(1), 58-61. に収録されている。

6　ここでの解説については、奥本京子 (2019) から一部を抜粋した。

引用文献

J・ガルトゥング（奥本京子訳，伊藤武彦編）(2000)『平和的手段による紛争の転換【超越法】』平和文化.

J・ガルトゥング，藤田明史編著 (2003)『ガルトゥング平和学入門』法律文化社.

Galtung, J. (1969). Violence, Peace, and Peace Research. *Journal of Peace Research, 6* (3), 109-134.

Galtung, J. (2008). *50 Years － 25 Intellectual Landscapes Explored.* Transcend University Press and Kolofon Press.

奥本京子 (2012a)『平和ワークにおける芸術アプローチの可能性：ガルトゥングによる朗読劇 *Ho'o Pono Pono: Pax Pacifica* からの考察』法律文化社.

奥本京子 (2012b)「紛争転換と芸術：動態的平和を模索して」日本平和学会編『平和研究』*39*, 69-89.

奥本京子 (2017)「安全保障アプローチから紛争転換を軸とした平和アプローチへの移行」黒澤満編著『国際共生と広義の安全保障』東信堂, 49-75.

奥本京子 (2019)「ストーリー（もの語り）が持つ意味：平和ワークにおいてファシリテーションが何をなしうるか」大阪女学院大学『紀要』15, 1-15.

大阪府人権協会編 (2008)『人権学習シリーズ Vol.5　ぶつかる力　ひきあう力：対立と解決』大阪府政策企画部人権室.

【参考リソース】

- 教育アニメーション『Happy になる 5 つの方法』『クリスマスのオフィスにて 3 つの暴力：見える暴力 見えない暴力』『オレンジの木の下で：消極的平和・積極的平和』(Be-Production 制作、https://www.bepro-japan.com/)

『Happy』は、コンフリクトを建設的に解決する方法を伝える解説書付きアニメの 1 つ。発表会で何の劇をやるかを話し合う学校のホームルームにおいて、「みにくいアヒルの子」をやりたい生徒と「浦島太郎」をやりたい生徒がちょうど半分半分となったとき、さて、どうするか。1 つではなく複数ある解決方法とトランセンド案を紹介。2012 年制作(6 分 30 秒)。解説書『みんなが Happy になる方法：関係をよくする 3 つの理論』(平和教育アニメーションプロジェクト編, 平和文化, 2012) 付き。

『クリスマス』の場面設定は、クリスマスの前夜、会社で上司に怒鳴られる部下。サンタが登場し、不思議なスマホを用いて、職場にある「3 つの暴力」について説明する。ガルトゥング平和学の入門編。2018 年制作 (10 分)。

『オレンジ』の場面設定は、隣りのガルン国との戦争に突き進むオラン国。ガルン爺とオラン婆がガルトゥング平和理論の「消極的平和」「積極的平和」を説明する。平和学の入門編として最適であり、1980 年代以降深化した「積極的平和」

の定義を確認したい研究者にも重要。2018 年制作（9 分）。

- Lederach, J. P.(2003). *The Little Book of Conflict Transformation.* Good Books. J・P・レデラック（水野節子, 宮崎誉共訳）(2010)『敵対から共生へ：平和づくりの実践ガイド』ヨベル.

　　紛争転換（書籍の中では紛争変革としている）の入門書。既に平和を創り出す活動に取り組んでいる人々に紛争解決から紛争転換へと視点を移して欲しいとして執筆されているが、紛争解決の概念にも触れたことがない読者には平和創造の基本概念が理解できるようにも書かれている。

- 高部優子・奥本京子・笠井綾編著（2022）『平和創造のための新たな平和教育：平和学アプローチによる理論と実践』法律文化社.

　　日本平和学会の平和教育プロジェクト委員会が 2014 ～ 2022 年に取り組んだ 8 年間の実践と研究活動のエッセンスを編纂したもの。言語的・非言語的対話による「やりとり」、すなわち自分の考えや感情を表し、それに対する他者からの表現を受け取り、それを繰り返す往還を可能にすることを如何に実現するか。そのための理論、思想、そしてワークショップ・プログラム集。

第6章　身体視点からのコンフリクト・マネジメントの基礎づくり

山地弘起

【本章のポイント】

①コンフリクト状況において、「いまここで生じている体験に、判断を混じえずにあたたかい関心を向け、身体ぐるみで精細に聴き沿っていること」(身体アウェアネス) は、適切な対応を支える基礎となる。

②コンフリクト・マネジメントに必要な認知的柔軟性、共感性、創造性、レジリエンス、複雑さや曖昧さへの耐性などのうち、共感性、創造性、レジリエンスについては、身体アウェアネスの近接概念であるマインドフルネスとの関連が確認されている。

③授業事例から、身体アウェアネスの実習における具体的な教示内容と参加者の反応を示すことで、読者が自分で実習を試みる際の一助とする。

---

1. はじめに

　我々は皆、「生き物」である。自由な呼吸ができ、可動性を一杯に生かして十分な機能を発揮できるということは、互いに承認すべき最も基本的な人権であろう。普段の自他の関わりをその視点から振り返ったとき、自分や他者への配慮はどのようになされているだろうか。各々の生き物としての基本ニーズを尊重した関わりができているだろうか。そして何よりも、自分が無自覚なまま習慣的に自身を不自由にさせていることはないだろうか。

　コンフリクト状況はストレスやフラストレーションを伴うことが多く、この状況的な圧力があるだけでも自分の持てる機能を十分発揮することが難し

くなる。もしそこで過剰に反応し、自分自身を不自由にする傾向が加わるようなことがあると、コンフリクト・マネジメントはさらに難しくなることが想像できよう。そのため、コンフリクト・マネジメントの様々な技能の前に、それらの基礎となる自身との関わりに焦点を当てることが必要となる。教員それぞれが、対人関係専門職として、自身の反応傾向を制御しつつ受信体・発信体の機能を自在に果たすコンフリクト・マネジメントのモデルになることができれば、学習者にとってより自由で効果的な関係学習の場（他者との、また自身との）を醸成できるのではないだろうか。

　そこで本章では、自身との関わりを中心的なテーマとし、「身体アウェアネス」の実習によるコンフリクト・マネジメントの基礎づくりを扱う。最初に身体アウェアネスの説明と実習の意義、マインドフルネスとの関係などを示し、次に、読者が自分で実習を試みるための一助となるよう、授業事例から教示内容と参加者の反応を具体的に紹介する。

2.　コンフリクト・マネジメントを支えるもの

2.1　身体視点のアプローチ

　コンフリクト状況では、いま何が起こっているのか、相手のニーズは何か、自分のニーズは何か、どのように調整や交渉ができるか、といったことについて、精度の高い見極めが要請される。しかし、とくに、相手のニーズが何かということは、言葉を介した把握だけでは不十分のこともあり、もし相手が目の前にいれば、相手の身体に成り込んで内側から思いを共有してみることができる。また、自分のニーズが何かということも、はっきりと自覚できていない場合があり、この場合も、自分の身体の反応を確かめながら明確にしていくことができる。

　こうした自他の身体への感受性は、普段の対人関係の中である程度発揮されているものだが、コンフリクト状況というストレス下では自身の反応を十分に受け取る余裕をもてない。しかも、できるだけ正確に自他のニーズを把握するとなると、その感受性も普段より研ぎ澄まされていることが必要であ

るため、そのための訓練を要するといえよう。

　ここに、身体アウェアネスをテーマにとりあげる理由がある。身体への澄んだ気づきを常に保っていられるかということである。但し、ここでいう身体とは、思考や感情と切り離した物体としての身体ではなく、思考や感情に伴う身体体験を含めて広く捉えたものである。したがって身体アウェアネスとは、「いまここで生じている体験に、判断を混じえずにあたたかい関心を向け、身体ぐるみで精細に聴き沿っていること」をさす。

　このうち、「判断を混じえずに」とは、無自覚に体験を仕分けして取捨選択したり、生じていることに評価や意味を被せたりせずに、ということであり、「あたたかい関心を向ける」とは、距離をとってモニターするのではなく、現れてきたことに誠実に出会っていくということである。また、「身体ぐるみで」とは、自分という存在全体が参加していることであり、「精細に聴き沿う」とは、自分に起こっていることや自分が自分にしていることを、解像度を上げて（動体視力を高めて）ていねいに受け取っていくということである。ここで敢えて聴覚的な文言（聴き沿う）を使っているのは、内的な体験と関わるには視覚イメージよりも聴覚イメージの方がぴったりすると思われるからである。こうして、起こっていることに耳を澄ませて全身で一緒にいることは、体験がおのずから変容していったり、より明確な意味を結んだりすることにもつながる。

　ところで、大学教員の日常は本当に忙しい。大学をめぐる社会的・政策的状況が大きく変わっていくなかで、日々膨大な情報を高速で処理しなければならない生活では、「私」に期待されている役割をこなすことで一杯になり、自分が「生き物」であるという事実を忘れがちになる。そのことで心理的な視野狭窄に陥るとともに、自身の健康（well-being）も損なうことになる。

　しかし、この「私」とは、生き物であるこの身体が、もともと外界との間でサバイバルのために「橋渡し」としてつくりだした仮構である。私が身体をもっているのではなく、身体が私をもっているのであり、私が呼吸をしているのではなく、呼吸が私を生かしているのである。体験にしても、私の中に体験があるのでなく、体験の中に私がいるということであろう。

　身体アウェアネスは、「私」に焦点化してしまっている日常を相対化し、より直に外界・内界と関わっている「生き物」に立ち返る機会を提供する。教員が、学生との関わりの実践を省察することにおいても、いったい何が起こっているのか、起こっていたのかをていねいに了解するには、身体アウェアネスが不可欠と思われる。学生たちとの小さなコンフリクトは日常茶飯事であろうし、他の教職員との間で起こる行き違いや摩擦などでも、「私」同士のパワーゲームに陥らずに一旦身体に戻って自他に耳を澄ますことができれば（容易ではないし勇気のいることではあるが）、それまで気づかなかった互いのこだわりや思い込み、状況の影響力、打開のヒントなどが姿を現すこともあるかもしれない。

　ちなみに教室空間や教員会議など集団と関わる際には、様々な思いや感情が交錯する複雑な状況に立ち合うことになる。建設的なやりとりができるためには、心理的に安全な場、すなわち、「率直に発言したり懸念や疑問やアイデアを話したりすることによる対人関係のリスクを、人々が安心して取れる環境」（エドモンドソン, 2021, p.49）にしたいものだが、一方、自分の中ではどうだろうか。身体は私との間で安全でいられるだろうか。自分の中の多様な声の存在を認めて、それらの調停ができているだろうか。自分の中でフィルターにかけずに公平にそれぞれを聴き取り教えてもらうことが、場の中での多様な声の聴き取りと調停、心理的に安全な環境の醸成にもつながる。ここでも、生じてくる様々な体験に広く聴き沿う構えが鍵となる。

2.2　身体アウェアネスと心理的資源

　コンフリクト・マネジメントを支える心理的資源とはどういうものであろうか。一つの整理として、OECD のラーニングコンパス 2030 では「変革コンピテンシー」の一つとして「対立や葛藤を調整する力 (reconciling tensions and dilemmas)」を挙げ、その構成要素を認知的柔軟性、共感性、創造性、レジリエンス、複雑さや曖昧さへの耐性などにまとめている (OECD, 2019)。身体アウェアネスの実習は、いずれの要素にも効果を期待することができる。判断を混じえずにていねいに体験を受け取ったり多様な声を公平に聴き取って調停で

きたりすることは、認知的柔軟性や創造性、複雑さや曖昧さへの耐性を育てることになるであろうし、他者の身体に共鳴できることは共感性を高めることになるであろう。また、生き物としての知恵や活力とつながっていられることはレジリエンスを高めることになると思われる。

　ただ、残念ながら身体アウェアネスについては実証研究が乏しく、おもに身体心理療法 (somatic psychotherapy) における理論的・臨床的検討がほとんどである (cf. Marlock et al., 2015)。そこで、実証研究については、身体アウェアネスの近接概念であるマインドフルネスに関する研究を参考にする。

　マインドフルネスは Center for Curriculum Redesign の 21 世紀型スキルの整理にも含まれる重要な資質の一つで (Fadel et al., 2015)、その定義は身体アウェアネスとかなり重なっており、今への気づきとその受容を実践の柱とする (Kabat-Zinn, 1994 など)。但し、身体に焦点化するわけではない。もともと認知行動療法の文脈で積極的に取り入れられてきたもので、膨大な実証研究の蓄積がある。メタ分析の結果からは、共感性、創造性、レジリエンスについてはマインドフルネスとの関連が確認されている (Hu et al., 2022; Hughes et al., 2023; Joyce et al., 2018)。認知的柔軟性、複雑さや曖昧さへの耐性との関連は明確でないが、マインドフルネス瞑想による無意識のバイアスの低下が報告されている (Lueke & Gibson, 2015; Schimchowitsch & Rohmer, 2016)。また、マインドフルネスが、米国の多文化地域での警官の冷静な事件対応や、マジョリティ学生の抵抗に直面する多様性教育の教員サポートに資した例も紹介されている (Goodman, 2011; ノーデル, 2023)。すでに米国では、マインドフルネスや身体アウェアネスを社会的公正の教育に用いる際の具体的方法がいくつかの成書にまとめられており、対人葛藤への対処を越えてより社会レベルのコンフリクトに取り組む教育実践として参考にできる (Berila, 2016; Johnson, 2018, 2023; Magee, 2019)。

　なお、マインドフルネスは、その意味するところにやや注意を要する。仏教が起源であるが、仏教流派によってマインドフルネスの捉え方や実践方法は少しずつ異なっており、またマインドフルネスと直訳できる原語があるわけでもないようで、欧米で取り入れられてかなり単純化された嫌いがある。ややもすれば認知的な注意制御訓練と捉えられることもあるため、その反動

からか、近年は身体体験に軸足をおいたマインドフルネスを強調する成書が続けて出されている。それらでは、「マインド」という語がメンタル面のみに偏った誤解や混乱を招くことを避けて、embodied awareness（Aylward, 2021）、somatic mindfulness（Baker, 2021）、somatic spirituality（Ray, 2016）といった呼び方をしている。

　付言すれば、本章でいう身体アウェアネスは、もともと20世紀前半のドイツでの体育運動から発し、米国で「センサリー・アウェアネス」という名で広まった身心教育のアプローチを土台の一つとしている。このアプローチは仏教とは無縁だが、仏教でのマインドフルネスを最高度に深く理解し敷衍したものとも評されており（Fischer, 2007）、身体重視のマインドフルネスの実践方法と共通点が多いのは興味深い。このことは、身体感覚を中心に据えたものであれば、マインドフルネスの実習は身体アウェアネスの涵養に役立つということでもある。

　マインドフルネスの実習は瞑想によるものが多く、初めて取り組む場合、効果が実感されるまでには1日20分程度を2か月程度継続することが一つの目安となる。今やマインドフルネスに関する情報は大量に出ているので、その気になればすぐに始めることができると思われるが、一方、身体アウェアネスについては参考にできる情報が少ない。そこで、実際にどのような実習を行うのか、次節で授業事例から詳しく紹介したい。

3. 授業事例『身体コミュニケーション概論』から

　本節では、首都圏のある私立大学で、夏季集中5日間の2単位授業として実施している専門科目から、本章の内容に関連の深い部分を紹介する。

3.1 授業の概要

　本科目『身体コミュニケーション概論』は、人間科学を専門に学ぶ学生に向けて開講されており、2023年度は2年生から4年生の計22名が参加した。もともと対面で実施していたが、コロナ禍以降はリアルタイムのオンライン

授業として Zoom で実施している。2022 年度までは 90 分授業を 15 回、1 日に 3 コマずつの 5 日間で実施していたが、2023 年度から 1 コマ 100 分に変わったため、1 日目から 4 日目までは 3 コマ、5 日目は 2 コマで実施した。

　本科目の特徴は、座学と体験実習を組み合わせて、身体コミュニケーションにおける意識下の精妙な調整機能と相互の影響過程の省察的理解を図るところにある。座学では、英文テキスト *Nonverbal Behavior in Interpersonal Relations* (7th ed.) (Richmond, McCroskey, & Hickson III, 2012, Allyn & Bacon) を用いている。参加学生は、事前に 10 ページ程度ずつ分担して内容を理解し、予定された授業時に 15 分～ 20 分程度でわかりやすく解説するとともに、その後の質疑応答や議論をリードすることが求められる。このテキストでふれられていない新しい知見は、教員から適宜補足する。

　体験実習については、いろいろな姿勢や動きをしても気にならないよう、またある程度の音や声を出しても問題がないよう、それなりの広さの閉じた空間を確保して楽な服装で参加すること、と伝えている。また、授業に参加するにあたっての留意事項を以下のグラウンドルールとして示し、各日の開始時に確認している。

- この 1 週間を、自分自身のフィールドワークの期間ととらえて、自分に起こってくる様々な体験やコミュニケーションのあり方に自覚的でいましょう。
- 授業や体験実習のなかで、もし気分が悪くなったり少し休みたくなったりしたときには、自分の責任でセルフケアをしてください。
- 授業やグループワークでは、もし話したくないことがあれば、「それは話したくないです」と伝えてください。
- 授業やグループワークで聞いた個人的な話は、本人の了解がない限り、他言しないでください。
- お互いに気持ちよく、集中して学習や体験ができる場にしましょう。

　身体コミュニケーションあるいは非言語コミュニケーションに関わる技能は、コンフリクト・マネジメントや交渉プロセスにおいても重要であるため

(LeBaron et al., 2013 など)、本科目ではその点も念頭において内容を構成している。

　各日の授業内容を**表2-6-1**に示す。体験実習①はテキストの理解を深めるものなので以下では省略し、より基盤的かつ汎用的な内容である、冒頭のオープニング実習と各日の体験実習②について詳細を述べる。なお、2023年度は1コマ100分となったため最終日は2コマしかなく、それ以前に含めていた最終日の体験実習「関わりの中での動き」を諦めざるを得なかった。他者との関係のなかで行動を選ぶ実習は、日常の対人関係に直結する重要な内容だけに、残念であった。

　体験実習②は各日の最後の半コマ(50分程度)で行った。いずれの実習でも、終了後に参加者は4〜5人のグループにブレイクアウトして互いの体験を共有し、その後全体で質疑応答などを行う。どの程度まで体験を共有するかは参加者自身が決め、互いにそれを尊重する。このグループでの体験共有の機会は、座学で学んだ身体コミュニケーションの知識を消化・活用する機会としても位置付けている。グループでの振り返りの際、体験内容だけでなく、互いの関わりの面(自他の身体コミュニケーションのあり方)にも可能な範囲での注意を促している。

表2-6-1　各日の授業内容

第1日	・オープニング実習、オリエンテーション、「外見的特徴」 ・体験実習①「身体タイプ・心理タイプ」、②「ボディ・スキャン」
第2日	・「ジェスチャーと動作」、「表情行動」 ・体験実習①「微細表情の読み取り」、②「重さとかかわる」
第3日	・中間フィードバック、「視線と声」、「空間とテリトリー」 ・体験実習①「こえことばと感情」、②「呼吸と声」
第4日	・「接触とコミュニケーション」、「性差について」 ・体験実習①「接触への態度」、②「コンタクト(ふれられること・ふれること)」
第5日	・「文化差について」、「マイクロアグレッションとマイクロインターベンション」 ・学習のまとめ、試験、レポート課題の説明

3.2 第1日の実習

(1) オープニング実習と「ボディ・スキャン」

　オープニング実習として、他の参加者についてどのように印象形成がなされていくかを自覚する機会を設けている。まず、参加者はカメラもマイクもOFF にして Zoom に入室する。続いて、以下の順に他の参加者についての情報が少しずつ増していくことで、それぞれの人のイメージや性格像がどう更新されていくかに注意を向ける：①参加者パネルにあるそれぞれの名前の文字、②教員からの簡単な質問（趣味、着ている服の色、など）に応える際の対応（声、言葉、間など）、③一斉にカメラを ON にして現れるそれぞれの顔や髪型ほか。この実習は、授業全体を通して自身の体験をていねいに受け取っていくことへの導入でもある。

　また、第1日の授業には、IAT（Implicit Association Test；潜在連合検査）を通して無意識のバイアスを振り返ることも含めているので、他者の印象形成や自分の印象管理のプロセスでのバイアスを自覚するきっかけともなる。

　「ボディ・スキャン」は、普段の忙しさの中で忘れてしまいがちになる自分の身体に親しむことを目的とする。身体の各部位に意識を向け、それぞれの部位で感じられること（あるいは感覚があまりないこと）を確かめていくわけだが、起こっていることをそのまま受け取ることが主旨なので、感じ方を変えたりリラックスしたりするために行うものではない（結果としてそうなることがあるとしても）。しかし、もし気になるようなら、その部位に息を送ってみたり手を当ててみたり、あるいは何か自然に動きが起こってくればそれと一緒にいたり、といったことは構わないとしている。

　始めるときの注意事項としては、今の自分にとって快適な姿勢で、しかし寝込んでしまわないようにすること、快適さがずっと続くわけではないので適宜姿勢を変えてよい（横になってもよいし立っていても座っていてもよい）、と伝えている。そのうえで、教員はゆっくりと順番に、身体の各部位にしばらく留まりながら言葉かけをしていく。左足から始めて、ふくらはぎ、向こうずね、膝、もも。次に、右足のつま先から足首、ふくらはぎ、向こうずね、膝、もも、ももの付け根、そして骨盤のあたりへ。性器、お尻、腰骨の出っ張っ

たあたり、背中の下部、腹部、背中の上部、胸、肩。ここで一旦全員の様子を確認し、少し動いてみたり姿勢を変えたりする間を入れた後、両手を一緒に行って、最初は5本の指に、それから両手の平と甲、手首、腕の下部と肘、上腕。肩と腋の下に進み、首、顔（顎、口、唇、鼻、頬、耳、目、額）、そして頭全体へと進む。最後に、身体全体の感覚と呼吸に伴う動きをあらためて確かめてみる。

なお、順番については、頭の方からでも足の方からでも可能であるし、足も左右どちらから始めてもよい。また、随時、呼吸の動きや身体の他の部位での反応などにも注意を促す。

終了後、参加者は身体に感じられたことを一つの絵にしてみる。身体の形の中に各部位の感覚を表したものや抽象画になったもの、言葉での注釈をていねいに付けたものなど多様な表現がなされる。

(2) 参加者の反応

参加者は、授業後のワークシートにそれぞれの言葉で体験を記してくれる。感覚がよくわからなかったもどかしさや抵抗、混乱を表明してくれたものから、すぐには言葉にしにくい豊かな体験をなんとか言葉に整えてくれたものまで、それらを読みながら私は、紛れもないそれぞれの人の実体験に神聖ささえ覚える。参加者によっては、ここでの体験から、過去の経験との関連や日常生活への応用を考える人もいる。

「感じる」ということがよくわからない人もいるので、その場合には、感覚を探るとか意識を集中させるとかいうことではなく、その部位にただ意識を向けて待っている、何か感じられればそれを受け取ってみる、何も感じられなければ、今その部位では感覚がわからないということでよいのだと伝えている。

以下、何人かの例を挙げる。

　　「意識を向けた場所に血がまわり、活性化しているイメージがある。足の指の
　　間だったり、爪の辺りだったり、膝の裏側だったり、足首の中だったりと、意

識したことのないところを初めて意識してみて、とても変な感じだった。右足に躍動感、活性化を感じた。意識を右足から体全体に広げていくことで体全体に躍動感が感じた。（中略）右足から発生したエネルギーが体を循環しているようなものであり、少し運動した後のような感覚であった。」

「瞑想やヨガを彷彿させるもので体験したことがなく、何が正解かよくわからない印象だった。自分の中では足が肉体を支え、首が頭を支えるということを強く感じ、それら2点の部位が緊張状態でガチガチであり、それらによって支えられている部位に関しては波打つようなゆるゆるさを感じた。」

「自分の体は自分が一番よくわかると思っていたけれど、1つ1つのパーツに目を向けたことがなかったので、ふわふわしてかつ心がスッと落ち着くような不思議な感覚になりました。疲れが自然と取れた気がしたので、日常生活でも実践したいです。」

「ボディスキャンをして感じたことは、疲れたということです。普段体の各部位を意識することはあまり無いので、各部位に意識を向けると思った以上に疲れました。しかし、普段あまり意識しない血液の流れや心臓、肺の動きを感じ取ることが出来ました。私は夏休みに入って運動を始めたのですが、運動する時は、動かしている場所を意識しながらやるので、ボディスキャンはそれに似たもののように思いました。」

「ボディスキャンを通して心理的に多少の緊張状態からリラックス状態に変わっただけでなく、身体の変化も感じ取ることができた。実際に体の変化としては瞼が軽くなることで目が少しだけ大きく開くようになった気がしたり、耳の裏や肩まわりが少し緩んだように感じられた。また、手足や足先などの先端部分が少し温かくなることでハリが出てきているのを感じた。コリがあった所が解れて普段体温の変化を感じられない場所が温かくなった。」

3.3 第2日の実習

(1)「重さとかかわる」

この実習では、鉛直方向に常時働いている重力（身体の重さ）との関わり方をテーマとする。つまり、本来必要のない過剰な努力で身体を操作するのではなく、重力と協調したより自然な姿勢や動きを探ることで、コミュニケーション機能を含む身体の諸機能がより十全に発揮されるようにする。

参加者はまず、自身のニーズを聴き取りながら、自由な姿勢で身体を伸ばしたり曲げたり捻ったりして（フリー・ストレッチ）、できるだけ快適な身体になれるようにする。また、前日のボディ・スキャンを簡略化して、両足から両膝、両方の脚の付け根、お尻と下腹部、腰から背中と脇腹、みぞおちから胸、さらに両手から肩と首、最後に頭部全体、といった順で感覚を受け取り、各部位がより快適になれるように動かしたりケアをしたりといったこともできる。フリー・ストレッチやボディ・スキャンは、座学から体験実習へのトランジションでもある。

その後、ゆっくり仰向けになり、自分の重さを床にあずけてみる。不必要な力が入っていないかどうか確認しながら、重さに委ねて身体をいろいろに動かしてみる。試みに、片方の脚を少しだけ床から浮かせていって、そしてまた床に戻してやると、あるいは、頭を少しだけ持ち上げてそして戻してやると、さらに力が抜けた感覚がわかる。できるだけ自分の力を使わずに寝返りを打ったり、うつ伏せになって胸や腹の重さを十分床にあずけられているか確かめたりしながら、だんだん床と一体化していく。あくびは大歓迎である。次いで、ゆっくりと四つん這いの姿勢になってきて、肩の真下に手が、足の付け根の真下に膝がくるようにして、4本の柱で胴体を支えるような姿勢になる。頭とお腹がぶら下がった状態で、胴体のなかをゆったりと揺すってみたり、腕や脚の柱をうまく使って肩甲骨の間や背中の中央を天井方向に上げていったり、あるいは呼吸の動きとともに背中を反らせたり丸めたり、背骨をいろいろに動かしてみたりして遊んでみる。そうして一段落したら、お尻を後ろの方にもっていって、床にひれ伏した姿勢で休む。落ち着いたら、頭が最後になるように上体をゆっくり立ててきて、正座姿勢になる。正座姿

勢でも下肢と床の接面で自分の重さをあずかってもらう。

　ここで一旦 PC 画面に戻ってもらって、人体の骨格模型を見せながら、気づくことを言ってもらったり説明したりする。興味深いことはいくつもあるが、例えば、背骨は両耳の間くらいの高さまで続いていることや、下顎は顎関節でぶら下がっているだけ、腕の上げ下げには鎖骨や肩甲骨も連動する、立位で上体を前にぶら下げるときには股関節から曲がっていくのが構造上自然であるし、戻ってくるときには膝を少しゆるめて、骨盤が起きる方向に後ろ手で仙骨を少し押してやるだけで自然に上体が起き上がる、など、自分の身体で確かめながら骨格意識を高めることができる。

　その後、体験実習は立位でのゆすり、上体のぶら下げ、逆立ち、尻打ち、腕回し、などに進む。ゆすりとは、足のばねを使って身体の中身を上下にゆするもので、上体のぶら下げとは、股関節から骨盤、腹、胸、頭、とだんだんと前側にぶら下げていき、ぶら下がったところで上体全体をゆすってみるものである。この延長上に逆立ちがあり、壁から少し間をとって片足を少し前に出して立ち、ぶら下がっていくときに両手を下について重さを床に流し込んでいき、そのまま壁に逆立っていく（ぶら上がる）。頭部もぶら下げることを忘れないように。尻打ちは、一方の足に体重をのせて軽く跳ねる時に、もう一方の股関節から下を鞭のようにして足で尻を打つ動き、腕回しは片足を踏み込むことで両腕が（逆回りに）大きく上に上がり、重さと遠心力で回される動きである。

　これらは野口三千三氏による野口体操での動きであり、以上の説明だけではわかりにくいと思われるので、詳細はぜひ野口ほか(2004)を参照されたい。いずれも、筋肉で身体を動かすのではなく、むしろ筋肉を感覚器官として捉え、骨格意識と体内の液体イメージ等によって、重さと協調して身体の内側を解放していく試みである。

(2) 参加者の反応

　何人かの例を以下に挙げる。骨格模型を使うことは、骨格の知識で実体験が邪魔される危惧もあるので、いつも迷いながらではあるのだが、今回は新

たな気づきにつながることも多いようであった。また、この実習でも、授業
外の活動（ダンスや水泳、バスケットボール）と関連づけて振り返っている人がい
た。何か運動をしている人の方が、この種の実習になじみやすい傾向はある
ように思う。

　「改めて意識を体重に持っていき、寝転んだり、四つん這いになったり、逆立
ちしてみたりすると、いつもとは違う不思議な感覚が生じた。四つん這いや前
屈の姿勢時よりも、寝転んだ方が、床との設置面が多い分、より重さが感じら
れた。逆に、床との設置面が少ない姿勢の時には、重さというよりも重心を感
じることができた。腰や首を回した際には、回る原理が直に感じられた。
　私はダンスをやっており、首・胸・腰を前後左右に動かす動作をすることが
多いのだが、今回はいつもよりもスムーズかつ大きく、その動作ができたよう
に思えた。（中略）最後に軽くボディスキャンを行ったところ、昨日は身体の外
側が強調されて感じた一方で、今日は身体の内部まで均等にあたたかみを感じ、
満たされているような感覚を得た。」

　「骸骨を見ることで体の作りを理解しながら重さを感じることができた。いつ
もなら取らない体勢を取ることでからだのストレッチにも繋った。いかに頭
が重いかや、立つときの重心の使い方が大切かなどに気づくことができた。また、
プールで脱力して体を水に預けることで重さを感じるのも一つの手だと感じた。
浮力と身体の重さの関係を今度試してこようと思う。目をつぶることで今回も
より体に意識を持っていくことができた。」

　「一番印象に残ったのが四つん這いになった部分である。その際に重みをずっ
と感じていた時に、体のそれぞれの場所の重みが異なるのを感じた。特に肩や
腰の部分が他の部分に比べ重く沈み込みにくいと感じた。また、しゃがみこみ、
腰の裏の部分をおすと自然に起き上がったことにも驚いた。」

　「重さを意識して動きをした。私はバスケを経験しており、その中でパワーポ

ジションという言葉を習っていたのだが、それを思い出した。パワーポジションとは、どの方向にも動ける姿勢なのだが、重心を中心に置くことでそれは叶う。重さに身を委ねることでパワーポジションがよりうまくいくのではないかと考える。」

「活動の中で先生が、頭を支えている骨は眼球と耳の高さほどで頭の中にあるということをおっしゃっていて、今までは首と頭の境目で頭を支えていると思っていたため、その意識を変えることによって、普段から頭の重さを真下から支えることができるようになったと思う。そのおかげかわからないが、長時間パソコンを見ていても姿勢が改善され、首や肩が痛くなくなったように感じた。」

3.4 第3日の実習

(1) 「呼吸と声」

この実習では、前日の「重さとかかわる」で探った、重力に沿ってすっきりと立つ身体、内側に滞りのない身体を基礎に、呼吸において横隔膜を始めとする諸々の呼吸筋が十分に働くこと、吐かれる息が自然な声に転換されることをめざす。

参加者はまず、フリー・ストレッチや簡略版ボディ・スキャンを通して、ゆったりと楽でいられる身体に戻る。そして呼吸のありように意識を向け、何か考えたり動作をしたりするなかで、呼吸を詰めたり止めたりすることがないか、口の中や喉を狭くしたりすることがないか、少し時間をとって自身と一緒にいてみる。通常はそうしたことは起こっているので、咎めるものでも何でもなく、自分で気づいていられればよい。一方、呼吸を楽にさせる姿勢や動きにはどういうものがあるかも探ってみる。

その後、前日同様、仰向けになって自分の重さを床にあずけてみる。身体を自由に動かしたりゆすったりして、無意識に入れてしまっている力をさらに解除していく。床の上である程度空っぽの状態になれたら、あらためて呼吸に出会ってみる。呼吸の動きはどのように始まり、身体のどこをどのよう

に動かしていくのか。何回かの呼吸の後、次に息を吸うときに、骨盤、腹、胸の順番に鼻から息を入れていく。一杯に入ったら、しばらく保った後、口から全部吐ききっていく。全部吐いたと思っても、もう一息吐いてみる。吐ききって自然に息が入ってきたら、また骨盤、腹、胸の順に満たしていき、そして全部吐ききる。何度かやってみたら、普段の呼吸に戻って休む。息を吐ききることで次の息が深く入ってくるが、これは人によってはかなり負荷が高い体験なので、無理が過ぎないように注意しておく。

　ここで一旦 PC の前に戻ってもらい、全員の様子を確認する。問題がなければ、呼吸や発声に関わる器官を示した解剖図を見せながら、呼吸の動きや発声、共鳴の仕組みを簡単に説明する。横隔膜だけでなく胴体の様々な呼吸筋が十分に働くためには、重力と身体の構造に沿った、不必要な緊張の入っていない姿勢や動きが前提となること、吐かれる息に声が自然にのっていくには、喉も口の中も広く空いていることが必要であること、などを確認する。

　再び実習に戻り、立位で軽くゆすって内側を広げられたら、今度は動きの中で息を吐ききる体験として、身体を使って一息で自分の名前を平仮名で書いてみる。もし前に壁があれば、そこに上から下に息で大きな一筆描きをするようなイメージである。文字数の少ない人は簡単にできてしまうので、その場合は文字のサイズをさらに大きくしてみる。吐ききったら、骨盤の方だけでなく背中の方にも十分息を入れて、何度かやってみる。

　発声に移る前に、あらためて立位で足の裏を柔らかくして、重さを床の中へ流し込んでみる。その反動で身体がさらに立ち上がってくるような感覚がもてるとよい。もしできれば、一歩、また一歩とゆっくり足を出して、歩くという動きのなかでもそうした感覚がもてるとよい。ここまでを準備として、今度は両足を腰幅に開いて静かに立つ。そして、どちらかの足に重心を移し、同時にそちら側の膝をゆるめると自然に息が入ってくるので、吐きながら重心ののった足で床を押し、踏み込みながら中央にゆっくりと戻ってくる。戻ってきたときに息が吐ききれているようにする。両腕は、肘を開いて、床を踏み込む動きと合わせて手の平でも下に押す動きをしてフォローする。反対側の足でもやってみる。

　慣れてきたら、息を吐きながら中央に戻ってくるときに、「ロォー」という音をのせる。音の高さや強さは自分にとって自然で楽であればよい。息と音がばらばらにならないように、出ていく息がそのまま「ロォー」という音になっているように。喉も口の中も広く空いているだろうか。ここでも、中央に戻ったときに息が吐ききれているようにする。深い呼吸で、ゆっくりと音を出しきっていけるとよい。一息、一息、左右交互にやってみる。最後に、両足でこれをやってみる。背中や膝、足首をゆるめると自然に息が入ってくるので、両足で床を押しながら息を、あるいは音を出しきっていく。身体は自然に立ち上がってくる。

　この実習は椅子に座っている時でもできる。足が坐骨に変わるだけなので、まず坐骨の位置を確かめ、両坐骨の上に上体が安定してのっている状態から始める。以上の発声の実習は、Atem-Tonus-Ton というメソッド（Hoeller-Zangen-feind, 2004）に範をとったもので、このメソッドは米山（2011）がわかりやすく紹介している。

（2）参加者の反応

　何人かの例を以下に挙げる。合唱や吹奏楽の経験者は呼吸のコントロールに慣れているので、違和感なく取り組めたようである。しかし、息を吐ききるという経験は全体にあまりないようで、生活の中で息が浅くなっていて、横隔膜の十分な動きが課題となっている印象がある。

　ちなみに、「自然体」の難しさに言及して、「意識しようとすればするほど力んでしまう」と書いた人の体験は珍しいものではない。全体共有の場では、どこかで自分で重さや呼吸を捕まえようとしているのかもしれないので、それを手放して、むしろ重さや呼吸が先にあってそれらの中に自分がいる、先に働きかけてきている重力や呼吸をうまく生かしていくこと、協働すること、と伝えてみた。

　　「呼吸と声というトピックで、実際に身体を動かしながら声を出してみたが、非常に楽しかった。普段何気なく呼吸し、声を出しているが、ここまでそれら

の本質にクローズアップしたことがなかったので新鮮だった。名前の一筆書き
と称した活動も楽しく、しかし辛く、息が上がって体温が上がるのを感じ、声
を出したらなくなったことなど身体全体が連動して活動していることを改めて
実感できた。」

　「身体を床に預けた状態で気道を意識すると、やはり人間は1本の管でつな
がって構成されているのだな、ということが確認できたように思えた。また、
寝転んだ状態でも軽く声を出してみた。今までは、意識しない限り喉から声を
感じていたが、合唱の時に意識する『お腹から声を出す』はもちろん、肺や気道
全体が震えている様子が感じられ、『音は空気の振動で伝わる』ということが実
感できた。(中略)
　身体動作を交えて呼吸と声を感じるワークでは、発声と動作を連動させるこ
とで空気の通り道や抜け道が意識でき、いつもよりも声が太く出るように感じ
た。無駄にかかる力を捨て、ありのままに体重を乗せることで、意識が呼吸に
向き、それと連動するように声が乗るのは、少々不思議な感覚だった。ワーク
終了後に発話をした際、いつもよりも軽く、通った声が出るような感じがした。」

　「今回もいつもなら意識をしないことであったため、面白い体験をすることが
できた。特に名前を書く動きがとっても難しかったです。何度か挑戦してみたが、
先生くらい大きく書くと限界がありました。また、限界まで息を吸い込んでみ
たが意外と息を吸い込めないことに驚いた。3日とも、感じたものを定期的に行
いたいと思いました。寝る前に寝られないときに自分の重さを感じて遊んでし
まいそうです。」

　「息を吸う時は上向きの矢印、息を吐く時は下向きの矢印のイメージがあるの
で、床に力を傾けながら息を吐く実習は自然に行いやすいと感じた。深呼吸と
いうとリラックスのイメージがあったが、骨盤まで息を吸い、限界まで吐くと
意外と疲れることがわかり、リラックスと真逆に感じた。息の一筆書きがなか
なか難しい。

　私は吹奏楽をやっており、よく息を深く吸った後に歌うように吹けと指導されることがあるが、今回の実習でやった息の吸い方や、声を出すという行為を、楽器を吹くときに反映してみたらどうなるのか気になった。」

　「この活動は、体重を自然に支えているということを感じるというものであったと思うが、意識しようとすればするほど力んでしまって自然体でいることができず、体重をうまく感じることができなかった。また、先生が、声が自然に発せられるというようなことをおっしゃっていたが、私は自ら言ってみていたためうまくできなかったのではないかと思った。」

3.5　第4日の実習

(1)「コンタクト（ふれられること・ふれること）」

　この実習では、重さや呼吸との関わりに身が開けてきた段階で、外界の様々な刺激（光景、音、におい、空気の動きや温度、物理的接触など）がどのように自身にふれてくるか、また自身がふれ返しているか、といった基底的な体験に焦点を当てる。まず自分自身とのコンタクトから始め、普段の生活では前景化しにくい、密度の濃い原初的なコミュニケーションの層に気づくことをめざす。とくに、昨今の超視覚優位の生活では、敢えて視覚を使わない体験の意義は大きいと思われる。

　まず、いつものように参加者は、フリー・ストレッチや簡略版ボディ・スキャン等を通して、ゆったりと楽でいられる身体に戻る。そして、片方の手を胸に、もう片方の手を下腹部にあてる。姿勢は今の自分にとって快適な姿勢でよい。自分の身体にふれている体験・ふれられている体験に意識を向け、そこにある感覚や動きとしばらく一緒にいる。その後、体験に意識を向けたまま、ゆっくりと両手を離していき、両腕は静かに休む。

　つぎに、座った姿勢で頭部のマッサージをしていく。頭部は知覚器官が集中するとともに、声を言葉に整えて共鳴させて出すところでもあり、また対人コミュニケーションの際に注視される顔があって、表情の管理のために緊

張しがちなところでもある。もちろん、脳を収納する器でもあり、呼吸や栄養摂取等にも関わる生存上きわめて重要な部位であることは言うまでもない。その複雑な形状や様々な触感に親しむ機会でもある。

　首をゆっくり前後左右にストレッチした後、額全体(前頭筋)を下から上へ、両手の人差し指と中指の指腹部分を使って少し強めに圧し上げていく。次に、頭頂部、側頭部、後頭部の順に、両手の指全体を使って気持ちよい強さとペースで揉みこんでいく。腕を上げているのに疲れたら、テーブルに肘をついてやってもよい。後頭部の下縁部は、中央から左右へ親指で強めに圧していく。ここは固くなっていることが多いので、何度かやってみるとよい。その後、耳たぶを親指と人差し指で揉んだ後、左右同時にゆっくり外側に引っ張る。これも気持ちよい強さで、何度かやってみる。

　顔の方に移って、耳のすぐ前にある顎関節のところから下顎をマッサージしていく。両手をネコの手の形にして、4本指の第一関節から第二関節までを使って円を描くようにするとよい。下顎の後は、頬と上顎、頬骨の辺り、鼻、目の周り、と進んでいく。喉や口の中は広く空いているか、呼吸は楽にできているか、など確かめながら。最後に、手をややカップ状にして、それぞれの側の目を覆う。目は閉じて、目の奥が和らぐとともに、頭部全体が緩んでいられるようにして、しばらく休む。

　十分落ち着いたら、閉眼のままゆっくりと両手を目から離し、瞼を通して目に入ってくる光の感覚を受け取ってみる。目を閉じていても、なお何かを見ようとする努力が働いてこないか、目をゆったり休ませていられるか、確かめる。その他の感覚(聞こえる音や空気の流れ、においなど)にも意識を開いて、少しずつ動き出して部屋の中を探検してみる。立っても歩いても、四つん這いになっても床の上を転がってもかまわない。視覚的な記憶に頼らず、ゆっくり自由に動いてみながら、床や空間の感覚を味わってみる。床や空間にも自分を感じてもらえているだろうか。何かに物理的にふれたり、ドンとぶつかったりしたとき、どんなことが起こるだろうか。その時その時の関わり合いの中で、遊んでみることはできるだろうか。

　10分程度やってみたら、再び快適な姿勢になって、片方の手を胸に、も

う片方の手を下腹部において、自分の身体にふれている体験・ふれられている体験と一緒にいる。ゆっくり目を開いていくが、その際、見ようとすることはせずに、見えるものがただ目に入ってくるに任せる。そうしたソフト・フォーカスの目で周囲を受け取ってみる。その後、両手を離していく。

　なお、かつて対面で実施していたときには、教室内の探検ではなく、屋外で探検をしていた。屋外（人工物が少なく自然の多い所）の方がはるかに豊富な刺激があり、集中も深まる。但し、安全のために二人組になり、パートナーは相手の自由な探検を見守る役として、もし危険なものに触りそうになったり危険な所に入りそうになったりしたら、優しく合図したりブロックしたりする。言葉は終始使わない。時間は一人あたり 20 分程度とし、時間がきたら言葉は交わさずにその場で役割を交代し、二人とも体験を終えてから言葉での振り返りの時間をとった。屋外に出る前に、まず教室のなかで目を閉じて動いたり、人や物にていねいにふれたりする体験をしておくと、よい準備になる。

(2) 参加者の反応

　この実習では、4 日目で疲れが出ている頃なのか、頭部のマッサージで気持ちよくなったこともあるのか、閉眼して途中で寝てしまった人が多いようだった。眠ってしまっては実習の意義がない、眠くなったら姿勢を変えたり刺激を与えたりしてリセットしてみよう、ということを初日以来繰り返し伝えていたが、遠隔授業では十分に参加者の様子を把握することができず、限界を感じている。それでも、以下の例では、セルフコンタクトや閉眼での体験、そこからの思いなどが興味深く記されている。

　　「自分で自分に触れ、それを感じる、ということは、ふわふわするような、非常に不思議な感覚だった。触れられていて、触れている、という、両方の感覚を味わう際、触れられていることに意識を向けた時はその部分がほんのりあたたかく、触れていることに意識を向けた時は手のひら全体の触覚が敏感になったように感じた。また、触れている感覚と触れられている感覚は、同時には感

じられないことに気がついた。そのうち、触れている部分と触れられている部分が癒合するような感覚に陥った。

　耳を引っ張ったり、頭皮マッサージのような動きをしたり、目を閉じて覆ったりもした。目を閉じて動作を行うことでそこに神経が集中し、ついている器官と触覚が直に感じられた。中でも、目に入ってくる光を遮り、それを解放する、という動作では、他の部位で行った操作よりも非常に過敏さを感じた。他の部位は触覚しか感じられないが、目を触ることは触覚の他にも、光を受容するという意味での視覚が作用するため、このように感じられるのだろう、と考えた。

　全体のワークを終えて、視界が良好になり、音が鋭敏に聞こえる気がした。また、PCや物に触れる際も、いつもよりも接触面がはっきりと感じられたように思える。」

　「目を閉じる事によって、普段は気がつくことのできない感覚を研ぎ澄ます事ができました。部屋の香りや温度により敏感になったり、その時の気分を分析しやすくなりました。目を閉じると落ち着く事によって思考が減ると考えていました。しかし、普段は目に入る事について無意識に無駄な考えを費やしてしまうけれど、目を閉じると思考の量は減らなくとも、思考内容が視覚以外のところへ移ることが分かりました。」

　「目を閉じたとき、覆い隠したとき、情報が遮断されて感覚が研ぎ澄まされるような感じがあって非常に新鮮であった。情報の8割は目から得るということを自分のスライドからも述べていて、視覚は本当にすごいなと思った。それに、触覚の凄さも改めて認識することができた。いつも目をつぶって触らない机などを触ってこんな感じなのだなと新しい発見も得ることができてよかった。目を休ませると、パソコンが見やすくなったり、思考がスッキリしたり、さまざまないいところがありました。目を大事にして休ませることもこれから取り入れたいと思う。」

　「最初、胸とお腹に手を当てた時は特に何も感じなかったが、最後に手を当て

てみると鼓動や体の中の動き、暖かさなどを感じることができた。前回に引き続き体の感覚を掴むのが難しかった。目を瞑ると少し眠くなってしまった。」

「マッサージしたときは、老廃物が流れて肩から上がスーっと気持ちよくなった。目を手で被せて目の力を抜いたときは顔全体の力が抜ける感じがした。その後の活動では、目を瞑ったとき、触覚にのみ意識が向くから、普段気にしたことがないものの触覚に気づくことができた。たとえば、バックやクッションの感触など普段とは違う感じ方がした。風や周りの微妙な音にも気づくことができた。

目を開いたとき、普段目に入っていなかった小さなことにも気づけた。カーテンってあんな感じだったっけ、あんな所に物置かれてたっけと改めて感じることが多かった。少し違った世界を見ているようだった。また、さっき触ったものの感じ方が変わった。」

---

4. おわりに

本章では、コンフリクト・マネジメントにおける身体アウェアネスやマインドフルネスの意義をふまえて、実際に試みることのできる実習の具体を述べてきた。教員集団が身体アウェアネスを高めて授業内外でのコンフリクト・マネジメントのモデルとなることができれば、学生もまた、心理的に安全な空間でより現実的かつ創造的な自他との関わりに自然に開かれていくことが期待できよう。

もちろん、本章で示し得たことはあくまで基礎の部分であり、当事者同士が納得できる創造的なコンフリクト・マネジメントに至るには、経験を通して実践知を深めていく発見学習のプロセスが不可欠である。また、的確な言語表現力や様々なサポート資源（関連した知識情報や協働できる人達など）も求められよう。コンフリクトとは、面倒で苦しいことも多いが、この社会でより現実的に人と関わっていくための成長機会でもある。限られた発達背景から

形成された自分の当たり前を問い直し、自分や相手に生じていること、それらを引き起こしている背景などに思いを広げて正対する努力を積み重ねることで、我々はより自由になっていくのではないだろうか。まず隗より始めよ、である。

引用文献

Aylward, M. (2021). *Awake where you are: The art of embodied awareness.* Wisdom.

Baker, W. B. (2021). *The wakeful body: Somatic mindfulness as a path to freedom.* Shambhala.

Berila, B. (2016). *Integrating mindfulness into anti-oppression pedagogy: Social justice in higher education.* Routledge.

Edmondson, A. C. (2019). *The fearless organization: Creating psychological safety in the workplace for learning, innovation, and growth.* Wiley. A・C・エドモンドソン（野津智子訳）(2021)『恐れのない組織－「心理的安全性」が学習・イノベーション・成長をもたらす－』英治出版.

Fadel, C., Bialik, M., & Trilling, B. (2015). *Four-dimensional education: The competencies learners need to succeed.* Lightning Source.

Fischer, N. (2007). Foreword. In R. Lowe & S. Laeng-Gilliatt (Eds.)., *Reclaiming vitality and presence: Sensory Awareness as a practice for life* (pp.ix-xii). North Atlantic Books.

Goodman, D. J. (2011). *Promoting diversity and social justice: Educating people from privileged groups* (2nd ed.). Routledge.

Hoeller-Zangenfeind, M. (2004). *Stimme von Fuss bis Kopf: Ein Lehr- und Uebungsbuch fuer Atmung und Stimme nach der Methode Atem-Tonus-Ton.* Studienverlag.

Hu, Z., Wen, Y., Wang, Y., Lin, Y., Shi, J., Yu, Z., Lin, Y., & Wang, Y. (2022). Effectiveness of mindfulness-based interventions on empathy: A meta-analysis. *Frontiers in Psychology, 13,* Article 992575. https://doi.org/10.3389/fpsyg.2022.992575

Hughes, Z., Ball, L. J., Richardson, C., & Judge, J. (2023). A meta-analytical review of the impact of mindfulness on creativity: Framing current lines of research and defining moderator variables. *Psychonomic Bulletin & Review.* Advance online publication. https://doi.org/10.3758/s13423-023-02327-w

Johnson, R. (2018). *Embodied social justice.* Routledge.

Johnson, R. (2023). *Embodied activism: Engaging the body to cultivate liberation, justice, and authentic connection.* North Atlantic Books.

Joyce, S., Shand, F., Tighe, J, Laurent, S. J., Bryant, R. A., & Harvey, S. B. (2018). Road to resilience: A systematic review and meta-analysis of resilience training programmes and interventions. *BMJ Open,* 2018:8, Article e017858. https://doi.org/10.1136/bmjop-en-2017-017858

Kabat-Zinn, J. (1994). *Wherever you go, there you are: Mindfulness meditation in everyday life.* Hyperion.

LeBaron, M., MacLeod, C., & Acland, A. F. (Eds.). (2013). *The choreography of resolution: Conflict, movement, and neuroscience.* American Bar Association.

Lueke, A., & Gibson, B. (2015). Mindfulness meditation reduces implicit age and race bias: The role of reduced automaticity of responding. *Social Psychological and Personality Science, 6*(3), 284–291.

Magee, R. V. (2019). *The inner work of racial justice: Healing ourselves and transforming our communities through mindfulness.* TarcherPerigee.

Marlock, G., Weiss, H., Young, C., & Soth, M. (2015). *The handbook of body psychotherapy and somatic psychology.* North Atlantic Books.

野口三千三・養老孟司・羽鳥操 (2004)『アーカイブス　野口体操－野口三千三＋養老孟司－』春秋社.

Nordell, J. (2021). *The end of bias: A beginning.* Metropolitan Books. J・ノーデル（高橋璃子訳）(2023)『無意識のバイアスを克服する－個人・組織・社会を変えるアプローチ－』河出書房新社.

OECD. (2019). *OECD Future of Education and Skills 2030 concept note: Transformative competencies for 2030.* (https://www.oecd.org/education/2030-project/teaching-and-learning/learning/transformative-competencies/Transformative_Competencies_for_2030_concept_note.pdf)（2023 年 10 月 31 日）

Ray, R. A. (2016). *The awakening body: Somatic meditation for discovering our deepest life.* Shambhala.

Schimchowitsch, S., & Rohmer, O. (2016). Can we reduce our implicit prejudice toward persons with disability? The challenge of meditation. *International Journal of Disability, Development and Education, 63*(6), 641–650.

米山文明 (2011)『声の呼吸法－美しい響きをつくる－』平凡社.

【参考リソース】

- C. セルバ―（齊藤由香訳）(2014)『センサリーアウェアネス：つながりに目覚めるワーク』ビイング・ネット・プレス.

  本文で少しふれた「センサリー・アウェアネス」という身心教育のアプローチについて、現在日本語で読める唯一の本。ドイツから米国に渡ってこのアプローチを広めたシャーロット・セルバー氏の貴重なワークショップ記録。

- 野口三千三・養老孟司・羽鳥操 (2004)『アーカイブス　野口体操：野口三千三＋養老孟司』春秋社.

本文の「重さとかかわる」の実習で紹介した野口体操の実際を、DVD ブックで知ることができる。創始者の野口三千三氏と継承者の羽鳥操氏の実演が見られるため、一緒に動きを試してみながら自分の身体と新たに出会うことができる。

- 米山文明 (2011)『声の呼吸法：美しい響きをつくる』平凡社ライブラリー.

本文の「呼吸と声」の実習で紹介した Atem-Tonus-Ton というドイツ生まれのメソッドを、イラスト入りで大変わかりやすく説明している。呼吸と声の仕組みについても、耳鼻咽喉科の専門家として簡潔かつ実践的な解説がなされている。

- K. マケベニュ （土井晶子訳）(2004)『ホールボディ・フォーカシング：アレクサンダー・テクニークとフォーカシングの出会い』コスモスライブラリー.

身体感覚と照合させながら言葉を探る「フォーカシング」という方法が心理臨床ではよく知られているが、ホールボディ・フォーカシングでは、身体感覚から始まる自発的な動きに全身を委ねてついていくことで、新たな気づきに至ることができる。

- A. ミンデル（永沢哲監修, 青木聡訳）(2001)『紛争の心理学：融合の炎のワーク』講談社現代新書.

プロセス指向心理学をベースにした「ワールドワーク」の解説書の抄訳。原題 *Sitting in the Fire* が表す通り、コンフリクトの只中で、コンフリクトこそを教師とする、深層からのコミュニティ創造のファシリテーションスキルと自己覚知の重要性を説く。

- J. ノーデル（高橋璃子訳）(2023)『無意識のバイアスを克服する：個人・組織・社会を変えるアプローチ』河出書房新社.

人種やジェンダーなどに関わる無意識のバイアスがなぜ生じるのか、どうすれば克服できるのか、という大きな問いに正面から取り組んだ労作。マインドフルネスの効果も含め、学術研究の成果と多方面の取材を組み合わせて深く検討し、組織や社会の新たなデザインを構想している。

第3部　学生にみられるコミュニケーションの課題と支援方策

第7章　学生の「コミュニケーション強迫」と「学校人格」の様相と「潜在的ニーズ」
——「匿名性」を活用した遠隔授業の試みからみえたこと

谷　美奈

【本章のポイント】

①学生の対人関係にまつわるコンフリクトの性質を、「コミュニケーション強迫」および「学校人格」として捉える。

②「匿名性」を活用したキャリア・デザインの遠隔授業を行ったところ、受講者のほぼ全員が、実名や対面の授業よりも「匿名性」の授業が良いと答えていた。

③「匿名性」の活用を「学生（当事者）のニーズ」に即したものと捉え、従来型の授業に「匿名性」を取り入れて学生の安心感や学生同士の信頼関係を構築することで、より密度の高いコミュニケーションが可能になることが示唆される。

1.　はじめに

　常日頃、我々大学教員は、学生たちにある種のコミュニケーションをとることを自覚的もしくは無自覚的に求めている。自分の感想や意見を述べさせたり、学生同士で話し合いや議論をさせたり、表現や発表をさせたり、それに対して質問や応答をするように求めたりしている。たいていの学生は、それに応えようと、コミュニケーションをとる。あるいは、がんばってとろうとしている。

　だが、ちょっとばかり想像してみてほしい。ひょっとすると、その学生のコミュニケーションは、教員にいい点をもらうためだけのものかもしれない。

あるいは、クラスメイトの目を気にして、真意とはちがう意見を述べているのかもしれないし、教員やクラスメイトたちの求めに合わせてくれているだけの表現かもしれない。教員が知りえないクラスの同調圧力に敏感に反応した言動なのかもしれない、などということを。

このようなコミュニケーションをとる学生の"心の内"は、一体どのような"葛藤"が潜んでいるのだろうか。彼ら彼女らが持つ、とりわけ対人関係にまつわる"コンフリクト"の内実を読者に共有することで、学生の内なる声を掬い取ってみたい。

本章では、学生の対人関係にまつわる"コンフリクト"を、「コミュニケーション強迫」と「学校人格」という概念に依拠して捉え、日本人学生を対象とした授業実践のなかで、「コミュニケーション強迫」や「学校人格」がありうるのか、あるとすればどのように存在するのか、といった点について行った実践研究の一端を紹介する。また、学生への支援方策を探るために「コミュニケーション強迫」や「学校人格」からの解放に向かうための、学生(当事者)のニーズ(「潜在的ニーズ」)の内容について検討する。

2.　子ども・若者におけるコミュニケーションの実態

2.1　「コミュニケーション強迫」と「学校人格」

近年、コンピテンシーを強調する方向に変わりつつある学校教育において、子ども・若者の非認知的能力あるいは社会情動的技能の重要性が注目されている(山地, 2019など)。その背景には、社会文化的背景を異にするさまざまな他者との相互調整や交渉を行っていくには、従来よりも高度な対人技能が求められるという危機意識もあるように思われる。例えば、世界的な教育改革の指針を提案するOECDの学習フレームワーク2030では、「新たな価値を創造できる」「責任を引き受けることができる」といった能力に加えて、「対立や葛藤を調整できる」という対人的な能力を重視しており、これら3つの能力を「変革コンピテンシー」と呼んでいる。その一方で、わが国では、子

どもも大人も他者とのつながりに過剰に配慮し、排除を恐れ、他者による受容を確証したい「コミュニケーション強迫」の状態にあるとする研究報告が少なくない (土井, 2014; 木村, 2012 など)。また、現代の日本人は、たとえ、友人や親友に、自己を不快にさせるような出来事を起こされたとしても、それを直接伝えず葛藤や対立を避けようとする傾向にあると言われている。すなわち、親友・友人と本音でぶつかり合えず、彼・彼女との距離感に悩み、相手との接し方が分からずにいる傾向にあるという (石田, 2021, p.169)。そうした状態では、各自の主体性のもとで創造的協働を展開していくことは容易ではないと考えられる。この点は大学教育においても同様と思われ、山地らの研究では、他者からの評価に過敏な学生の場合、アクティブラーニング型授業で汎用的技能が伸びにくいことを見出している (山地ほか, 2020)。また、国際比較においても、日本の子ども・若者の自己意識・自己肯定感の低さは世界的に群を抜いており (本田, 2020, p.18)、韓国、中国、米国と比べて日本の大学生は社会的場面での主張性が低く (原田ほか, 2014)、米国と比べて日本の成人は葛藤の潜在化や対立回避の傾向がある (大渕, 2015) ことが報告されている[1]。

　すなわち、今日の大学を含めた学校教育では、コミュニケーション能力や対人的な対立や葛藤を創造的に調整する能力の育成が強く求められている一方で、わが国の生徒・学生たちの日常は、「個の尊重」や「自己実現」が称揚されると同時に、空気を読むことが賢明な生き方であるような矛盾した様相に生きているとも言われている (土井 2008；谷, 2016, p.129)。そこでは、他者との繋がりに過剰に配慮し、排除を恐れて、他者による受容を確証する「キャラ」を演じ続ける「コミュニケーション強迫」の状態にあり (土井, 2014; 木村, 2012 など)、近年、社会問題化している「スクールカースト」(教室内カースト) と呼ばれる現象をも生じさせている (鈴木, 2012, p.210)。

　このような学校文化を生きてきた生徒たちは、その延長線上にある大学においても、自分が身を置く場によって、「うち」(内キャラ)「そと」(外キャラ) といったキャラクターを使い分け、人間関係をうまく転がしていくために、その場を適当に受け入れて受け流す術としての「学校人格」を身に付けている。つまり、そのような意味において、彼ら彼女らは予定調和的な世界から出る

ことはなく、相補的関係を傷つけるような対立が表面化されないように慎重に回避する傾向にあるといわれている (土井, 2009；安部, 2019, pp.61-63)。

2.2 学生にみられるコミュニケーションの課題

　このような問題に対して、とりわけ、学生同士で話し合いや議論をさせ、自分の感想や意見、感情や意思、表現や発表などを出力するような授業では、「コミュニケーション強迫」や「学校人格」についての課題が顕著にあるいは潜在的に出てくると考えられる。それは、たとえば、本心とは別のところで場をうまく受け流すために受け入れている人格や、真意とは異なる意見や回答をしてしまう行為や、いわゆる教員が良い点をくれるような人格を演じるなどといったことから、如何に解放されることができるか、といった課題である。そして、学生が何らかのコミュニケーションを授業で行う場合に、大学教員は彼ら彼女らが「コミュニケーション強迫」や「学校人格」でありうる可能性を考慮し、授業実践に臨む必要もでてくるだろう。

　しかしながら、「コミュニケーション強迫」や「学校人格」が大学の授業のなかでありうるのか、あるとすればどのように存在しているのか、また、それに対しどのような方策が考えられるのか、といった学生にみられるコミュニケーションの課題を扱う教育方法学的な先行研究は管見の限りほとんど例を見ない。

　むろん、このような課題に関連する研究として、たとえば、教育心理学の分野では、高井 (2008) や武富・徳田 (2017) などのように大学生の対人関係観について明らかにする報告は少なくなく、また、他者からの評価に過敏な学生はアクティブラーニング型授業では汎用的技能が伸びにくいことを見出している山地・川越 (2020) などの研究はある。さらに、日本語教育の分野では、当初は「コミュニケーション強迫」を持っていなかった外国人学生が、わが国の大学で日本語を学ぶようになって「コミュニケーション強迫」を持つようになった事例をもとに日本語教育のあり方を再考する安部 (2019) の論考などがある。

　これらの研究は、本研究の仮説形成にさまざまな示唆を与えてくれるものである。しかしながら、これらの研究は、大学の授業、とりわけ日本人学生

を対象とした授業実践のなかで、「コミュニケーション強迫」や「学校人格」はありうるのか、あるとすればどのように存在するのか、といった課題を具体的に検討したものではなく、また、それへの支援方策として、学生（当事者）のニーズ（「潜在的ニーズ」）を探ろうとした教育実践研究ではない。

3. 「匿名性」を活用したキャリア・デザインの授業と「潜在的ニーズ」

3.1 本研究の課題と目的

　以上の問題をふまえて、本研究では、大学の授業において日本人学生に内在すると想定される「コミュニケーション強迫」や「学校人格」がありうるのか、あるとすればどのように存在するのか、といった問題を探索し、そこからの解放に向かう支援方策の可能性として、学生（当事者）のニーズ（「潜在的ニーズ」）のあり方について検討したい。

　具体的には、学生同士で話し合いや議論をさせ、自分の感想や意見、感情や意思、表現や発表などを出力する「クリエイティブ・ライティング」のワークショップを用いたキャリア・デザインの授業実践を調査対象とする。また、本授業は通常の対面授業ではなく、遠隔のオンデマンド型授業の特性を意図的に活用し、学生が「匿名性」（ペンネーム）で参加する授業デザインを実験的に試みたものである。

　なお、「匿名性」（ペンネーム）の授業を構想するに至った背景としては、コロナ禍において、大学側からオンデマンド型授業を求められたことがきっかけとなっている。また、筆者は、十数年前から「パーソナル・ライティング」の研究を行っており、学生・生徒のコミュニケーションにまつわる"コンフリクト"のリアルで深刻な実態を、学生が書いた数千本ものエッセー作品から、つぶさに観察してきた（谷, 2021, p.69）。このような実態の認識と問題意識に加えて、近年、多くの学生が、大学で友人を作る際には、SNSを通して同じ大学や学部の学生に呼び掛け、「匿名」でやり取りをしたのちにDMなどで情報交換をしてから徐々に親しくなるプロセスや、知人でも対面や電話より、LINE（文字）などの非対面でのコミュニケーションに親しみが湧く、と

いう報告（谷・山咲, 2022）がヒントとなって、本授業が構想された。

　なお、本研究の議論の前提として、学生の「ニーズ」に着目することへの是非についても検討しておきたい。学生の「ニーズ」をくみ取り、彼ら彼女らの望むような授業を実施すればそれで良いというものではないと考える人も多いだろう。実際に、学生のニーズに応じるだけでは市場至上主義に陥る危険性があるという議論もなされている（Brookfield, 1986 ; Griffin, 1983）。その一方で、近年、「教育的なニーズ」の概念は欧州諸国や国際機関等においても活発に議論が交わされ、一人一人の子どもの個別のニーズに対応した教育を目指そうとする流れもある（古田, 2005 ; 横尾, 2008）。教育的なニーズの概念については様々な議論があるが、大きく分けて二つあり、教育者側によって学習はこうあるべきだとする「規定されるニーズ」と、学習者側が欠乏しているにもかかわらず気がついていない状態か、もしくは気づいているがそれをどのように満たせばよいか分からない状態にある「潜在的ニーズ」（もしくは「感じているニーズ」）がある（Brookfield, 1986 ; Winer, 1999）。

　むろん、近年では、学生の声を教育に反映させるための授業改善評価アンケートなどが各大学・教育機関で実施されている。しかしながら、それでも多くの授業や学習のあり方は教育者側からの「規定されるニーズ」によって構成されがちである。さらに、大学の授業における学生の「コミュニケーション強迫」や「学校人格」の実態については、具体的な研究報告はなされておらず、当事者の学生にとっては、いまだ気がついていないか、気がついてはいるがどのようにすればよいか分からない潜在的な状態にある可能性がある。このような問題意識からも、学生の「潜在的ニーズ」に着目することは意義のあることだと考える。

3.2　本研究の方法

（1）調査対象者とデータ収集

　本調査では、以上の目的を達成するために、当該授業（全15回）の終了後に実施される受講生によるアンケートの自由記述欄を中心に検討する。つぎに、授業終了後のアンケートの内容について、受講者に直接語ってもらうインタ

ビューを補足的に実施する。なお、インタビューは、自由記述だけでは得られないであろう具体性や妥当性を補完する目的でのみ実施される。そして、これらの結果から、学生の「コミュニケーション強迫」と「学校人格」の実態について検討し、その支援方策を探るために、学生の「潜在的ニーズ」を検討したい。

　調査対象者は、筆者が2020年度と2021年度の前・後期各2クラスの合計8クラスで開講したキャリア・デザインのクラスを受講し、自由記述アンケートに回答した合計102名である（回答率98%）。受講者は文系・社会科学系学部に所属する2〜4年生で、男女比率は概ね6：4である。インタビュー調査の対象者は、アンケート調査実施後にあらためてメールなどで調査の協力を呼びかけ一定期間内に返信を得た5名である。呼びかけに際しては、アンケートで回答してもらった内容に関して、あらためて学生一人一人の声をインタビューによって直接丁寧に拠いたいと説明した。なお、全調査対象者には、調査内容を教育学研究として広く活用することを紙面と口頭によって了承を得た。また、アンケートの自由記述やインタビューの語りは、プライバシー保護の観点から名前は用いずアルファベットで表記する。

　アンケートは、長文記述が可能な3つの自由記述項目によって構成された。無記名で記入されたオンラインアンケートを筆者が回収し、その後テキスト化する際、倫理的配慮の必要なコメントについては、データを一部削除または内容に支障のない程度に書き換えた。なお、インタビューの調査は、筆者自身で実施した。調査対象者には事前に了解を得た上で録音し、長さは一人約60分で行い、文字起こしは業者に依頼した。

(2) 調査の枠組みと分析の方法

　授業終了後のアンケート調査では、以下、3つの設問（❶〜❸）について自由記述で回答をしてもらった。学生が書きたいことを自由に書けるように質問の仕方はシンプルを心掛けた。その理由として、調査対象者は自分の思いや考えを充分に表明する力があると本授業の実践を通して認識できていたからである。

■以下の質問について、自らの体験をもとに思うところを無理のない範
　囲で、なるべく詳しく具体例などを挙げながら自由に述べてください。
❶ この授業では、クラスメイト全員が「匿名性（ペンネーム）」（＝顔も本
名もふせたまま）で、意見交換・批評・添削・発表・合評などをしてき
ました。あなたは、「匿名性」（ペンネーム）での活動が良かったですか？
それとも、（対面やZoomの授業のように）顔も名前も分かる「実名性」で
の活動がよかったですか？ どちらの方が良かったのか（どちらでも良い
などの回答もOK）を述べた後に、その理由を具体的に述べてください。
❷本授業の全般は「人生の物語」（短編小説）の創作活動でした。クラス内
で、このような作品を創造し、読み合い、批評する活動についてあなた
はどう感じましたか？ 思うところを自由に述べてください。
❸そのほか、❶〜❷の質問以外でも気が付いたことや思うところがあれ
ば、自由に述べてください。

　アンケートの回収結果は、概ね、次の5つの問い（①〜⑤）をもとに検討を
進めた。

①学生は「コミュニケーション強迫」や「学校人格」をもっているのか／い
　ないのか。
②もしも、もっているとすれば、どのような「コミュニケーション強迫」
　や「学校人格」なのか。
③「コミュニケーション強迫」や「学校人格」からどのようにすれば解放さ
　れうるのか。
④「コミュニケーション強迫」や「学校人格」から解放されることによって
　創造性や協働性、主体性はどのように発揮されうるのか。
⑤これらの学習体験を学生はどのように捉えているのか。

（3）キャリア・デザインにおけるクリエイティブ・ライティングの授業概要
　本研究の調査対象となる授業実践は、クリエイティブ・ライティングを用
いたキャリア・デザインの授業である。学生の自己表現活動を通して、自己・
他者・社会に対する理解を深め、就職だけではなく、広く将来にわたる「生

き方」を創造するという授業実践である。その教育理念として、1. 自分という人間を理解するようになる、2. 他者との共同が得意になる、3. 自己認識と他者認識が深まると同時に、社会(世界)認識を拡げるようになる、4. 自分のことを他者に伝え、他者のことも理解できるようになる、5. 物事の本質を探る視点が持てるようになる、がシラバスに掲げられている。

　本授業は、先にも述べたように、オンデマンド型授業で、意図的に「匿名性」(ペンネーム)を導入し実施することとした。学生は第一回目の授業から、自分が好んで決めた「ペンネーム」で名乗り、同一のペンネームで最終回まで活動する。全 15 回のうち、「クリエイティブ・ライティング」のワークショップの活動は 9 回で構成されている。基本的には自分自身を主人公(自身を投影させた架空の人物でも良い)としたフィクションの「人生の物語」(キャリア観)を短編小説化することを目的とする。その制作過程において、学生はクラス内で、自らがどんな人間で、どのような人間になりたいのか、これまではどのような人生を歩んできたのか、また、どのようなものに関心があって、どのようなものに無関心なのか、人生観や恋愛観、結婚観や職業観といったものを自己省察することから始める。また、より具体的に、就きたい職業や、子育て、ライフワークバランス、社会活動、現代の日本社会の課題や世界状況などについて関心のあるものを個々に書き出し、それを共有し、後日、クラスメイトからコメントをもらう。このようなさまざまなテーマに対する価値観や意見交換を学生間で行なう。そして、これまでの人生とこれから歩んでみたい人生の物語を、まずは網羅的に構想し、その中からとくに深堀りしたいテーマを基本的には、ひとつに絞って、それを中心に小説化していくことになる。

　遠隔授業のなかで、学生は上のテーマについて考えたことをワークシートに書き込んだり、小説の下書きに落とし込んだ、物語の設定・テーマや、登場人物、話の筋などをクラス内で共有する。それに対し、クラスメイトから、さまざまな感想や意見、アイデアやヒントをコメントで返してもらい、それらを自らの「人生の物語」の題材やヒントに取り入れながら創作していく。

　たとえば、ある学生にとっては、三つの働き方(終身雇用・転職・起業)の選択とそれによる生き方の性質の違いについて深堀りしたいと考えたとする(図

3-7-1 を参照のこと）。そこから、それぞれの三つのリアルな働き方や想定される職業、そこで起こりうる生き方や価値観などについて調べたり、想像・創造したりしながら、自らの人生を小説化していくのである。その過程で、クラスメイトに、三つの働き方に関しての議論を投げかけたり、意見交換をしたりもする。ワークシート⇒フリーライティング（谷, 2021）⇒下書き⇒推敲⇒清書へとステップを徐々に踏みながら、その都度、自らが書いたものをクラス内で共有し、批評（コメント）をし合い、他者からの刺激や指摘を受け作品化をしていくのである。また、その際、たとえば、作品をよりユニークで創造的につくる発想方法や表現の仕方、文章の書き方や校正などについても共有・交換する。

　最終的には、クラス全員で「人生の物語」の小説を共有し合評を行うことになる。クラスメイトの作品に感想を述べ合い、それに対し作者本人がクラス全員に向けてフィードバックを行う。これら一連の活動によって、また関心がなかったのか、そして、自らがどのような人間で、なにに価値をおき、どのようなことに関心を持ち、また関心がなかったのか、そして、どのような人生を送りたいのか、などの自覚を深める。と同時に、他者とコミュニケーションをしながら協同し、議論や意見交換をする面白さやその大切さなどを実感してもらう。

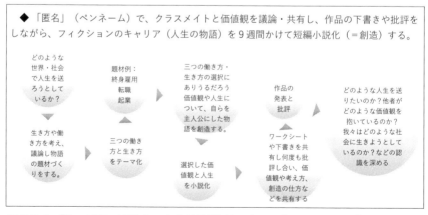

図 3-7-1　「キャリア・デザイン」における「クリエイティブ・ライティング」のあらまし

4. 学生のコミュニケーションにおける"葛藤"と「潜在的ニーズ」

4.1 「匿名性」によるコミュニケーションを学生はどのようにとらえたか

　全15回の授業終了後、調査対象者に、「❶この授業では、クラスメイト全員が「匿名性（ペンネーム）」（＝顔も本名もふせたまま）で、意見交換・批評・添削・発表・合評などをしてきました。あなたは、「匿名性」（ペンネーム）での活動が良かったですか？　それとも、（対面やZoomの授業のように）顔も名前も分かる「実名性」での活動がよかったですか？　どちらの方が良かったのか（どちらでも良いなどの回答もOK）を述べた後に、その理由を具体的に述べてください。」と尋ねたところ、まず、以下のような回答結果が得られた。

・102名中98名が「匿名性」が良い。
・102名中2名が「匿名性」も良いが、実名でもかまわない。
・102名中2名が「匿名性」でもなくオンラインでもなく、対面と実名での授業が良い。

　この結果から、100パーセントに近い学生が「匿名性」（ペンネーム）が良いということが明らかになった。筆者は、授業を進めるなかで「匿名性」に対する学生たちの反応が思いのほかポジティブであることを感じてはいたものの、あらためて「匿名性」がここまで支持されていたことに正直驚くものがあった。顔も実名も分からないクラスメイトとオンラインのオンデマンド授業という閉鎖的な空間でコミュニケーションをするのはかえってストレスを与えることになるのではないか、孤独感や焦燥感を感じさせないか、などと内心心配していたからである。そして、これほどまでに学生が「匿名性」を支持するという事実があるということは、その理由を明らかにすることで、学生にみられるコミュニケーションの課題や「潜在的ニーズ」などについても十分に検討できるのではないかと考えた。

　そのような課題意識をもって、つぎに「匿名性」が良い、と答えた回答（102名中100名の回答）を丁寧に読み、そのなかから代表的な理由が書かれた事例を4つ抽出し以下に提示することにした。なお、4つの事例のうち、2人の

回答者はインタビューにも応じてくれたため、その内容も必要に応じて補足する。そして、これらの回答内容に筆者なりの解釈を加え、学生の内なる声を読み取ってみたい。まずは、Aさんの回答を見てみよう。

（回答事例 1-1：Aさん）
この授業の形式について**顔を出すか隠すかでいうと僕は隠す方がよかった**と思います。理由は、**名前などを隠せるので、自分が思ったことをそのまま書くことができる**からです。言い方を変えると、**こちらの方が気楽にでき、その人の思ったことなどを、包み隠さず発信できると思う**からです。少なくとも自分は自分の作品を発表しやすかったですし、感想なども書きやすかったです。…**少し独特な考え方や、間違ったことを書いても大きく恥をかくことはありません。その間違った部分も他の人の感想をもとに直していけばいいと思うので、この形式はいい**と思います。…**今後もこう言ったやり方を実施していくことはいい**と思います。

Aさんは、匿名性によって「自分を隠せる」ことに大きなメリットを感じている。それによって、自らの考えを堂々と書くことができるし、独特な考え方や間違ったことを書いても大きく「恥をかくことがなく」、こちらの方が「気楽にできる」からだという。また、他人の意見を参考にして、「ひそかに」自分の考えを修正することもできるということである。

Aさんにとって、このような匿名性の形式は有効だということであるが、翻って考えてみると、実名や対面形式だと、自分の考えを堂々と伝えることは苦手で避けたいことであり、通常の授業では、自らの本意とは違う見解を述べたり表現したりしている可能性がありうるということが読み取れる。つぎに、Bさんの回答を紹介したい。

（回答事例 1-2：Bさん）
匿名性でよかったと思います。…まず1つは匿名性の方が誰が書いたか特定されないので**自分の思うように書ける**からです。実名性だったら周りの事を気にして本当に書きたかった事や書きにくい事がかけないので**自由じゃない**と思いました。仮に実名性でやっていたら周りの作品の質も自分の書いた作品の質も落ちていたと思います。次の理由として**オンライン授業だからこそ匿名性の方が良い**と思いました。顔も名前も知ら

ない人に本名を晒して読まれるより匿名で書いた方が気持ち的にも良い
と思いました。

　Bさんも、Aさんと同様に、匿名性にメリットを感じている。実名だと、「周りのことを気にする」のだという。周りのことを気にして、「本当に書きたかったことは書けず」、「自由でない」と語っている。実名だと、周りの目や空気を気にしすぎるがゆえに、本心とは異なる意見や表現をしてしまう可能性があるということだろう。また、匿名性で作品を書けたからこそ、その「質も上がっていった」とも述べている。それだけ、匿名性は、自らが安心して自分の言いたいこと、書きたいことが表現できるということなのだと理解できる。

　その一方で、Bさんは、オンラインで直接接することのない間柄だからこそ、匿名の方がやりやすいと述べている。ということは、普段の対面授業だと、周りのことは気にならず、書きたいことを自由に書けるのだろうか。インタビューでは、次のように語ってくれた。

（インタビュー抜粋 1-1：Bさん）
オンラインは実名をあげないことでプライバシーが保てるから。…（略）…でも、プライバシーと、個人情報みたいな、そういうの、そういうのもあるけど、そういうのじゃなくて、やっぱり、周りの人の目が…。というか空気とか、というのが勝手に（？）気になります。どう思われるか気にしてる。オンラインとか、普通（対面）の授業とは、違いますけど、周りの目を気にするということは、そんなに変わらないです。
【筆者：それは、大学の授業だから？それともそれ以前、高校や中学校の時からもそんな感じ？】
ずっと以前からです。大学だからというのじゃない。まだ大学はマシだなと思う時も時々ある。クラスが変わってグループとか少ないから…。でも、やっぱり授業とか、大学もクラスの中で、気にしてます。本当に言いたいこととか、難しい。いつも、けっこう無難な回答を考えています。
【筆者：無難な回答で答えるというのは、それは先生に対して？それともクラスメイトに対して？】
両方ですかね。先生に対しての時もあるし、クラスの雰囲気に対するときとか、いろいろかなと思います。

　このあともインタビューは続き、大学以前の学校経験も語ってくれたが、総じていえるのは、やはり人の目を気にする、あるいは気にしすぎている、ということだろう。程度の差こそあれ、他者との繋がりに過剰に配慮し、排除を恐れて、他者による受容を気にし、本心とは異なる自分を演じる「コミュニケーション強迫」の状態にあるのではないか、と思われた。

　なお、「まだ大学はマシだなと思う時も時々ある。クラスが変わってグループとか少ないから…。」という発言の真意は、大学は中学や高校のように、いつも同じメンバーで授業を受けないので、自然とクラス内で学生同士のグループが作られにくい。そのため、グループという一塊としての他者の目やそれとの繋がり、そこからの排除などを比較的気にしないで済む、ということを意味している。そして、このような発言からも、大学以前に、Bさんがどのような学校文化を生きてきたのか、その際、身に着けてきたであろう、ある種の「学校人格」というものが見て取れる。つぎに、Cさんの回答を見てみよう。

（回答事例1-3：Cさん）
私は匿名性での発表でよかったと思う。理由は、**人前での発表や当てられたりした時に、自分の意見を述べるのがとても苦手だからだ**。そして、自分の意見や発表内容に**自信がないからこそ、「これでいけるかなぁ」と周りの反応を一層気にしてしまうので、自分の思いではなく、周りに合わせた模範解答にしてしまう癖がある**。だからこそ、**今回は匿名だったことによって、自分の思うようにできたのもある**と思う。実名だと私の作品だとバレてしまうが、匿名だと気づかれにくく、深く考えすぎずに、ありのままの作品を書けたと思う。また、**実名性だと、友達や知り合いの作品を見つけたときに、この作品は○○だなと分かってしまい**、匿名性に比べると、**作品の内容が頭に入ってこない。…書いた人が（中身）が分かっていると、その人のイメージが浮かぶ。しかし分かっていないと、1から入り込むことができる。**

　Cさんも、先の二人とほぼ同様の内容を書いていると言える。Cさんも、やはり自分の意見を述べるのが苦手で、周りの反応を気にしすぎるため、自分の思いや考えではなく、「模範解答」にしてしまう「癖」があるという。お

そらく、「癖」というほどであるから、これまでの学校文化で身についてきた「学校人格」のひとつになっていると推測できる。ただ、このような内容を書く学生はCさんだけでなく、ほかの学生にも多くみられる現象である。

　さらに、Cさんは作品や発表内容についての興味深い見方についても記載してくれている。学生同士がそれぞれの発表や作品を見たり読んだりする場合に、実名だと、その学生のイメージが投影されて、直接的にそれらを読んだり評価をしたりすることは難しいと述べている。それは、いったいどのようなことを意味しているのだろうか。Cさんのインタビューの抜粋からもう少し具体的に読み解いてみよう。

> （インタビュー 抜粋1-2：Cさん）
> 名前が分かったり、普通の授業だと、その人の発表する**姿とか、容姿、性格とか、キャラっていうか、どういう人と一緒とか（仲良くしているか）、そういうのが気になります**。自分の時は、**どう見られているのかが気になる**し。そういうことを含めて作品の内容が入ってこない、っていう意味です。入ってくるけど、それも含められます。自分が見られる（読まれる）時も、人のを見る（読む）ときも。

　つまり、一言でいってしまえば、この年頃にありがちな、自意過剰という風にも理解することもできる。自分の容姿や他人のキャラがとにかく気になる風にとれるだろう。その一方で、「どういう人と仲良くしているのかが気になる」という発言からは「スクールカースト」のようなものを気にしている、すなわち、自分がクラスあるいは学校内で、どのような位置（位）に属しているのかが気になっている、ともとれるだろう。なお、スクールカーストは、おおむね、容姿や性格、コミュニケーション力、学校の成績や所属する部活などでグループがクラスまたは学校内でつくられ、やがてそれが上下関係を発生させるといわれている。これらを理解したうえで、我々大学教員が注視しておきたいのは、このように他者の目や場の空気を過剰に意識するあまり、「その場を適当に受け入れて受け流す」ことでしかコミュニケーションをとれない、そのようなことが、大学の授業でも現に展開されているということである。つぎに、Dさんの回答を見てみよう。

> （回答事例 1-4：D さん）
> 匿名性の方がいいと思われる。**通常の授業では人の目を気にするし、そ
> れなりの空気とか、同調圧力みたいなのがある。**…その流れに合わせて
> います。…自分の作った作品を公に公開するのに羞恥を感じる人は恐ら
> く多いため匿名性で自分の素性を隠す方がやりやすいと思う。匿名は**個
> 人のプライバシーを守れたり、発言のみを評価するため、内容が正確に
> 評価されやすい。発表者の外見や印象、性格などが評価に影響されない。**
> また、他人の作品を評価する時、…自分の気持ちを素直に言えるという
> のはこの匿名性の最大のメリットである。この**匿名性があったからこそ
> クラス内で、自由で創造的な作品を制作し読み合う活動という形が成り
> 立った**のだと思う。

　先の三人とやはり同様の内容を書いている。「周囲の目を気にし、クラス
内の空気や圧力に合わせ」、その「流れから零れ落ちないように」している。
であるからこそ、自分の素性を隠す方が、意見を言ったり表現をしたりする
ことはやりやすいということである。さらに、実名や対面だと、そのひとの
外見や印象までもが、評価に影響を与えてしまうのではないか、との懸念や
疑問を呈しているが、これについては、先の C さんも含め多くの学生が同
様のことを書いている。

　ここまで、4 人の回答を見てきたが、この自由記述アンケートに答えてく
れたほぼ 100 パーセントの学生が、少なからず、上の 4 人の内容と重なる内
容を書いていることをまずはここで強調しておきたい。それは、実名や対面
の授業では、他人の目やクラスの空気を過剰に意識して、本心とは別のとこ
ろで場をうまく受け流したり、真意とは異なる意見や回答をしたりする傾向・
可能性にあるということである。

4.2 短編小説を創造し読み合い批評する活動についてどう感じたか
　つぎに、「❷本授業の全般は『人生の物語』（短編小説）の創作活動でした。ク
ラス内で、このような作品を創造し、読み合い、批評する活動についてあな

たはどう感じましたか？　思うところを自由に述べてください。」という質問を行った。これに対し 102 名中 100 名が回答した。なお、本質問に対し回答者全員が 400 〜 500 文字程度で詳しく回答してくれた。そして、結論から言えば、回答者の全員が本活動を「肯定的」に捉えていた。つぎに、この中から代表的な 3 つの回答事例をみていこう。

（事例 2-1：E さん）
この授業で自分の考えをまとめ、それを作品にするという課題は、今まであまり経験したことがないようなことだったので、この授業は少し変わっているなというのがこの授業を受けていて一番思ったことです。また、他の授業では、学んだことを最後にレポート形式などでまとめるだけでしたが、**この授業では小説を作り、そのうえ他の人のものに感想を書いたりして、他の人とも間接的にですがかかわりを持つことができましたし、周りの人がどんな考え方や意見を持っているかなどを知ることができました。自分の作ったものを人に見てもらうということは、少し恥ずかしかったですが、多くの人の意見を聞けるチャンスでもあるので、こういった授業の形式は他の授業と比べても自分の力になる部分が多かった**と思います。他にも自分の作品に対する感想を読むことだけでなく、他の人の作品を読み参考にできる点や、知らなった表現の仕方や書き方などを学ぶことができました。…この授業を受けている人の中には、**自分が全く考えもしなかったことを書いている人たちもいて学ぶべき点がたくさんありました。**今までしてこなかった活動ができたので良かったと思います。**実名でないことも、かえっていろいろなことにチャレンジできました。ペンネームであっても恥ずかしさは少しはありましたが、普段はできていない、いろいろな意見を伝えたり、表現も工夫できたと**思います。

E さんは、この授業を肯定的に捉えている。その理由は、まず他者がどのような考え方や意見を持っているのかを知ることができ、また、自らも意見を述べることができたからだと語っている。もちろん、実名や対面の授業でも、このような意見交換は頻繁になされているだろうが、匿名性であるからこその表現や意見交換もあったと推測できる。それは、おそらく E さんだけではなく、この授業の多くの受講者が少なからずその傾向にあったことか

ら、意見や表現の交換により意義が感じられたのではないかと理解できる。ゆえに、Eさんも含めたこれらの学生は、コミュニケーションを嫌ってとりたくないというのでは決してなく、実名や対面でのコミュニケーションをとることは、苦手だったり“葛藤”があったりするということである。つぎは、Fさんの回答を見てみよう。

（事例2-2：Fさん）

クラス内で自由で創造的な作品を制作し読み合う授業はとても有効な授業だと思いました。**自分の作品だけだともっと質の低い作品になってい**たと思います。フィードバックで自分の悪い所や良い所を指摘してくれたので良い作品ができたと思います。**他の人の作品を見る事で書き方や考え方も吸収できるのでプラスにしかならない**と思いました。今までこんな感じの授業をやってこなかったので初めは少し戸惑いました。しかし、**やっていくにつれて楽しい授業に変わって行きました。**コロナだからこそできた授業でもあると思うので時代に変化した授業ができていてとても満足しました。自分は4回生で今年で卒業なのでもう授業を受ける事ができないが、**これからはこの授業のやり方を続けて欲しいと素直に思いました。**大学に入ってから自分のためになっていると思った授業がほとんどなく、ただ単位のため授業に取り組んで課題などをしていたので最後に良い授業を受ける事ができて本当に良かったです。今回の授業で思ったことは**人の意見を共有して指摘してもらえるのはとても効果的で効率の良い授業**だと思いました。これも**ペンネームだからこそ、みんなはやりやすかった**のだと思います。

Fさんもこの授業を肯定的に捉えており、自分自身はもう卒業してしまうが、とてもためになる授業だったので今後も続けてほしいと語っている。授業内で意見交換をしたり、クラスメイトの作品を読み合ったりしたことには、これまでにはない学びがあった。それは匿名性だからこそ出来たことで、コロナ禍でのオンライン授業だからこそ実現できたのではないのか、と述べている。

つまり、実際のところ、Fさんも含め多くの学生はコミュニケーションを豊かに経験したいのだが、その一方で、実名や対面でのコミュニケーション

はさまざまな障壁や“葛藤”があり、簡単には成立しがたいと考えているようである。つぎに、Gさんの回答も見てみよう。

（事例2-3：Gさん）
自分たちが作った作品をみんなで読み合うという経験は初めてで、良い経験ができたと思います。自分の考えにはなかったことが、**他人の作品を読んで、考え方が増え、このような考え方もあると分かりました**。また、**クラスの全員が創造力を発揮することによって互いに得られるものがある**のだと感じることができました。そして、**自分の創造力を確かめるきっかけにもなりました**が、他人の作品を読むことによって自分と考え方が違ったり自分よりも創造力が豊かであるといった比較ができるのも作品を読み合うメリットだと思いました。**自分の作品を他の人に読んでもらうとゆうことは恥ずかしいと思う人もいると思うが、自分のものを他人に評価してもらうとゆうことはすごく大事なことだと思いました**。自分では気づけていない部分を自分の作品を見てもらい評価してもらうことで**良いところ悪いところを気づけるきっかけになる**からです。**これは匿名性だからできたこと**だと思います。この先、就職先などでは自分が企画した考えなどを他人に評価してもらうことも増えると思うのでそういった意味でもこの授業で良い経験をさしてもらったと感じることができました。

Gさんも、その他大勢の学生の声を代表するものである。他人の意見や作品に触れることによって、自らの視点や考える幅に広がりが生まれる体験をしている。ただし、それらは通常、恥ずかしいという感情が“葛藤”になり出来ないことが多いという。だからこそ、匿名性によって、その“葛藤”から“解放”され、自らが望むようなコミュニケーションが実現可能になったということである。

以上のように、「匿名性」を活用した授業は、学生に豊かな学びの機会を与えていたことが観察される。一見、匿名性というと、暗くて閉鎖的な授業のイメージを抱く傾向にあるのかもしれない。筆者も先に述べたように、実践当初は、学生がストレスや孤独感を感じないか心配でもあった。だが、実際には、かえっ

て学生たちは、コミュニケーションの"葛藤"から"解放"され、自らを自由に表現する創造的で豊かな活動がなされていたということができる。

そして、このような学生の声を、学生が実は望んでいるにもかかわらず気がついていない状態か、もしくは気づいているがそれをどのように満たせばよいか分からない状態にある「潜在的ニーズ」(もしくは「感じているニーズ」)として我々は捉えるべきではないかと考えるものである。

4.3 「匿名性」の表現活動を学生はどのようにとらえたか

最後に、「❸ そのほか、❶〜❷の質問以外でも気が付いたことや思うところがあれば、自由に述べてください。」という質問に対しても、102名中38名の学生が詳しい回答を残してくれた。それらの結果は、ここまでの学生の回答内容とほぼ重複するものであるが、❶〜❷の質問にも答えた上で、あえて❸でも丁寧に回答してくれたことに重きをおき、またアンケート結果全体のまとめにもなるため、次の3つの観点(①〜③)から簡潔にまとめた。

①コミュニケーション強迫や学校人格の状態からいかに離れうるか。
　➡「匿名性」(ペンネーム)を用いることで、学生はより自分らしい考えや表現を他者の目を気にすることなく自由に表現できうることが分かった。
②創造性、協働性、主体性がどのようにして発揮されうるか。
　➡「匿名性」により、より多くの学生が創造的な表現にチャレンジしやすくなる。
　➡「匿名性」により、間接的ではあるものの、他者と率直に意見を交換・共有しやすくなる。
　➡「匿名性」により、他者の目を気にせず、他者の意見も取り入れ、主体的な制作ができうる。
③オンライン授業における「匿名性」の表現活動を学生はどのようにとらえるか。
　➡「匿名性」の表現活動を肯定的にとらえている。自分の表現が自由にできるようになること、他者との意見交換がしやすいこと、他人の目や他人がもつ印象(外見や性格)に左右されることなく活動や評価ができることが挙げられる。

5.　おわりに──学生が望むニーズとは

　最終的なアンケート結果では、「実名」よりも「匿名」が良いという者がほぼ全員であった。ただし、いくらオンラインでの匿名の活動であっても、心から「良い」とそう思えるまでには、さまざまな時間や活動、そしてクラス内での信頼関係の構築が必要であった、ということを付け加えておきたい。

　たとえば、4月頃の大学一年生の友達づくりの多くは、同じ大学・学科の一年生にSNSで呼びかけ、「匿名」同士で情報交換をし、DMで親しくなり、そこから「実名」での付き合いへと徐々に発展することが指摘されている（谷・山咲, 2020）。このような対人関係づくりは、学生のみならず、現代社会の人間関係構築のひとつの方法にもなっていることはいうまでもない。つまりは、初めから直接的なコミュニケーションを求めるのではなく、要所要所で「匿名」などを駆使しながら間接的なコミュニケーションで信頼関係を構築し、そこからより密度の高いコミュニケーションへと移行するような教育デザインにこそ、「学生が望むニーズ」があるのではないだろうか。

　今回の「匿名性」の授業実践は、オンラインであるからこそ行えたものではある。だが、工夫次第では対面授業にも応用することが可能だろう。たとえば、対面授業で古くからおこなわれてきたコメントシートの読み上げなどは、匿名性だと、学生の記述量や記載内容が豊かになるという報告も良く耳にする。

　現代の生徒・学生の日常は「コミュニケーション強迫」や「学校人格」といったコミュニケーションにまつわる“葛藤”を抱えている。その一方で、社会文化的背景を異にするさまざまな他者と相互調整や交渉を行っていかなければならない現実もある。

　その際、ここにあげたような学生の声を「潜在的ニーズ」として捉え、大学の授業においても、「コミュニケーション強迫」や「学校人格」がありうることを前提に、そこからどのように“解放”されうるのかを模索しながら教育デザインに携ることが成功のカギをもたらすのではないだろうか。

　我々大学教員は、常日頃、学生たちにある種のコミュニケーションをとることを自覚的もしくは無自覚的に求めている。自分の感想や意見を述べさせたり、学生同士で話し合いや議論をさせたり、表現や発表をさせたり、それに対して質問や応答をするように求めたりしている。たいていの学生は、それに応えようと、コミュニケーションをとる。あるいは、がんばってとろうとしている。だが、その時に、ちょっとばかり思い出してほしい。ひょっとすると、このクラスの学生もコミュニケーションにまつわる“葛藤”が潜んでいるかもしれないということを。

注

1　これらの問題意識は、平成 27 年度科学研究費助成事業研究・基盤研究 (C)「大学生の真正な自己表現と機能的な対人調整をめざす社会情動的学習プログラムの開発」(代表：山地弘起) および、平成 31 年度科学研究費助成事業研究・基盤研究 (C)「大学生における対人葛藤の創造的調整を促進する介入モデルの開発と効果検証」(代表：山地弘起) の研究分担者として、共有し研究してきたものである。また、この問題意識に加え、山地が同研究計画で言及するように、日本の対人関係文化は共同体の調和の維持には機能的と思われ、一概には批判できない。その一方で、否が応でも多様な他者と関わらなければならない今日、必要があればより主張的に協働でき、軋轢が生じた場合には視点や背景の相違を斟酌しつつ創造的に調整できる能力が従来以上に要請されるだろう。そこで、まずは欧米的な主張の仕方や葛藤調整のあり方・スタイルはいったん横に置いておき、筆者は、現代の日本人の生徒・学生に合った、独自の生産的な協働スタイル＝「潜在的ニーズ」を探る試みも肝要であると考えた。

引用文献

安部達雄 (2019)「日本語のうち・そと」『表現と教養』ナカニシヤ出版.

赤尾勝己編 (2004)『生涯学習理論を学ぶ人のために』世界思想社.

Brookfield, S. (1986). *Understanding and facilitating adult learning: A comprehensive analysis of principles and effective practices.* Jossey-Bass.

土井隆義 (2004)『「個性」を煽られる子どもたち　親密圏の変容を考える』岩波ブックレット.

土井隆義 (2008)『友だち地獄「空気を読む」世代のサバイバル』ちくま新書.

土井隆義 (2009)『キャラ化する／される子どもたち』岩波書店.

土井隆義 (2014)『つながりを煽られる子どもたち』岩波ブックレット.

古田薫 (2005)「教育的な『ニーズ』とは何か：『ニーズ』概念に関する考察」『教育行財政論叢』第 9 号.

Griffin, C. (1983). *Curriculum theory in adult and lifelong education*. Nichols Pub. Co.

原田知佳・吉澤寛之・朴賢晶・中島誠・尾関美喜・吉田俊和 (2014)「日・韓・中・米における社会的自己制御と逸脱行為との関係」『パーソナリティ研究』22 (3), 273-276.

本田由紀 (2020)『教育は何を評価してきたのか』岩波新書.

石田光規 (2021)『友人の社会史』晃洋書房.

木村忠正 (2012)『デジタルネイティブの時代』平凡社新書.

大渕憲一 (2015)『紛争と葛藤の心理学：人はなぜ争い、どう和解するのか』サイエンス社

鈴木翔 (2012)『教室内カースト』光文社.

高井範子 (2008)「青年期における人間関係の悩みに関する検討」『太成学院大学紀要』10 号.

武富美那子・徳田智代 (2017)「友人関係と家族関係が大学生の対人的疎外感に及ぼす影響－対人的疎外感の主観的幸福感への影響を含めた検討－」『久留米大学心理学研究』16 号.

谷美奈 (2016)「パーソナル・ライティング：考える〈私〉、それを育む『エッセー』という考え方」『かかわりを拓くアクティブラーニング－共生への基盤づくりに向けて－』ナカニシヤ出版.

谷美奈 (2021)『「書く」ことによる学生の自己形成』東信堂.

谷美奈・山咲博昭 (2022)「コロナ禍からポストコロナへの移行時期における対面・非対面授業と人間関係づくりに対する学生の捉え方とその変化－質的追跡調査によって示唆された様相－」『生活協同組合研究』Vol.560.

上畠洋佑・山田嘉徳・森朋子・山咲博昭・谷美奈・山路茜・西野毅朗・服部憲児 (2021)「質的アプローチが明らかにしたコロナ禍における学生の学びの様相」『大学教育学会誌』.

Winer, L. (1999). Pursuit of customer satisfaction ruins: Making education, Profs can rise above dog-and-pony show. *Marketing News*, August 2.

山地弘起 (2019)「Meta-Relating を鍵概念としたコミュニケーション教育のデザイン」『第 25 回大学教育研究フォーラム発表論文集』.

山地弘起・川越明日香 (2020)「公的自己意識がアクティブラーニングの効果に及ぼしうる影響」『日本教育工学会論文誌』44(Suppl.), 205-208.

横尾俊 (2008)「我が国の特別な支援を必要とする子どもの教育的ニーズについての考察－英国の教育制度における『特別な教育的ニーズ』の視点から－」『国立特別支援教育総合研究所研究紀要』第 35 巻.

【参考リソース】

- 土井隆義 (2008)『友だち地獄「空気を読む」世代のサバイバル』ちくま新書.

　　目立ちたくない、目立ったことをしたくない…。周囲からはけっして浮かないように、そこばかりに神経を張り詰める子ども・若者が多いことに大人たちはどれだけ気が付いているだろうか。そのような若者の叫びを知るための良書。誰からも傷つけられたくないし、傷つけたくもない。そういう繊細な「優しさ」が、いまの若い世代の生きづらさを生んでいることを理解できるだろう。

- 鈴木翔 (2012)『教室内カースト』光文社.

　　「スクールカースト」の内実がよく理解できる良書。「スクールカースト」とは、主に中学校や高校で発生する学生グループのランク付け・ヒエラルキーのことであるが、小学校からすでにその萌芽は見られる。スクールカーストが、いじめの温床になるだけでなく、人の目を異様に気にし、人に合わせて生きるような生徒・学生を形成づけると理解できるだろう。

- 谷美奈 (2021)『「書く」ことによる学生の自己形成―文章表現「パーソナル・ライティング」の実践を通して―』東信堂.

　　大学教育における文章表現はアカデミック・ライティングが主流と捉えられているが、じつはそれに並置するパーソナル・ライティングという文章表現教育がある。一言でいえば、人間形成を促す教育実践なのだが、そこで綴られる学生たちの作品には、現代社会の子ども・若者が顕著に抱える課題、とりわけコミュニケーションにかかわる"葛藤"の問題が赤裸々に表現されている。これらの学生作品を読むことで、この問題の内実を知ることができるだろう。

第8章 多様な学生たちがそれぞれの人生を生き抜く力を育てる大社接続

居神　浩

【本章のポイント】

- バブル経済崩壊後の景気停滞による卒業後の進路の不安定化など、社会の大きな変動をうけ、生きづらさやキャリア展望の不安を抱える学生が増加した。
- 高等教育の大衆化により多様な個人的特性や家庭的背景を持つ学生が入学するようになった。
- このような学生を「大学第一世代」と特徴づけ、かれらが直面する様々なコンフリクトを乗り越える力として「ケイパビリティ（生き方の選択の幅を広げる）」と「社会正義」（社会を変える）を軸にした「生き抜く力」を育てる授業実践の方向性と大学教員の組織的取り組みとしての「協同モデル」を提起する。

---

1. はじめに

　高等教育の進学率がマーチン・トロウのいう「マス段階」を経て「ユニバーサル段階」に達したところで、大学には「エリート段階」では想定しえなかった、また大衆化の過程でも十分に把握できなかった、多様な個人的特性や家庭的背景を持つ学生が入学するようになった。まず入試選抜性の格差の拡大にともない、選抜性が低下した大学を中心に、高校までの基礎的学力や大学の授業を受講する志向性に乏しい学生が増えてきたことは周知の事実である。またこれはあまり指摘されないことかもしれないが、そのような学生の家庭的背景、具体的には「経済資本」（世帯所得や親の職業階層）、「文化資本」（親の学

歴や家庭内の文化的財）、「社会関係資本」（家庭と社会とのつながり、いわゆる「人脈」）の所有も多様化しているであろうことが推測される。つまり、大学の選抜度に応じて、学生の多様化の度合いが増していくことを念頭に置いて大学を論じるべき時代になったということである。

　かつて筆者はこのような状況認識から、大学はエリート階級の再生産からノンエリートを含む様々な階級へ送り出す「階級分化装置」になったのではないかと仮説的に提起し、選抜度の低い大学（これを大学淘汰の可能性の意味合いも込めて「マージナル大学」と名付けた）における「ノンエリート大学生」（エリート的なキャリアを展望できない学生）に対して、大学卒業後の社会にいかに「適応」し、なおかつ「抵抗」しうる力を育てることができるかを論じた（居神, 2010）。

　このような問題意識のもと、本章ではまず「大社接続」（大学から社会への移行）の実態と課題および当面の政策的対応を示したうえで、高等教育の大衆化にともなう「大学第一世代」の問題を大学教育上のこれまで看過されてきた課題として指摘し、大学教育において私たち大学教員は何を考え、何を行うべきか、「ケイパビリティ」（生き方の選択の幅）や「社会正義」の観点から、考察していきたい。

2. 大社接続の実態と課題

2.1 大学卒業後の進路と大卒労働市場の実態

　まず「大社接続」、すなわち大学から社会への移行を表わす客観的データとして、文部科学省の『学校基本調査』から「大学（学部）卒業後の状況」の数字について確認していこう（表3-8-1 参照）。

　同調査では、卒業後の状況区分として「卒業者」「進学者（率）」「就職者」（卒業者に占める就職者の割合）と分けたうえ、就職者については、平成31 (2019) 年3月卒業者までは「一時的な仕事に就いた者」、令和2 (2020)年3月卒業者からは「有期雇用労働者（雇用期間が1ヵ月以上から1年未満）」と「臨時労働者」（雇用期間が1ヵ月未満）というように、いわゆる「正社員就職」にあたる「無期雇用労働者」（雇用契約期間の定めの無い者として就職した

表 3-8-1　大学 (学部) 卒業後の状況

卒業年度	卒業者	進学者 (率)	就職者 (率)	有期雇用 労働者 (率)	臨時労働者 (率)	一時的な仕事に 就いた者 (率)	左記以外 の者 (率)
平成 15 年 3 月	544, 894	62, 251 (11.4)	299, 925 (55.1)			25, 255 (4.6)	122, 674 (22.5)
25 年 3 月	558, 853	72, 822 (13.0)	375, 957 (67.3)			16, 736 (3.0)	75, 929 (13.6)
26 年 3 月	565, 573	71, 387 (12.6)	394, 845 (69.8)			14, 519 (2.6)	68, 484 (12.1)
27 年 3 月	564, 035	68, 958 (12.2)	409, 759 (72.6)			11, 730 (2.1)	58, 102 (10.3)
28 年 3 月	559, 678	67, 563 (12.1)	418, 163 (74.7)			10, 184 (1.8)	48, 866 (8.7)
29 年 3 月	567, 763	67, 734 (11.9)	432, 333 (76.1)			9, 183 (1.6)	44, 182 (7.8)
30 年 3 月	565, 436	66, 830 (11.8)	436, 156 (77.1)			8, 684 (1.5)	39, 854 (7.0)
31 年 3 月	572, 639	65, 355 (11.4)	446, 882 (78.0)			8, 165 (1.4)	38, 232 (6.7)
令和 2 年 3 月	573, 947	64, 627 (11.3)	446, 082 (77.7)	5, 935 (1.0)	2, 849 (0.5)		40, 809 (7.1)
3 年 3 月	583, 518	68, 776 (11.3)	432, 790 (74.2)	7, 225 (1.2)	4, 633 (0.8)		56, 228 (9.6)
4 年 3 月	590, 137	73, 106 (12.4)	439, 683 (74.5)	6, 944 (1.2)	4, 058 (0.7)		55, 286 (9.4)

注：「左記以外の者」のうち「臨床研修医」の欄は削除している。

出所：文部科学省『学校基本調査』

者) 以外の就職者についても調査している。なお「左記以外の者」とは表の左に掲載されている「進学者」でも「就職者」でもないことが明らかな者を指している。

　直近 (執筆時 2023 年 10 月現在、以下同じ) の令和 4 (2022) 年 3 月卒業の数字では、進学率が 12.4％、就職者の率が 74.5％、就職者のうち、有期雇用・臨時労働者の率がそれぞれ 1.2％、0.7％ となっている。「左記以外の者」は平成 15 (2003) 年 3 月卒業が 22.5％ でピークであったが (「就職率」はこの年が 55.1％ でボトム)、その後徐々に低下し、平成 31 (2019) 年 3 月卒業では 6.7％ まで下がった。令和 3 年・4 (2021・22) 年は 9.6％、9.4％ と若干上昇したのは新型コロナウイ

ルスの影響があったのかもしれない。

　次に大卒の進路選択に大きな影響を与える大卒労働市場の動向についても見ておきたい。この点については、人材紹介業最大手のリクルートの研究機関であるワークス研究所が毎年公表している『大卒求人倍率調査』に当たるのが便利である。

　これも直近の『第40回ワークス大卒求人倍率調査（2024年卒）』のデータから大卒求人倍率の動向を追ってみる。なお、このデータでは1987年3月卒から直近の2024年3月卒業予定まで30年以上の動向が追える。

　まずバブル経済崩壊直前の91年3月卒は2.86倍と大きく売り手市場の様相であったのが、バブル崩壊後急激に低下していったのが見てとれる。96年3月卒で1.08倍まで下がり、その後やや持ち直すものの再び低下、2000年3月卒では0.99倍とついに1倍を下回る。この時期は一般に「就職氷河期」と呼ばれるが、2000年代前半はゆるやかな回復基調を示し「雪溶け期」を迎えていた。09年3月卒では2倍を超えるまでに回復するが、2008年のリーマン・ショックを契機に、2010年3月卒以降、1倍台に逆戻りする。2010年代後半以降、再びゆるやかに回復するが、2倍を超えるところまでには至っていない。なお2020年の新型コロナウイルスのパンデミックにより急低下が懸念されたが、それほど大きな落ち込みはなかった。

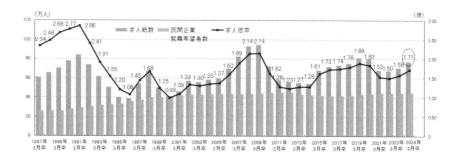

図 3-8-1　大卒労働市場の動向

出所：リクルートワークス研究所『第40回ワークス大卒求人倍率調査』（2023年）
https://www.recruit.co.jp /newsroom/pressrelease/2023/0426_12231.html

　以上のデータから、学生たちの大学から社会への移行は、大卒労働市場の動向に大きく、またコロナウイルスのパンデミックといった市場外の要因によっても、少なからず影響を受けてきたことがわかる。最近の大卒労働市場の好転傾向もあって、「不安定雇用」（短期の有期雇用労働者、臨時労働者）や「進路未決定者」（「進学でも就職でもない者」）の問題はあまり大きく取り上げられることがなくなったが、自らの進路選択に大きな不安や問題を抱える学生は少なくない。以下ではこの点について 2 つの調査のデータを見ていこう。

2.2「就職困難学生」の存在

　ここでは大学における「就職困難学生」を対象にした 2 つの調査を紹介する。まず、独立行政法人日本労働政策研究・研修機構(JILPT)による『大学キャリアセンターにおける就職困難学生支援の実態調査』(2015)を取り上げてみる。

　同調査ではまず、「新規大卒者の採用場面においては、ある一定レベル以上の基礎学力とともに、面接でのやりとりから推測される人物評価や行動特性が依然として重視される傾向にある」と述べたうえで、「面接での即興のやりとりを不得意とする一部の学生は人物評価で高得点を得られにくいため、採用試験に合格しにくく、その結果、景気動向の如何を問わず就職決定に苦労する可能性がある」とともに、「発達障害やそれに近い特性を持つ学生でコミュニケーションを特に苦手とする場合はさらに難しく、企業側に個人特性への事前理解や配慮を求めなければ、採用や採用後の定着も困難な状況にあると考えられる」ため、「企業側が人材採用において人物評価を重視する以上、景気動向に関わらず、面接場面でのやりとり等のコミュニケーションを苦手とする求職者は常に就職困難者に陥る危険性をはらんでいる」との見解を示す（同調査報告書、1 ページ）。

　このような「就職困難」を抱える学生に対して大学キャリアセンターはどのような支援を行っているのか、同調査の自由記述欄に回答があった大学(195 校)または「一般学生と同じ流れでの就活が難しい人の相談への対応が難しい」と回答した大学(246 校)の計 327 校から、学校規模、進路未決定者率(20%以上、10〜20%未満、10%未満)、地域の多様性(都市部・地方部)を確保しながら、

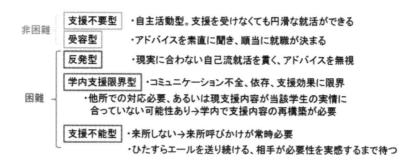

図3-8-2　困難性を軸にしたキャリアセンター支援対象学生の分類（一般学生）
出所：独立行政法人日本労働政策研究・研究機構のHP　https://www.jil.go.jp/institute/siryo/2015/156.html

学校規模（学生数）の3群（大・中・小規模校）×進路未決定者率の3群（未決定者率高・中・低群）の全9群から調査可能であった17校へのヒアリング調査を行った（同上、5〜6ページ）。以下はキャリアセンターの支援員から見た「就職困難学生」の特徴を整理したものである。なお発達障がい等やその傾向が感じられる学生と区別して「一般学生」の傾向として示されている。

　キャリアセンターの支援員でなくても、ゼミなどの少人数授業で学生と接している教員であれば、納得できる分類・傾向ではないだろうか。特に、後述するように「コミュニケーション能力」中心の日本型新卒採用慣行のもとでは、コミュニケーションに困難を抱える学生が就職活動に苦戦することは容易に想像される。筆者はコミュニケーション能力は単なる学生個人の特性だけではなく、学生の家庭的背景に少なからず影響を受けるものと考えている。つまり「会社組織で働く大人」との円滑なコミュニケーションを行うためのマナーやルールの体得、コミュニケーションの内容を構成する学生個人の経験値などは、家庭の経済資本・文化資本・社会関係資本の程度に大きく左右されるということである。この点は本章の後半で改めて考察してみたい。

　さて次に学生本人に就職活動における様々な不安や困難を尋ねた調査として、2020年に公表された大阪商工労働部による調査（『大学生の就職困難の可能性と大学の支援に関する調査』執筆担当は天野敏昭主任研究員）を紹介したい。

　この調査は2019年に大阪府内の大学に在籍する就職活動を控えた3〜4

回生(短大では1〜2回生)と大阪府内外(近畿2府4県)の大学を対象に行われた(回答学生は府内48校の722名、回答大学は府内37・府外49の86校)。

　調査結果の要点は以下の通りである。①最大4人に1人(25%程度)の学生が、発達障がいの傾向等により安定就職できない可能性があると考えられる、②4人に1人の学生が、働くことと就職活動の両方に大きな不安を持っている、③働くことと就職活動の不安が大きい学生は就職困難に直面する可能性が高い、④大学は、学内の就職支援で初めて就職困難の可能性のある学生を認知するケースが多い、⑤就職困難の可能性がある学生に対する支援手法が確立されていない、⑥大学では、各学生の特性・適性の認識や他大学や外部機関との連携が課題である。このうち学生に関する質問項目について少し詳しく紹介しておく

　まず自閉症度を測る「SATQ Subthreshold Autism Trait Questionnaire」で24項目を尋ねているが、多くの項目で数%から10%前後の範囲で該当する傾向がみられたという。特に他者とのコミュニケーションや交流に関わる事項、また、他者からの評価に対して慎重な傾向がうかがえ、対人関係で苦手な意識や傾向がみられた。具体的には、「自分の意見や考えをうまく言葉に言い表すことができる」「表情や話口調から人の気持ちを読むのが得意だ」に「まったく当てはまらない」と答えた割合はそれぞれ10.2%、10.7%であった。また「知らない人と出会っておしゃべりできる社交の場を楽しいと思う」「交流する相手をよく探し求めている」に同じく「まったく当てはまらない」と答えた割合はそれぞれ25.0%、25.4%であった。さらに「会話で自分の考えを人に伝えるのが苦手だ」に「とても当てはまる」と答えた割合は16.7%であった。

　次に社会や仕事で求められる汎用的な能力・態度・志向を測定する「PROG(Progress Report On Generic Skills)」の21項目では、「身についていない」割合が2.3%から12.3%の間で分布し、「身についていない」と回答した項目が1項目以上ある割合は、回答者の23.9%であったという。身についていない割合が高いのは、「感情制御力」(「ストレスに対して、自己に合った処理方法を知り、対処することができる(ストレスコーピング)」)、「緊張感やプレッシャーをパワーに変えることができる(ストレスマネジメント)」、「自信創出力」(「他者と自己の違いを

認め、自己の強みを認識することができる(独自性理解)」)、「初めての事や困難な事でも、やればできるという予測や確信をもって挑戦できる(自己効力感／楽観性)」、「統率力」(「他者の意見・意向に耳を傾けて正確に把握し、建設的・創造的な討議をすることができる(話し合う、建設的・創造的な討議)」)、「自らの意見・意向を的確に表現することができる(意見を主張する)」、「異なる意見を調整し、交渉・説得をして合意を形成することができる(意見の調整・交渉・説得)」などであった。

　さらに「大学生活の状況と悩みや不安」についての質問項目では、68.8％の学生が「大学生活全般が充実している」と考える一方、「将来の進路や生活」75.5 ％、「就職活動」70.2 ％、「働くこと」62.6 ％、「やりたいことを見つけられていない」52.9 ％が「少し当てはまる」「かなり当てはまる」に回答していた。特に「働くこと」と「就職活動」には 4 人に 1 人の学生(回答者の 25.2 ％)が大きな不安(「かなり当てはまる」を選択)を抱えていた。

　以上 2 つの調査から「就職困難学生」の現状と課題を確認してみた。もっともふだんからこのような学生の存在を気にかけていた教員にとっては再確認であろう。次の節では就職に困難や不安を抱える学生たちに対して、どのような政策的対応ができるか、考えてみたい。

3. 当面の政策的対応

　筆者の専攻は「社会政策」(ここでは簡単に「労働政策」と「社会保障政策」を対象とする学問としておく)であるので、以上のような学生が直面している困難に対して、政策的に考えられる、あるいはすでに実行されている対応策について、さしあたり 2 つほど示しておきたい。

3.1 学生と企業のミスマッチへの対応策

　労働政策的には新卒労働市場における学生と企業との間の「ミスマッチ」(すれ違い)が考えられる。特に日本の新卒労働市場における長年の採用慣行の問題が大きな要因として挙げられる。この点について、雇用ジャーナリス

トの海老原嗣生氏の見解を紹介しておこう。海老原氏によれば、日本企業が新卒採用を行うにあたって学生を見極める要点は、①基礎能力、②将来性、③肌合いの 3 点であるという (海老原, 2016, 第 0 章)。

このうち①基礎能力は大学入学時の偏差値である程度識別できる。そのため偏差値上位校である大学名偏重の一次選考が行われる。②将来性はいわゆる「潜在能力」、すなわち具体的にどのような仕事ができるかではなく、どんな仕事ができそうな「人柄」であるかの評価である。肌合いはその会社の「社風」(組織風土)に合うかどうかの見極めである。いずれも客観的・数量的に評価できるものではなく、二次選考以降の面接において、学生の人間性全般を対象とした「全人格的把握」が採用の中心になる。

この点を補強するデータとして、日本経団連による『新卒採用に関するアンケート調査』(2018 年)を挙げておこう。この調査では、新卒採用の選考にあたって重視した項目、全 20 項目のうち上位 5 項目を回答するようになっている。2018 年までの動きを見ると「コミュニケーション能力」が 16 年連続で 1 位 (82.4%)、次に「主体性」が 10 年連続の 2 位 (64.3%)、「チャレンジ精神」が 3 年連続の 3 位 (48.9%) であった。以下「協調性」(47.0%)「誠実性」(43.4%) が続く。ちなみに「一般常識」(8%)「語学力」(6%)「履修履歴・学業成績」(5%)「留学経験」(1%) を重視するという企業はどれも 1 割にも満たない。

このような企業が求める「コミュニケーション能力」や「主体性」「チャレンジ精神」などを備えた人格を柔軟に演じられる学生にとって現行の採用方式はさほど苦にもならないだろうが、この方法では相当苦戦する学生も少なくないはずである。

ここで学生と企業の「マッチング」(需給一致)の問題に目を転じてみよう。すなわち、どこでどのような「ミスマッチ」(需給不一致)が起きているのか、である。この点についてまず前節で紹介したリクルートワークス研究所の『大卒求人倍率調査』を企業規模別に見てみると、そこからは企業規模を問わない全体的なデータとは異なる様相が浮かび上がってくる。一般に「大企業」と呼ばれる従業員数 1000 人以上の企業ではほぼ一貫して「買い手市場」が続いているのに対し、300 人未満の「中小企業」ではずっと求人倍率 3 倍を超え

る「売り手市場」であり、変動幅も大きい。さらに業種別で見ると、「金融業」「サービス・情報業」は常に 1.0 を大きく下回っているのに対し、「建設業」「流通業」ではおおよそ 4.0 〜 12.0 の間を推移している。

　このような状況は「離職率」のデータからも確認できる。厚生労働省は『新規学卒就職者の離職状況』として「就職後 3 年以内の離職率」を最終学歴ごとに公表している。ここでは執筆時点直近の 2022 年報道資料から平成 31（2019）年 3 月卒業者のデータを見てみよう。以前から新卒者の早期離職について「753 離職」（中卒の 7 割、高卒の 5 割、大卒の 3 割が入社後 3 年以内に離職する傾向）と呼ばれていたが、大卒者は直近で 31.5 ％とこの 10 年ぐらいほぼ 30 ％台前半で大きな変化は見られない。「事業所規模別」で見ると、ここでも従業員数が少なくなるほど早期離職者が多くなる傾向が見てとれる。従業員数 100 人未満が平均の離職率を超える企業規模の分かれ目である。また「産業別」で見ても、業種ごとの離職率の差は大きい。「金融業、保険業」（25.1 ％）や「情報通信業」（27.8 ％）は平均を下回るが、「宿泊業、飲食サービス業」は 50 ％を超え、「生活関連産業、娯楽業」や「教育、学習支援業」なども 40 ％台後半と平均よりかなり高い。

　このような新卒労働市場におけるミスマッチの企業規模・業種間格差は意外と問題視されていないが、かなり本質的な問題である。コミュニケーション能力（あるいは海老原氏の言う「潜在能力」「肌合い」）の高い学生を要求する大企業・人気業種では、それに応えられる高いコミュニケーション能力を発揮する学生を採用し定着させることができているが、そのような学生を採用できなかった中小企業やあまり人気でない業種と、大企業・人気業種の企業に採用されなかった学生との間には高い離職率というかたちでミスマッチが生じている。

　ではどのような政策的対応が考えられるか。海老原氏は大学 4 年後期に就職未決定者が中小企業 5 社ぐらいでそれぞれ 2 週間ぐらいの就業体験を重ねる「短期肌合いあわせ型インターンシップ」を提唱している。また入社後のミスマッチについては、地域を単位に行政・商工会議所・中小企業家同友会・経営者協会などが連携し、地域内の「社外異動」を促進する「地域内人材育成

コンソーシアム事業」を提案している (海老原, 2016, 第5章)。

　いずれも実態をよく踏まえた現実的な政策的対応だと思われるが、ここで大学はどのような役割を果たしうるのであろうか。個人的には大学生の間にある程度長期のインターンシップを行うことには反対はしないし、4年後期で内定が取れず、なおかつ卒業に必要な単位が取れていれば、短期複数のインターンシップはむしろ必要なことかもしれない。ただ学生が労働市場に出ていく前に、大学としてもう少し何とかできないものか。この点は本章後半で考察する。

3.2　産官学の「プラットフォーム」

　前節で紹介した大阪府商工労働部調査では、大学調査において「就職支援で初めて就職困難の可能性のある学生を認知するケースが多い」こと、また「就職困難の可能性がある学生に対する支援手法が確立されていない」ことを指摘したうえで、「大学では、各学生の特性・適性の認識や他大学や外部機関との連携が課題」であると述べ、「就職に困難が予想される学生や発達障がいの可能性のある学生の支援では、学生の現状及び特性や適性の認識・把握を進め、学内での情報共有や啓発を図る余地が大き」く、また「必要な支援の実施において、他大学や外部機関との連携 (インターンシップ先や就職先の開拓、企業による講演や企業見学会の開催等、職業関連の訓練機関との連携、他大学との関連する情報の交換・共有などの連携) のあり方を検討していく余地も大きい」との見解を示している。さらに調査報告書の最後では「一般雇用では大学生 (求職者) がエントリーシートや面接を通じいかに企業が求める人材に見せるかに重点がおかれるため、本来必要とされる配慮事項や弱みについてはオープンにされない場合が殆ど」のため「採用後に疲弊してしまい休職や離職につながるケースがある」。一方「障がい者雇用では企業への配慮事項が強調されてしまい本人の強みが着目されにくく、希望に合った働き方にならないこともある」。そこで「要支援学生をはじめ、すべての働きたいと思う人が自らの能力を発揮し、いきいきと企業などで活躍できるようにするには、現在のこれらの枠組みを超えて、強みも配慮事項もオープンにし、必要に応じ

て第三者による支援も受けながら働き続けるいわゆるダイバーシティ雇用」
の考え方を踏まえ、「大学や企業、関係機関が強固に連携し、共に課題を共
有しながら、要支援学生を大学から職業的自立へと導いていく流れを早期に
実現することが望まれる。」と提言している。

　またこの調査報告が公表された2020年時点、大阪府では就職困難学生を
はじめ、働きたいと思う全ての大学生が自らの能力を発揮し、いきいきと企
業などで活躍できるよう「産学官プラットフォーム」を形成し、大学から企
業への切れ目ない移行スキームの確立を目指す取組みが進められていた。
具体的には、プラットフォーム内に、就職困難学生の支援に関する勉強会（主
催：大阪府・共催：特定非営利活動法人大学コンソーシアム大阪・構成員：就職困難学生
の支援に関し高い問題意識を有する大学、支援機関等）を立ち上げ、先進的に取り組
んでいる大学の事例などを参考に、大学における要支援学生の発見手法及び
支援手法、地域社会資源との連携による支援手法、人材・設備・教材などの
支援リソースの共有方法などについて検討を進めるとのことであった。

　2023年現在この構想は「持続可能な大阪の成長を支えるダイバーシティ推
進事業」として、幅広い人材が活躍するためのダイバーシティ推進について
の企業の理解を促すとともに、コミュニケーションに自信がないなど就職活
動に不安のある学生のコミュニケーション能力の向上を支援し、企業と学生
のマッチング機会を提供することで、学生の府内就職を促進する取組みが進
められている（大阪府「持続可能な大阪の成長を支えるダイバーシティ推進事業」HPより）。

　大卒労働市場のミスマッチの多くが労働供給側の「就職困難・不安層」・「早
期離職層」と労働需要側の中小企業を中心とする「採用予定数未達企業」「平
均以上の離職率企業」との間に発生しているのであれば、この取り組みは労
働市場の課題を的確に捉えていると評価できる。今後の展開に注目していき
たいところであるが、ここでも気になるのが大学の存在である。事業の性質
上、行政中心の取り組みなので、大学の主体的役割はここからはあまり見え
てこない。ここでもまた学生を労働市場に送り出す前の大学の役割が問われ
るところである。

4.　大学教員が考えるべきこと──「大学第一世代」に着目して

4.1　大学第一世代の問題

　第2節で紹介した「就職困難学生」の実態調査の結果は、大衆化した大学における大学から社会への移行過程での「コンフリクト」を浮き彫りにしている。もう少しさかのぼって考えると、それだけ多様な学生が大学に進学するようになったという事実と、そうした学生を大学が受け入れる際に必然的に生じる「コンフリクト」の問題を大学教員は真剣に受け止める必要性がある。そこで、これまであまり大きく取り上げられてこなかった一つの重要な論点を提起しておきたい。すなわち、親が大卒でない、いわゆる「大学第一世代」の問題である。

　アメリカの大学のトップ校の一つであるカリフォルニア大学バークレー校では「ダイバーシティ」推進の指標として、「女性比率」、「マイノリティー人種の比率」、「外国人比率」、そして「第一世代の比率」を挙げている（同校のサイトの「Diversity Data Dashboard」を参照）。いずれも伝統的な大学ではあまり入学してこなかった層の学生たちであるが、大学進学に不利な状況を克服して階層上昇を果たすことは大学の「社会的責任」の一つであると理解することができよう。

　日本の大学でも女性比率や外国人比率は大学の入学方針を示す指標として意識されまた公表されることが多いが、大学第一世代の比率はなぜかほとんど意識されず、したがって大学ごとのデータもなかなか確認できない。この点については、2010年に東京大学教育学部比較教育社会学コースとベネッセ教育研究開発センターの共同研究として、全国の社会科学分野の大学生を対象に実施した調査が貴重である（『社会科学分野の大学生に関する調査報告書』ベネッセ教育総合研究所）。この調査報告では、「仕事への移行」「学業適応」「満足な就職結果」「就職活動」など様々な観点から大学第一世代であることの影響を分析していて興味深い。例えば、大学第一世代の「大学から仕事への移行」の現状について、大学の選抜性の媒介効果を考慮した分析を行った本田（2010）は「入試難易度が低い大学の学生が仕事への移行に際して直面する不利さは

相当明確なものであり、そこでは大学第一世代であるか否かによる差はあまり目立たないこと」を見出したうえで、そこからの示唆として「メリトクラティックな水準を満たしていない層においては大学教育における介入の余地が残されている」と指摘している。もっとも選抜性の高低を測る基準が、質問票に記入する大学・学部名からベネッセが実施している進研模試の偏差値54を基準に選抜性の高低2グループに分けているとのことなので、低選抜群における大学第一世代の影響が分かりにくくなっている感は否めない。したがって「大学教育における介入の余地」は低選抜グループのなかでもかなり異なってくることが予想される。一般に選抜性の低さが大学経営に影響を与える、つまり入学定員を下回る恐れが出てくるのが、偏差値でいうと40代半ば以下であると推測されるので、この層に焦点を当てた分析が望まれるところである。エピソード的になるが、低選抜型大学における大学第一世代が直面するコンフリクトの実態について、項を改めて記述してみたい。

4.2 低選抜型大学で大学第一世代が直面するコンフリクト

私はこれまで「低選抜型大学」(私の言葉では「マージナル大学」)における「メリトクラティックな水準を満たしていない学生」(私の言葉では「ノンエリート大学生」)の実態と大学教育上の課題について指摘してきた(居神, 2010, 2015, 2018など)。ここではきわめて印象論的になるが、私が「マージナル大学」で日々感じている「ノンエリート大学生」の実態について大学第一世代の観点から記述してみたい。なおここで「大学第一世代」とは厳密に「両親の最終学歴が大卒でない」だけでなく、「はじめに」で触れたような大学教育に適応するのに十分な「文化資本」や「社会関係資本」を所有、継承していない層の学生も含めて論ずることにする。

まず記憶に新しい2020年の新型コロナウイルスのパンデミックにともなうオンライン授業の導入に関して。この年の3月、全国の小中高校に一斉の臨時休校の措置が取られ、大学でも新年度から対面授業より遠隔(オンライン)授業)への切り替えに迫られた。当初いくらかの混乱はあったものの、今から振り返ると総じて何とか乗り切ったというのが実感ではないだろうか。た

だこのような緊急事態に直面して、それまでの授業では顕在化してこなかった問題が浮き彫りにされたのも事実である。

　私の所属する大学は大学経営上の困難が生じやすい偏差値帯に属する低選抜型大学であるが、オンライン授業の導入にあたって、授業の内容以前のところでの問題が続出した。それは特にパソコンを所有していないことにともなう問題であった。例えば、学内のLMS（学修支援システム）にアップされているパワーポイント資料を閲覧できない、授業課題をWORDで作成することができない、課題レポートをLMSを通じて提出することができない等々。これらは自宅にパソコン（文化資本）を所有し、またパソコンの使い方を教えてくれる家族・友人（社会関係資本）がいれば容易に解決できる問題であるが、スマホしか所持しておらず、まわりもそのような環境であれば学修上の高い壁となってしまう（この点は居神, 2021 も参照）。

　次に「協同的な学び」に関して。平成28（2016）年の中央教育審議会答申で「生きる力」の捉え直しが行われ、初等・中等教育における「主体的・対話的で深い学び」が、また大学教育でも以下のような方向性が求められるようになった。

　　　「主体性・多様性・協働性」を育成する観点からは、大学教育を従来のような知識の伝達・注入を中心とした授業から、学生が主体性を持って多様な人々と協力して問題を発見し解を見いだしていくアクティブ・ラーニングに転換し、特に、少人数のチームワーク、集団討論、反転授業、実のある留学や単なる職場体験に終わらないインターンシップ等の学外の学修プログラムなどの教育方法を実践する（中央教育審議会「新しい時代にふさわしい高大接続の実現に向けた高等学校教育、大学教育、大学入学者選抜の一体的改革について（答申）」（平成26年12月）より）。

　このような流れのなかで、大学の授業も「アクティブ・ラーニング」への転換として「少人数のチームワーク」や「グループ・ディスカッション」を取り入れることが多くなった。私の勤務する大学でも少人数（3人以上）のグルー

プで一つのテーマを掘り下げてリサーチし、パワーポイントのスライドに
まとめた結果を競い合う「グループワーク・コンテスト」が行われているが、
そこでも大学第一世代によるコンフリクトに直面することが少なくない。

　まず自主的にグループを形成することが難しい。教員が機械的にグループ
を割り当てると仲違いの原因にもなりかねないので、個々の学生の特性を丁
寧に考慮する必要がある。何とかグループを作っても、リーダーの選出が難
しい。教員からリーダーを指名したとしても、その役割をまっとうさせるの
が大変である。授業内はともかく、授業外での課題の遂行にあたって、グルー
プ内で連絡を取ることが難しい。リーダーから教員にどうやって連絡を取っ
たら良いのか、相談に来ることもしばしばである。

　「協同的な学び」といっても、その前提には他者との適切な関係性を構築
するための「社会関係資本」の蓄積が必要である。その蓄積のないところで、
協同的な学びを促そうとしても、初めのところで大きく躓いてしまい、なか
なか先に進むことができない。

4.3 大学第一世代の学生と大学教員との間のコンフリクト

　以上のような低選抜型大学でのエピソードから言えるのは、大衆化した大
学におけるコンフリクトは学生自身が大学という制度のなかで直面するコン
フリクトであると同時に、大学教員が暗黙のうちに想定している、「これぐ
らいはできるだろう、これぐらいは知っているであろう」という「常識」が通
用しないと言った意味での教員・学生間のコンフリクトでもあるということ
だ。

　もっとも低選抜型大学の学生がすべて大学第一世代的な属性であるわけで
はない。大学教育に十分適応可能な文化資本や社会関係資本を有する学生も
一定数存在する。大学教員はそのような学生とは親和的であるので、大学教
育の語りも自然とそのような学生を前提としたものになってしまう。そこで
は学生・教員間のコンフリクトは何もないように語られてしまう。私の主張
は「語られざるコンフリクト」こそを意識して語っていくべきであるという
ことに尽きる。この点を確認したうえで、こうしたコンフリクトを乗り越え

るための教育実践の方向性について議論を進めたい。

5. 大学教員が行うべきこと──「ケイパビリティ」と「社会正義」の観点から

　前節での「大学教員が考えるべきこと」の論点を踏まえて、最後に「大学教員が行うべきこと」として、教育実践のあり方について考えていきたい。なお具体的な方法論は本書の他の章の論考に委ね、基本的な方向性のみを簡潔に示すことにする。

5.1 生き方の選択の幅を広める──「ケイパビリティ」の観点から

　文部科学省が令和 2 (2020) 年の新しい学習指導要領で示した「生きる力」とは一人の人間としての資質や能力を指す力であり、「知識及び技能」(大人になっても社会で通用する「生きて働く知識や技能」を身につける)、「思考力、判断力、表現力など」(わからないことや知らないことに直面しても、自分で考えたり調べたりして、わかりやすく説明できるようになる)、「学びに向かう力、人間性など」(今まで学習し身につけた知識や学びを豊かな人生やよりよい社会に活かそうとする「学びに向かう力・人間性など」を育む) という 3 つの柱から成るものであった。

　それに対して本章のタイトルにある「生き抜く力」とは、大人たちがつくってきた「生きづらい」社会のなかにも何とか生きる意味を見つける (適応) とともに、そのような生きづらさをもたらしている社会の矛盾に遠慮なく異議申し立て (抵抗) をすることを学生たちに期待するものである (この点は居神, 2015 も参照)。本章の前半で、「大社接続」のコンフリクトの実態として大卒労働市場のミスマッチなどを紹介したが、労働市場の買い手が求める「コミュニケーション能力」に合わせた労働市場の売り手育成のみに、「生き抜く力」を矮小化させてはならないであろう。

　そもそもバブル経済崩壊後の日本社会は「雇用労働」からなる「企業中心社会」化が進み、「自営業・家族従業者」からなる「旧来型の社会システム」が消失していった、という事実認識が重要である。旧来型の社会システムは「生まれつき気が弱い人や心身の病気を抱えている人など、他者と競い合って自

立を実現するのが困難な人」たちの社会参加を助ける装置が備わっていた（石井, 2023）。それに対して企業中心社会ではまさに「他者と競い合って自立を実現する」ことがまず求められる。この間の大学教育の方向性もそうした社会変動に呼応するものであったといえないか。

　ここで立ち止まって考えるべきは、企業社会への適応だけでない、より広い「生のあり方」を問うことである。そこで一つ紹介したいのが、経済学者アマルティア・センが唱える「ケイパビリティ」という概念である。ケイパビリティとは、「何かをしようと思えばできる、つまり何かをしたり何かになったりするための実質的な自由」を保障する能力であり（この点は宮口・神島, 2023, 第4章「すべての人が幸せになる社会の条件」のなかの説明がわかりやすい）、端的には「生き方の選択の幅」を広げ、選び取る能力のことである。

　私たちの大学教育が学生たちの「生き方の選択の幅」を広げるものになっているのかどうか、例えばいまや大学の初年次教育から提供される「キャリア教育」であるが、企業社会への適応のみに選択の幅が狭められていないか、就職率の向上など大学経営上の要請を超えた視点からの検証が必要であろう。その際、特に本章の前半で示した雇用労働への適応が難しい「就職困難学生」に雇用労働以外の選択肢（「雇われない働き方」）を提示することが重要である。

5.2 社会を変える──「社会正義」の観点から

　前項で現行のキャリア教育の社会適応的側面を指摘したが、それは社会への抵抗的側面が弱いことを意味している。この点について、かつて私はキャリア教育において育む能力として「まっとうな会社に雇用されうる能力」と「まっとうでない社会へ異議申し立てする能力」の2つを提起した（居神, 2010, 2015を参照）。最近ではキャリア教育を「社会正義」（social justice）の観点から捉える研究（下村, 2020,; 前田, 2022など）が増えてきて実に興味深い。なお個別大学の授業実践としては本書第3章の成城大学の取り組みをぜひ参考にされたい。大学のカリキュラムとして、キャリアの多様性と社会正義の実践とを体系的に教育するプログラムを構築するうえで実に示唆に富む。

　ところで「社会正義を問う」ということは、まず「社会の矛盾に気づく」こ

と、そしてそうした個々の気づきを他者とともに共有し「社会を変えるために行動を起こす」ことである。社会の矛盾に気づくためには、この社会のどこにどのような問題が存在するのか、そうしたことへの「感性の水準」を高めることが必要である。この点について私は初年次教育やキャリア教育のなかに「労働法・社会保障」教育の要素を盛り込み、具体的な授業実践として社会の矛盾を鋭く描く映画やドキュメンタリー作品の鑑賞を提唱した（居神, 2023）。また他者とともに行動を起こすためには、就職活動にのみ役立つ「コミュニケーション能力」ではなく、本書における、「葛藤や対立を調整し、他者と協働しながら物事を創造していく力」という意味での「コミュニケーション実践力」の育成が必要であろう。就職実践に傾きがちな現行のキャリア教育を「社会正義＝社会を変える」という観点から再編するために何が必要か、より一層の議論の展開を期待したい。

5.3 大学教員全体の取り組みとして──「協同モデル」

さて以上のような基本的方向性を大学教員個々の授業で実践するのは比較的容易なことである。ところがこれをカリキュラムなど大学全体の取り組みとして実践しようとすると、かなりのコンフリクトが予想される。個々の教員が考える授業への認識が各々異なるからである。

この点について、小方（2012）は大学教員の授業への「構え」（認識）をめぐる理念モデルとして、「担当する授業の所有概念」、「授業の内容や方法・成績の評価方法」、「授業をめぐる学務教務委員会や教授会での議論」、「授業をめぐる教員間の日常的交流」、「主たる教育対象」、「重視する授業形態」という基本軸から、「自営モデル」と「組織モデル」という2つのタイプを提示した（表3-8-2を参照）。私はこれに低選抜型大学（マージナル大学）の現状と展望を踏まえて、「葛藤モデル」と「協同モデル」という新たなモデルを提示してみた（居神, 2018）。「葛藤モデル」とは、端的に研究と教育の両立に苦悩する低選抜型大学（マージナル大学）の教員像をそのままに表現したものである。対して「協同モデル」は個々の教員の葛藤を教授団全体で乗り越えようとする志向性を表現したものである。これは小方の組織モデルに近いが、個々の教員の「葛藤」

表 3-8-2　授業への構えをめぐる理念モデル

	授業の所有者	授業の内容や方法・成績の評価方法	授業をめぐる学務・教務委員会や教授会での議論	授業をめぐる教員間の日常的交流	主たる教育対象	重視する授業形態
自営モデル	個人	自己責任	形式的	限定	研究室に所属する学生中心	研究室・ゼミでの少人数相手の教育
組織モデル	学部・学科や全学	授業間の調整前提	本質的	頻繁	学科や学部、場合によって全学の学生	講義での不特定多数相手の教育

出所：小方、2012, p.26

を前提とする点で大きな違いがある。また組織モデルは文部科学省等など外部からの要請に受動的に対応する側面があるが、協同モデルは学内の問題に主体的に取り組む志向性を有する。

　以上のような理念モデルを前提に、「大学から社会への移行」に困難を抱える学生の問題を考えると、自営モデルのような個々の教員による取り組みではどうしても限界がある。大学組織全体を基盤とした「協同」の取り組みが必要であるとともに、本章第3節で示したような個別大学を超えた大学間の「プラットフォーム」への展開も望まれるところである。

　低選抜型大学を中心に本格的な大学淘汰の時代が目前に迫るなか、大学経営上の「生き残り」戦略を超えたところで、この社会のなかでどうしようもない生きづらさを抱える学生たちの「生き抜く力」を育むために大学教員間の「協同的な語り」の実践が問われている。

6.　おわりに

　本章では高等教育の大衆化にともなう「大社接続」におけるコンフリクトの実態と課題について、親の学歴だけでなく、大学教育に適応可能な文化資本や社会関係資本を十分に所有、継承していない層という意味での「大学第

一世代」に着目し論じてきた。ここで特に主張したかったのが、大学教員自身がこのような学生層に直面して感じる「コンフリクト」の問題である。そのことを十分に認識したうえで、学生たちが社会に出ていくにあたって必要な「生き抜く力」とは何かを論じなければならない。ここではそれを「ケイパビリティ」および「社会正義」の観点から検討してみた。さらに大学教員が単に「個人」としてではなく「組織」としてこれを検討する場合に必要な「協同」のあり方について提起した。大学淘汰の時代が迫るなか、大学経営上の困難を超えたところにある、より本質的な議論の展開を期待したい。

引用文献

独立行政法人日本労働政策研究・研修機構 (2015)『大学キャリアセンターにおける就職困難学生支援の実態―ヒアリング調査による検討―』資料シリーズ No.156 https://www.jil.go.jp/institute/siryo/2015/156.html (2023 年 10 月 30 日)

海老原嗣生 (2016)『お祈りメール来た、日本死ね―「日本型新卒一括採用」を考える―』文春新書.

本田由紀 (2010)「『大学第一世代』の仕事への移行 ―期待・結果・コスト―」『社会科学分野の大学生に関する調査報告書』ベネッセ教育総合研究所.

居神　浩 (2010)「ノンエリート大学生に伝えるべきこと―「マージナル大学」の社会的意義―」『日本労働研究雑誌』第 602 号.

居神　浩編 (2015)『ノンエリートのためのキャリア教育論―適応と抵抗そして承認と参加―』法律文化社.

居神　浩 (2018)「学生の多様化を正面から見ない大学論への絶望と希望」日本高等教育学会『高等教育研究』第 21 集.

居神　浩 (2021)「ウィズコロナの時代におけるアクティブ・ラーニングのあり方について」松本かおり編著『大学教育を再考する―グローバル社会をともに生きるための「教養」』ミネルヴァ書房.

居神　浩 (2023)「労働法・社会保障教育のあり方を考える」居神　浩編『社会政策の国際動向と日本の位置』放送大学教育振興会.

石井光太 (2023)『君はなぜ、苦しいのか―人生を切り拓く、本当の社会学―』中央公論新社.

前田信彦 (2022)『キャリア教育と社会正義―ライフキャリア教育の探究―』勁草書房.

宮口幸治・神島裕子 (2023)『逆境に克つ力―親ガチャを乗り越える哲学―』小学館.

小方直幸 (2012)「大学教員の授業への構え―「自営モデル」と「組織モデル」からの検

証―」『大学経営政策研究』Vol.2, 21-40.

大阪府商工労働部 (2020)「大学生の就職困難の可能性と大学の支援に関する調査」
　　資料 No.179.

下村 英雄 (2020)『社会正義のキャリア支援―個人の支援から個を取り巻く社会に広が
　　る支援へ―』図書文化社.

【参考リソース】

- 大阪府「持続可能な大阪の成長を支えるダイバーシティ推進事業」

  https://osaka-diversity.com/（2023 年 10 月 30 日）

  　本事業の趣旨については本文参照。企業向けのサイトにある「ダイバーシティ
  経営　先進企業の事例」で成功談だけでなく失敗談も語られているのが興味深い。
  先進企業の事例というと成功事例ばかりクローズアップされるが、むしろ失敗
  事例を積極的に開示し企業間で共有していくことが重要だと思われる。

- 厚生労働省　知って役立つ労働法〜働くときに必要な基礎知識〜

  https://www.mhlw.go.jp/stf/seisakunitsuite/bunya/koyou_roudou/roudouzenpan/
  roudouhou/index.html（2023 年 10 月 30 日）

  　就職を控えた学生や若者向けのハンドブック『知って役立つ労働法〜働くと
  きに必要な基礎知識〜』の PDF ファイルがアップされている。働くことの基本
  的ルールが分かりやすく解説されているとともに、働くことに困ったときの相
  談窓口の一覧が紹介されていて便利。日本語版だけでなく、英語版、中国語版、
  ベトナム語版、タガログ語坂まであり、外国人留学生が日本で就職するときの
  アドバイスにも役立つ。

- 厚生労働省　社会保障教育のワークシート

  https://www.mhlw.go.jp/stf/seisakunitsuite/bunya/0000051473.html（2023 年 10 月 30 日）
  　大学初年次の基礎教育に使える社会保障教育の各種ワークシートがアップさ
  れている。「社会保障の理念やあり方を考える」「身近な社会保障を学んでいく」
  「政府の役割と社会保障」などといった概論や「年金教材『10 個の「10 分間講座」』」
  「公的医療保険って何だろう？」などといった個別社会保険制度の説明のワーク
  シートとともに、「指導者向け活用マニュアル」もアップされているので、授業
  の構成を考える際の参考になる。

- 映画『私はダニエル・ブレイク』（原題　I, Daniel Blake　2016 年）

  https://longride.jp/danielblake/（2023 年 10 月 30 日）
  　居神（2023）「労働法・社会保障教育のあり方を考える」で紹介した、イギリス
  の社会派映画監督、ケン・ローチの作品。イギリスの社会保障制度が実直に働
  いてきた労働者を冷たく排除している実態を鋭く描く。公式サイトのトップに

ある「人生は変えられる。隣の誰かを助けるだけで」のコピーが印象的。イギリスのことではあるが、日本の例えば生活保護制度の問題を考えるときにも大変参考になる。

• 映画『家族を想うとき』（原題　Sorry We Missed You　2019 年）

　　https://longride.jp/kazoku/（2023 年 10 月 30 日）

　　同上公式サイトの監督プロフィールにある監督自身の言葉、「"個人事業主""フランチャイズ"という謳い文句で、労働者は『働いただけ儲けはすべて自分のものになる』という幻想を植えつけられる。その挙句、働くことをやめられなくなり、家庭や健康といった個人的な基礎が侵されていく。仕事は家族を守るためのものなのに、現代では家族との時間を奪っているなんてバカげている。」がこの映画の本質を如実に物語っている。

第9章　演劇的手法を活用したコミュニケーション教育からのアプローチ

Gehrtz 三隅友子

【本章のポイント】

①演劇的手法（シアター演劇、インプロドラマ、ロールプレイ等）を使った教育活動の実例からコミュニケーションとの深い関わりを再認識する。

②演劇に関わる理論を学びいくつかの手法の体験を通して、一人の教師が感じ、考えたことを事例として紹介する。それによって、自身の生活の中での「演じる」ことを振り返るきっかけを提供する。

③コミュニケーションに不全を感じる学生たちが自分の問題に取り組むことと、その学生の周りの人たちがその人を受け入れ共に学ぶという支援のあり方を示す。

1.　はじめに

　筆者は 1990 年より日本語教育（主に留学生及び日本語教師を目指す学生を対象）と異文化理解・多文化共生教育と同時に、教育原理及び人間関係論（主に看護学生や医療従事者を対象）のコミュニケーション研修、そして日本語教室の開設を通して、地域社会の外国人受け入れの支援を行っている。

　社会状況に合わせて国内の日本語教育の目標が拡大していく中で、それに応じて行ったプロジェクトワーク、さらに大学外の組織でコミュニケーション力養成を目指す研修においても、演劇が持つ力が重要なことを確認した。そして演劇的手法を体験し、その意味と効果を実感し、自らの教育活動に組み込むことを試みた。

　特に、日本で生活する留学生や外国人労働者等の日本語指導において、学習者が学び日本語のレベルを高めることだけでなく、同時に留学生を取り巻く日本人やそのコミュティが「受け入れる」土壌がなくては、多文化共生社会が成立しないことを痛感した。これはまさにコミュニケーションに不全を感じる学生が自らの問題に取り組むだけでなく、周りの教員や他の学生らが「受け入れる」場をつくることに当てはまるのではないかと考えた次第である。

　大学と地域に学びの場という舞台を創ること、そこに参加する人が「演じる」ことによってそれぞれの学びを促進することを、実例（特に私的な体験も含めている、読者の日常の「演じる」ことへの気づきになれば幸いである）を紹介しながら考察する。

2.　日本語教育と演劇的手法

2.1　国内の日本語教育の流れ

　佐々木 (2013) は、国内の日本語教育の推移を「教育する→支援する→共生する→マイノリティ（学習に対して何らかの障がいのある人たち）との連携」のことばを挙げて説明する（図3-9-1）。単なる変化でなく、それぞれにプラス✚で表されるように加えられていることを重視する。教師が日本語の知識（文法・音声・語彙等）を「教育する」のは当然である。学習者が日本語でコミュニケーションできる能力を習得することを目標とし、そのための「教育する＝教える」に加えて、日本語を使う「場」やタスク「活動」の導入と展開が二つ目の「支援」の立場と考えられた時期もあった。そして三つ目の「共生するための日本語教育」とは、ことばが生き物のように日々変化していくことを踏まえ、その変化を学習者と共有しながら、日本人が学習者を日本の地域社会の一員として自他共に認め受け入れる過程に他ならない。まさに「共生する」の段階では、地域社会の日本人への働きかけも日本語教育の役割となっているといえる。日本語ということばの背景にある文化を互いに理解し合うことが必要となる。特に国内では意識することのない文化に日本人があらためて気づくことが問われている。

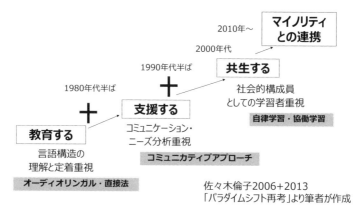

図 3-9-1　国内の日本語教育の流れ

　知識としての日本語だけではなく、実際のことばのやりとり、すなわち身体的活動を通したコミュニケーション能力が必要なことも明確である。留学生のみならず、定住して日本で生活する日本語学習者の増加にともなって、様々な文化＝多文化を意識し共生するための日本語教育が必要とされている。日本語学習者と日本人にとっての多様な文化（異文化・自文化・他文化等）の理解による多文化社会の実現とは何か、日本語学習者と日本人の両者の双方向の学習とは何かを模索した次第である。

　筆者は、大学で日本語を「教え」、その教える内容に学内外でのコミュニケーションを「支援する」を加え、さらに地域で「共生」の可能性を問う実践をこの流れに合わせて試みた。そこで教える側の守備範囲の拡がりとそれに合わせた方法が必要となったのを経験した。

2.2　演劇的知と日本語教育

　日本語教育において演劇的手法を取り入れ、大学と地域の教育及び啓発活動として、最終プロダクツを演劇上演とするプロジェクトワークを行った。プロジェクトワークはいわゆるプロジェクト・メソッドを元にした教育理論から生まれている。

　これは、①教室活動と現実の言語活動を結びつける、②学習者がより主体

的になる、③異文化接触の体験の中で考える、の三つの活動から成り立っている。①に関しては、シナリオをもとに台詞を覚えて演じる行為の前後で、参加者が日本語でやり取りをしていること、これこそが現実の言語活動である。次に②は、役割を演じることは何よりも主体的にならざるを得ないこと、台詞がうまく言えない場合は他者に言われるまでもなく自ら理解し覚える必要性に迫られることになる。そして③は、日本人学生、他の留学生という他者と演劇練習の中で体験する異文化接触である。

　さらに、様々なリソース（物的・人的・社会的リソース）の組み合わせも重要である。シナリオ、劇場という空間が物的リソースに、演劇指導者や日本人学生そして他の学習者が人的リソースに、地域の自治体、高校や日本語教室等の組織が社会的リソースといえる。一方、教師の役割は、プロジェクト自体をデザインし、リソースの確認と実施に必要とされるものを整備し配置すること、さらに留学生と日本人学生といった学習者に対して様々な働きかけを行うことである。プロジェクト開始当初には、プロジェクトの目標と成果物の提示、参加者の主体的な参加への動機付けを行い、終盤のまとめに向かうための個々人に対するコンサルテーション（カウンセリング）という働きかけが必要となる。最後に成果を参加者と共有し、評価活動を行い、次回のプロジェクトにつなげていくという循環型の活動である。

　日本語教育においては演劇（的手法）を通して日本語を教える（または学ぶ）ことは、ごく当たり前に行われている。一方広く学校教育の立場からは、渡部（2014）らは、知識注入型の授業の対概念として演劇的知を活用した獲得型授業を提唱している。獲得型授業からは学習者は「自律的学習者」になり、そして様々な表現活動（アクティビティ）に取り組むことを通して、知識ではなく「知恵」を形成しうるという。演劇活動が生み出すこの「知恵」を「知識の構造や認識の仕方、身体への気づきや学びの作法の総体」と定義している。さらに演劇的知は、①学習内容（対象）に関わる知識：知識の量ではなく質を重視し、記憶による断片的知識ではなく身体活動を通した知識であること、②学びの体験：共同的な学びとして一つのタスクを達成し自己も他者も大切な構成員であることを自覚すること、③学びの作法：コトバ、身体、モノとい

う表現の三つのモードを活用するとともに対人コミュニケーションの作法という
スキルを手に入れること、④自己(存在)への気づき：学習者として自立
へ向かう歩みがアイデンティティの形成につながり、共同体の中で自律的市
民としての自覚にもつながること、の四つの要素から構成されているとする。
本プロジェクトワークの目指すものはまさにこの演劇的すなわち、学びを全
身化することによって得られる知の獲得と活用にほかならないと考える(図
3-9-2)。

2.3 多文化共生と演劇「オデオン座国際プロジェクト」

　演劇活動は「まほろば国際プロジェクト」として2007年から始め、2013年
度以降は、演劇指導者(仙石桂子：四国学院大学、演劇教育)に依頼し、「オデオン
座国際プロジェクト」と名称を変更した(地域の文化財、脇町劇場オデオン座の保
護と、また演劇の素材「十六地蔵物語」というこの地域に疎開した小学生16名が宿坊であ
る寺の火災によって終戦前の1月29日に亡くなった事実を伝承することも目的である)。

　本プロジェクトの要点を図3-9-3に四つの象限にまとめた。

　2013年から現在(2023年)まで、四国学院大学の演劇専攻の学生と留学生及び
日本語教師を目指す日本人学生そして地域の日本語教室(多文化共生を考える会
「ともに」)を運営する人等の参加があったこともこのプロジェクトの特徴である。

　2019年までは、劇場にて高校生や一般を観客として上演し、その後全員
で交流会(インプロによるワークショップ)を実施した。2020年コロナ禍以降は、
オンラインにて練習を行い、最終プロダクツは過去の動画を編集しオンライ
ン演劇としてYouTubeにて視聴できるようにした(Gehrtz三隅・仙石, 2022)。なお、
四つの要点に関しても、新たな可能性と展開の機会を得たと考えている。

3. 演劇的手法をより広い教育の現場へ

3.1 新たな手法、インプロ(即興劇)との出会い

　前述の演劇活動の練習過程で、演劇のプロが使う手法すなわちインプロ
にも同時に触れた。インプロの創始者の一人キース・ジョンストン(Keith

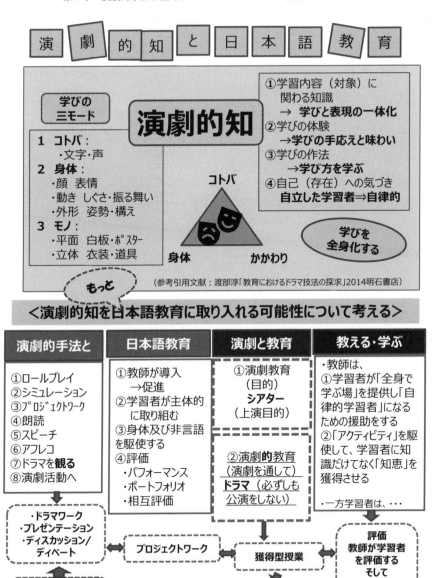

図 3-9-2　演劇的知と日本語教育の関連を知らせるチラシ

多文化共生と演劇

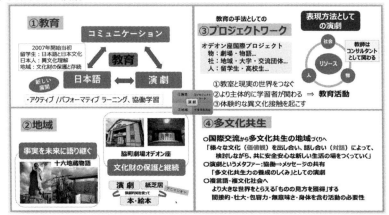

図3-9-3　オデオン座国際プロジェクト

Johnstone 1933-2023）は、演劇に至るまでのゲームやエクササイズを多く開発し、それを自らの劇団を使って普及している（詳細は**表3-9-1**資料）。上演を目的とした演劇、すなわちシアター演劇だけではなく、その場で演じて楽しむドラマ演劇、両方に大切な準備活動として活用されている。

　このエクササイズの特徴は、演者の緊張や恐れを取り除き、その人の持つ創造性や遊び心を引き出すことにある。実際に大学の講義室にて演劇指導者から数々のゲームの指導を受けた。自らが動くことによってまさに演劇的知の三要素「コトバ・身体・かかわり」に気づくこと、同時に場に湧き起こる笑いを心から楽しいと感じる体験をした。ここでいくつかを紹介する。

　たとえば、ゲームの一つ「ワンワード」は参加者全員が輪になってすわり、順番に一つの言葉（文ではなく単語、ものの名前といった名詞から、「が、も」の助詞、「うわあ！」のような間投詞まで何でも構わない）を発し、その言葉をつないで文を作り、ストーリーを作っていくというものである。簡単そうだがこれも最初は時間がかかる。なぜなら多くの人の場合ふと浮かんだものが実際の言葉にならず慌てたり、これを言うと恥ずかしいという気持ちが起こったり、一瞬の間に頭の中で考えがぐるぐる回るような感覚を持つため、スムーズにいか

ない。すかさず、指導者の「最初に出てきたものをまず出してみてください」の声かけに一同が納得する。こうして前の人の言葉をよく聞いて、自分の心に浮かんだ言葉を加えていくと、一人では全く思いつかない不可思議な物語ができあがる。それを一緒に笑い合うのである。その後「人は、大人になるにしたがって社会的制約を無意識に抱え込んでしまうこと、そして自分の中の検閲官が自分の言動を制御する」ことが実感となる。人が持つ「失敗・評価・見られることそして未来に向けて変わること」の恐れを取り払った、安心安全の場で自由に遊ぶこと (PLAY) の重要性に気づく活動である。

　他者との関わりのものには、二人組になった「プレゼントゲーム」がある。たとえば一人が相手に「このぬいぐるみどうぞ」「ああぬいぐるみですね、ありがとう」という単純なものではない。ここでは、同じ一人が相手に手で大きさや形を示して「これをどうぞ」と自分なりの気持ちを込めて渡す。受け取った方が「あーありがとう、こんな……を」と喜んでこの形をそのまま表しながら受け取るのか、「えー？これはちょっと……」と言いながら嫌悪感を示しながら受け取るか、受け取らないかもそれは二人の自由なのである。受け取ることにしても、何をどのようにはその場で即興的に作っていくのである。このやりとりは、オファー（提供）とアクセプト（受容）で成立していることがわかる。互いをよく見る、よく聞く、そして反応するというコミュニケーションの基本であり、二人で行うロールプレイの原型練習ともいえる。ドラマとして見ながら観客には二人の関係性に様々な思いが生まれる。

　そして「ジェスチャーゲーム」である。一人が動物の様子をまねて、見ている人がそれを当てる。授業では、子供の時の経験を思い出しながら、最初は簡単な犬、猫、象といったものから始まり、挑戦的な人によってフクロウ、ナマケモノ、アリクイというのも場に出される。日本語学習者が参加した場合には、日本語での名前がわからない時には母語であったり、またそれを説明したりで、ばかばかしいというよりこれこそが遊びなんだという楽しさが共有できるようになる。簡単に当たる、当てられるよりも、なかなか当たらない時に演じる人が、あの手この手でわからせようと動くことに笑いが生まれる。ここでは「自分以外のものになってみる」可能性に気づき、「何にでも

なれる」おもしろさへとつながる。

　これらのウォームアップの後にいよいよ即興劇の作成と発表がある。幾つかの型のうち CROW を紹介する。CROW とは Character（キャラクター・性格）、Relationship（関係性）、Objective（目的）、Where（場所）の四つの言葉の頭文字をとったものである。演じる内容の四つを決めて即興でミニドラマをペアで作り上げる。実際の体験を重ねながら感じたことは、自分一人の頭で考えたドラマを相手に押し付けたときには、何かしらの後味の悪さを感じ、消化不良のドラマになるということである。この方がおもしろくなるという考えを言葉には出さずに、やり取りの中で仕向けようしたとき、外から見ていてもドラマが面白くないつまらないものになる感覚である。悲しい残酷なドラマであったとしても、本当に面白いか面白くないというものである。それは演じ手と観客の感想でも同じことが共有されるようである。ここにキースの「インプロは相手に良い時間を与える！」の意味があることを知った。やりきった感は相手と自分の関係で、互いが良い時間を与え、もらえたということが共有できた時に起こるのだろう。

　私たちは、これまで生きてきた体験をもとに、今与えられた役割を演じている。それは実体験の場合もあるし、ある意味自分が観たり聞いたりした体験でもある。自身がその役割を意識してか、無意識なのか即興で実際に場に出すということが、ある意味大変な自己開示であることにも気がつく。インプロの場では他者を信じて、裸と裸のぶつかり合いができることもある。全員が参加して演じる、観ることを交互に行い、協力が得られれば、それが共感となり親密な仲間作りにつながることを感じた。

3.2　インプロを授業に取り入れる──事例紹介

　インプロの手法とその効果を受講者と共有することで、開講初期のクラス作りや授業の最終目的の達成にも有用と考えた。そこから大学での講義、研修等の最初や途中に必ず、気づきやコミュニケーションのスキルにつながる何かしらのゲームやワークを取り入れて実施している。

　ここでは、大学の教養教育グローバル科目、初年次全学部対象選択科目の

表3-9-1　インプロヴィゼーションの解説

資料：インプロヴィゼーションとキース・ジョンストン

インプロとは？

＜インプロヴィゼーション（improvisation：即興）という語が省略されてできた言葉。俳優たちが脚本も、設定も、役も何も決まっていない中で、その場で出てきたアイデアを受け入れ合い、ふくらませながら、物語をつくり、シーンをつくる演劇である。＞

1．ジョンストンについて（1933-2023）

　　1933年イギリス南部に生まれる。11歳の時、文字や数字が理解できず学校に適応できなくなる。図書館での独学後、ロンドンにて美術教師となる。適応できないとされる子供たちに驚くべき能力を発見する。その後議論よりも実際に演じてみることを行い、これがインプロとなった。演劇学校で授業を超えて稽古場での参加者の笑いと面白さがインプロ劇団を作るまでになる。世界各地でインプロを教えながら、インプロの創始者として、開発したゲーム、エクササイズ等をもとに世界でワークショップを行う。

2．ジョンストンのインプロの方法論　と3．ジョンストンの教え方の特徴

　　大人を「萎縮した子ども」と考え、そもそもすべての人がもっている創造性を蘇らせることを目指す。この創造性の中で、自然発生(spontaneity)と想像(imagination)の二つをキーワードに用いる。大人になると社会的こころ（Social mind）によって抑制されてしまう。自然発生を抑える恐れは次の四つである。

　　①失敗への恐れ　②評価への恐れ　③未来・変化への恐れ　④見られることへの恐れ

　　「ふつうにやる・がんばらない・独創的にならない・あたりまえのことをする・賢くならない・勝とうとしない・自分を責めない・想像の責任を取らない」を薦める、そうすれば検閲が奥に引っ込む。

4．インプロの例（多数のゲームの他に）：**CROW**： Character（キャラクター・性格）、Relationship（関係性）、Objective（目的）、Where（場所）の四つの言葉の頭文字で、これらだけを決めてドラマを作り上げる。

5．教えるときの工夫　と　6．学び場作り

　　①カリキュラム　②教師の態度　③教師と生徒の権力関係　④段階の進め方

　　⑤逆の教え方

＜まとめ＞インプロとは

　　　　　主目的：人がもともともっている創造性や表現力を引き出す

　　　　　理論の特徴：自由な創造性や表現力を検閲する恐怖をなくしていく

　　　　　方法論の特徴：ゲームを中心として、ストレスのない学びの空間で学ぶ

『ドラマ教育入門＜キース・ジョンストン＞』高尾隆(2010) 76-86頁をまとめた。

「国際交流の扉を拓く」の例（概要は**表 3-9-2** に記述）を紹介する。グローバルな人材を「自分の文化や言語を理解し、同時に異なった人々や文化を理解すること、さらには協働できる人」とし、この育成を目的とする。授業全体を構成的グループエンカウンター（SGE）として想定している。全体を三つに分けて、前半のコミュニケーションと、多文化共生に関しては体験的なワークとミニ講義（それぞれ表内の参考図書を使用）をセットとして行い、さらに各自の感想を共有する。毎回の感想を manaba（クラウド型教育支援サービス）に書き込み、各自がポートフォリオとして振り返れるようにしている。

　特に 10 週までは、インプロゲームをワークとして取り入れたり、授業中に学んだことをグループでミニドラマとしてまとめて発表したりを行う。インプロの「間違ってもいい」がうまくクラス内で共有されると、自発的な活動が生まれやすい。さらに真面目に取り組んでいても、特にゲーム内で教師が思いもよらない失敗をしたときには大きな笑いが起こる。受けた教師にとって温かい感覚が得られた時「ジョハリの窓」でいうところの、ゲームでの失敗は自他共に認める教師側の一つの自己開示であり、学生がそれに反応した結果であるのかもしれない。

　教室という場で自分と他者の接触を通して、各自のコミュニケーションと特徴に気づき、高校時代とは違った人間関係の作り方、また留学生に対して伝わることを意識した「やさしい日本語」の活用、等を知識としてではなく生きていくための知恵として身につけてほしいというのも、この授業のねらいである。

　授業の最終段階で全員が「ライフデザイン・ポートフォリオ（LDP）」を作成しグループにて「大学生活の核心」を発表する。開発者の山川 (2019) は、大学教員の自らの教育を振り返るためのティーチング・ポートフォリオ・ワークショップ（TPWS）からヒントを得て、一般社会人向けのワークショップを開催している。筆者もこれに参加し、数年に渡って何度か自らの人生の羅針盤作成の経験をした。

　「話す・聴く」をペアで丁寧に繰り返し、シートに従って過去から未来への自分をゆっくり探究するこの講座を自分の大学にても依頼した。さらにそ

表 3-9-2　「国際交流の扉を拓く」授業概要

回	授業テーマ	内容
1	オリエンテーション	インプロを使った場作り/自己紹介
2		・コミュニケーションの基礎
3	コミュニケーション	・見る/ 聞く(聴く)/話す
4		・ジョハリの窓
5		**「人間関係づくりトレーニング」星野欣生　金子書房 2003**
6		・文化のとらえ方　異文化・他文化・多文化
7		・異文化理解のワーク
8	多文化共生	・多文化共生を阻む　ステレオタイプ/偏見/差別
9		・アライ
10		**「ダイバーシティトレーニングブック」森田ゆり　解放社 2009**
11		①ピアメンタリングの練習
12	ライフデザイン	②自分の求めているものの探求
13	ポートフォリオ	③大学生活の核心をつかむ
14		④核心に沿った目標設定　→ 発表会
15		**山川修「ライフデザインポートフォリオ」**

の後学生版が開発され、2020 年から活用している。開講時からクラスの風土作りがうまくいけば、自らの過去と現在そして未来の計画を他人に語ると同時に他者のものを真剣に聴くことが可能なことを実感している。1 回目のメンタリングの練習で、心を空っぽにして相手の話を聴く練習をする。2 回目以降はシートに従って、自分への問いかけの答えを書き込み、作成したものをもとに、A から B へ語りその後 B から A へ語るという、同じ時間をとって互いの話を聴くことを守る。学生の場合は 1 週間、自分の作成したものに追加削除等の変更が可能である。ペアの相手は毎回変わり、学部や出身地の違う人の考えや想いを知ることがねらいである。5 週目には最終シートを提示しながら「大学生活の核心」に沿った自分のやりたいことを他者に伝える。学生からは、最初は恥ずかしかったがいろいろな人と話すうちに他者と自分の違いを知ることができ、そこから目指す専門の中で自分とは何かを考え始めたという感想も得られた。このように安心安全の場で内省し他者を信頼し、自らの人生の目的を自ら見出すというキャリア教育として位置付けている。

4. コミュニケーションのスキル

4.1 アサーショントレーニングにおけるロールプレイ

　日本語教育と演劇的知の関わりからインプロとの出会いとその実践を述べた。ここからは演劇的手法の一つロールプレイに関して個人的な体験と教育での事例を紹介する。もともとフェミニズムに関心があり、ある組織（フェミニストカウンセリング堺）で女性のための自尊感情のトレーニングを受けた。フェミニズムを普及するこの組織では「アサーショントレーニング」の講座も開かれており、受講することにした（1999年8月）。

　アサーション＝自己主張のトレーニングとして「自分の言いたいことを過不足なく言えているか？」という問いかけからこの講座は始まった。最初は理論を座学で学びその後は自分自身の対人関係の問題を取り上げ、その場面をトレーナー相手にロールプレイをするという構成であった。参加者が自らを主人公として、トレーナーが相手役になり「過不足なく伝えられていない」と感じる日常の場面を自分が満足できるように伝える練習をするのである。

　ここからは個人的な内容となるため主語を「私」として記述する。

　最初は「課題として取り上げるものは無い、私は問題なく暮らしている」と思い込んでいた、がしかし実は当時職場の同僚から高額の商品を購入することを勧められていて、すでに十数万円近くの商品を手にしていた。その品質は悪くなく、これまでに見たことがないくらい便利だと思えるものだったが、次々と商品を勧められ、その組織のパーティに誘われるようにもなっていて、これをなんとか断りたいという問題があることに気がついた。自身を振り返ると仕事一筋で全くの世間知らずである。仕事を円滑にこなすために商品を勧めるこの人物は大変重要な存在である。そのくらいの金額はなんとか払える、何よりも相手との関係を悪くしたくないという思いが膨らみ、断れなくなっていたのである。そこでこの問題を取り上げることにし、状況や相手に関して詳細に説明した後、相手役（トレーナー）に、新たな商品の購入を断る場面を演じた。トレーナーの「まずはいつものよ

うにやってみますか？」そして「始めます！」
のひとことから、シーンをスタートさせる。

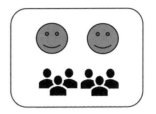

TAKE1

　私は、いつもの自分を演じた。身体を斜
めにして、手を擦り合わせながら、「○○さ
ん、あのー、ちょっといいかな」と自信無さそうな声で呼びかける。相手
は「あ、▲▲さん、今度浄水器買いますね！これがとてもいいんだぁ」と
にこやかに返してくる。その後、無言でモゾモゾする私がいる。（自分の非
言語の態度に後で気がついた。）「はい！ストップ！」トレーナーが、「これでは
また買っちゃうね」と真面目に言う。この時心臓がどきどきしたのを覚え
ている、これは全く言えていない。どうしたものかと、もっとしっかり強
く言わないといけないと頭で必死に考える。少し休憩をとってもらう。気
合いを入れて2回目に取り組む。頭の中は「ちゃんと言おう」を念じていた。
「はいスタート！」

TAKE2

　「○○さん、私ね、あなたに言いたいことがある、どうしてそんなに高
額のものを売りつけてくるの？あなたが物を直接売るのはおかしいと思う。
それから私はある意味公務員だからこんなことはしてはいけないと思う。」
語気は荒く怒鳴り声に近いようだった。相手役は「高い？これまでの商品
もとてもいいって満足していましたよね、高いのは正当ですよ。それから
私の友達の弁護士も警察官もこの商品を勧めています。問題はないんです
よ。」と毅然とした態度で（トレーナーが）返答した。再びため息をついて黙
り込む私がいた。トレーナーは「今のは、けんか腰ですよ。理論で言いま
かそうとしたのではない？」図星だった。職場での自分の立場の方が上だ
という気持ちが確かにあった。少しの沈黙のあと、腹立たしさと悔しさと
情けなさで涙が込み上げてきた。「少し時間を置きますか？」のトレーナー
の声で私は「はい」とうなずいた。特に2回目は全く年齢も容姿も違うのに、
本人の霊が取り憑いたのかのように本物の相手に見えた。

　しばらくして、トレーナーの声かけ「どうですか？どうしたいですか？」

に「これでは断れていません。どうしたらいいのでしょう？」と助け舟を求めた。「一番伝えたいことは何ですか？それをご自身が、気持ちがいいと思う伝え方でしっかり相手に伝わるように渡すんですよ。」「難しくないのです、あなたが難しくしているんです。」ここで、これまで聞いていた、二つの態度「非主張的」・「攻撃的」の具体例を見事に演じていたことに気がついた。ここからアサーションとは、自分の伝えたいことをまず自分が納得する形で表現することなのだと腑に落ちたのである。その後、自分なりのシナリオを組み立て言葉を選び、身体と声も意識して臨んだ。

TAKE3

　　私：「○○さん、少し時間もらえるかな」

　　相手：「あ、なんですか」

　　私：「私、一つだけ言いたいことがあるので聞いてね」

　　相手：「なんですか」

　　私：「これから、あなたから紹介されたものは買わないことに決めたの」

落ち着いた声でしっかり相手の目を見て言った。

　「でもね、これからも一緒に、いい仕事したいのでよろしくね」ここで軽く頭を下げた。

　　ここまで演じたあと、観客（他の参加者）から拍手が得られた。トレーナーが観客に「いかがでしたか？」と尋ね、「言えたね、伝わった」という言葉がもらえる。確かに今回は言えたなあという満足の涙がこぼれた。

　私のと同様に、すべての事例を丁寧に扱う講座であった。毎週1回2時間の全体で6回の研修だった。受講者6名が確実にアサーションのスキルをつかむまでトレーニングが続いた。他者の事例を見ながら自分の事例を深く考えることができたのも印象的であった。

　その後別のところでもトレーニングを受け、いくつかの自分の問題をロールプレイで取り組んだ。特にトレーナー養成のコースでは、いろいろな人の相手役の体験もした。コース修了後、生活の中で使うきっかけとなった。その後もうまくいったりいかなかったりを繰り返している。Take3では、①一

文で一つの内容を伝える、②相手のことを大切に思う、③非言語も十分に使う④伝わらない時には繰り返す（伝えたいことの軸がぶれないようにする）、という四つのヒントをもらった。私の場合は、まずは自己理解の「自分を大切にする」ということの出発点であったように思う。その後「自分を大切にすると同時に他者を大切にする」ことへの関心が向いた。

4.2 ロールプレイを活用した研修──看護師対象

　1993年から現在に至るまで病院や看護協会において対人・人間関係の研修を担当している。教務から、看護学生の病院内での実習中の「教わる・学ぶ」ことと、看護師になってからの新人や学生への指導で「教える」ことがすぐに始まることから、「教える・学ぶ」に特化したコミュニケーション研修の依頼を受けた。そこでアサーションのトレーニングで体験したロールプレイを含めた講義を実施するようになった。「自らのコミュケーションを振り返り、新たなスキルを身につけて看護師としての専門に活かす」ことを「人間関係論」の目標とした。

　実際には、コミュニケーションを体験的に振り返るワークと講義をし、病院実習後には教室でロールプレイと称して実習中にうまくいかなかったと思われるシーンをシナリオにして演じることを行い、全員で視聴し思ったことや感じたことを出し合って共有した。看護教育においては、患者との関わりをプロセスレコードとして記録し、自らの振り返りと教員からの指導がすでに行われている。それを踏まえて、この授業では特に実習先の病院での指導者をはじめ教員、患者、その他の関係者とのやり取りの中で問題となったことを取りあげて、「コミュニケーション調査」シートを作成してもらった。シートには以下の項目を記入する。

> 事例　日時・場所・会話の相手・話題・どんな場面
> ○内容：会話のやりとり・動作・表情等　●感情・気持ち
> ○問題点（あなた自身が考えたこと・わからないこと？）●分析（解決方法）
> ○最後にひとこと

　作成にあたっては、自分の心がザワザワした、すなわち何か違和感を感じたこと、今もそれが思い出される自分の事例であること、短い場面で相手とのやりとりの大事なところを書き留めることを指示した。全員が持ち寄り3〜4人のグループになって、互いに事例を報告し、ロールプレイにしてもよいものを選び、グループでそのドラマを作成してみんなの前で演じてもらう。

　看護学校の事例では、病院での指導者(看護師)や医師が相手役として登場し、また看護協会等では新人看護師や看護実習生が相手役となる、学校と病院を舞台にして主役と相手役が入れ替わるドラマをいくつも見ることができた。幸い看護や医療の専門家ではないため、専門の視点からではなく患者としてあるいは純粋に人としてのやりとりとして視ることができたように思う。

　上演されるものは、これはみんなで考えたいという内容が代表として選ばれており、また他者の問題でも自分と同じような体験をしているものに対して誠実に演じ、その際の気持ちや自分の行動を振り返ることに真面目に取り組んでいる。主役がそのまま自身の役をやってもよいことや、他者にお願いして自分が相手役をやってみてもいいこと(役割交換)、観客として全体を見る(ミラー・または鏡映法)を使ったり、心の声として補助自我(もう一人の自分、自分の心の一部)を登場させたりしてもよいこと等、その場面に応じて臨機応変に教師が指示をした

　上演までにやはりクラスの風土作りを行う(インプロ等のウォームアップ)、上演(教室内に舞台を設定)と演者からのコメント、全体での振り返り(シェア)の流れの中で、いくつもの気づきが出される。個人の問題ではあるが、実習や指導中に学ぶ同じ目標を持つ看護師としての共有がなされたように思う。

　ここで出された個人の事例に関しては、内容はこの研修以外の目的には使

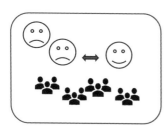

わず、秘密を厳守することを約束とした。また学校側にもこのような講義の実施に関して許可をもらい、また担任とも常に話し合いを行った。こうして看護師及び医療関係者を対象にロールプレイを入れた研修を実施した。依頼の段階で講義や研修に概ねロールプレイ

あるいはドラマ作成が望まれたため、時間や人数の希望も伝えて実現できたように思う。

　言語 (日本語) 教育でのロールプレイは、母語とは違ったことばと表現の練習のために行われる。また、例えば看護師の注射のロールプレイも専門的な技術獲得のための練習である。ロールプレイを通して、それぞれ正しいモデルのある言語や、技能を学ぶと言える。ここで述べてきたアサーション及び看護師研修のロールプレイは、すでにモデルのあるものではないこと、モデルとされるものを演じるのではなく「自分自身」の役を演じる。個人の葛藤を乗り越えるための心理療法、すなわちサイコドラマ (心理劇) で使われるロールプレイングとなることを明確にしておきたい。

　コルシニ (Corsini 2004) は、このようなロールプレイ (ロールプレイング) の三つの価値、同時性 (思考、感情、行動が同時に発生する) と自発性 (自分の問題を即時的対応ができるように創造力を身につける) と真実性 (主観的に現実と感じる体験をする) と名付けている。確かに実際に演じてみることでしかこの体験はできないものなのだろう。受講者からは演じた後の振り返りの際に、なぜその事例と相手を挙げようと思ったのか、また次回このような似た状況にあったときどう対応するかを考えるきっかけを得たという感想も出されている。

　ここで試みたロールプレイで得た気づきや視点から、事例を自らの問題として捉え自己変革と自己成長へと自らを動かすきっかけになったと考える。

5.　サイコドラマへ向けて

5.1 サイコドラマへの関心と体験

　前述のロールプレイやソシオドラマがサイコドラマの種類の一つであることを知り、サイコドラマ (表 3-9-3 資料) の体験が始まる。一例を紹介する。

　最初は、部屋の真ん中に参加者全員が輪になって座る。ディレクターの挨拶と説明の後簡単な自己紹介が始まる。その後ウォームアップとして全員で部屋の中を自由に歩き回り身体を動かし声を出す。ドラマに向けての主役を選ぶために「今どのくらい重い荷物を抱えていますか？その順番に並んでみ

表3-9-3 サイコドラマの解説

資料：サイコドラマ（Psychodrama）

Ⅰ 特徴

サイコドラマは**即興劇の形式を用いた集団精神療法**。ドラマと集団の特徴を持つ。

・身体全体の自己表現が論理的より情緒的に真実を表す。自他共に理解と共感が進む。

・集団の相互作用が働き、行動変容やコミュニケーションによる社会性が治療を促進。

Ⅱ 理論

創始者モレノ（J.L.Moreno、1889-1974）は、ウィーンで精神医学を学び、グループワークを試み、1925年アメリカへ移住後はサイコドラマという集団精神療法へと発展させる。理論の基本は**自発性**（spontaneity）を引き出す。人間は社会の中での役割にとらわれ、変化に適応するのが困難となる。柔軟性と創造性をもつ自発性を用いて、人のもう一つの真実の世界＝余剰現実（surplus reality）を表現させる。過去や未来を演じて新しい生き方を発見する。監督と補助自我が援助する。

Ⅲ 治療構造

a. 対象：自分を変革し成長したい意志を持つ、精神の健康を高めたい人から治療が必要な人も

b. スタッフ：監督、補助自我（主役を援助）、記録　c. 空間的構造：自由に動き回れる空間

d. 時間的構造：1回のセッションは1～3時間くらい

Ⅳ プロセス

a. 説明→b.ウォーミングアップ→c.ドラマ（主役の選択。監督と一緒に場面を作る）→d.シェアリング：（全員で気持ちを分かち合う）→e.レビュー：スタッフの振り返り

Ⅴ サイコドラマの種類

a.古典的サイコドラマ　b.オムニバスサイコドラマ＝増野式サイコドラマ

c.分析的心理劇：子ども対象　d.ロールプレイング：特定の状況を設定して行う即興劇

e.ソシオドラマ：社会的な問題を扱う。

Ⅵ サイコドラマの効果

a.舞台という自由で安全な世界で、様々な役割を演じて**自己表現**が可能になり、リラクゼーションとカタルシスをもたらす。

b.役割交換を通して自分を客観的に見る。過去や未来の時点から自分を力動的に眺める。事実を知り、洞察を深め、認知の誤りを正す。治療者もまた参加者から情報をつかみ、**治療に役立てる**。

c.主役は多くの人の協力に支えられ、受け入れられているという体験→**肯定的な自己評価**

d.逆に**補助自我**は、人を愛することと人に協力することにより**社会性を豊かにできる**。

e.舞台上では**役割(ソーシャル・ロール)から自由**になり、**素直な本来の自分を表現できる**。

「行動変容の理論と技法『サイコドラマ』」増野肇著

日本保健医療行動科学会年報11号 1996 76-84頁から引用しまとめた。

ましょう！」の声で、参加者は1から10のスケールでそれぞれの位置を見つけて並ぶ。より重い問題を持っている人の中から話し合いによって主役が決まる。再び全員座り、主役とディレクターのやり取りから問題が場に出される。主役以外の人たちのためにもドラマに必要な情報を共有していく。ディレクターの見通しができたところで、ドラマの配役が参加者の中から決められる。相手役、補助自我（自分の一部）を主役がお願いしていく形である。その後、道具が準備され、全員で協力して舞台が作られる。主役がそのドラマを知っている唯一の人であり、役を与えられた人を演出していく。場にいる全員が主役の言葉と心を全身で聴く体験をする。

　具体的なやり取りのシーンが始められ、ディレクターの指示と確認の中で先へと進む。ここから、主役の心の問題を扱ったドラマを全員で手伝いながら見守る。主役が問題解決の糸口がつかめた状態になったと、ディレクターが判断してドラマは終結する。そして役割解除（全ての役割から離れて参加者は自分自身に戻る）を済ませ、また輪になって座る。このドラマから、役を演じてこれまでの自らの体験であったことや感じたことを話す（シェア）。考えて話すと言うよりドラマを観て触発された思いもよらなかった、事柄や気持ちを出すことが目的である。主役やドラマに対する評価や対処法のアドバイスではない。資料（表3-9-3）のサイコドラマのプロセスは簡単にすればおおむねこのようなものである。

　主役が自己開示した内容が参加者の心の深いところに触れたとき、もやもやしたものが洗い流されるような感覚（カタルシス）を体験できる。実際に参加している全員が静かな熱い感動につつまれて、涙がこぼれてくるような感覚を共有したときがあった、その時のディレクターは「これが、テレ（tele）です。」と言ったのを覚えている。

　こうして、ディレクターの個性が活かされ、また主役や参加者の働き方によって、世界に一つだけのドラマがつくられる魅力を感じた。しかし、参加したドラマが治療を目的としている傾向が強いことと、ディレクターが精神科医や精神医療のプロであることから、自分の研修に取り入れるには、扱えないし無理だという感覚があった。個人の心ではなく社会問題を題材にした

「ソシオドラマ」は、これまでの授業の中でも行ってきたが心の問題は扱わない方が無難であると思い込んでいたのである。その時増野式サイコドラマと出会えた。

5.2 増野式サイコドラマ

　精神科医の増野肇 (2024) は、病院内外で治療のためのサイコドラマを実施する中で、問題解決だけを目的とせず、その人の楽しい側面に焦点を当て自己肯定感を強め、参加者全員が主役体験のできるオムニバス形式のドラマを開発した。丁寧なウォームアップ、例えば Talk&Share（1周目：参加者が一人ずつ聞いて欲しいことを話す、2周目：出された話から気持ちが動いたことを話す）と歌やダンスも取り入れて楽しい感覚を持ちながら、安心安全の場をつくる。手順や方法を明確にして構造化し、構成的サイコドラマとして高度な経験や技術がなくてもディレクターができるようにしたのである。

　それら約20のドラマは次の三つの種類に分けられる。①安心できるグループ作り：信頼感と安心感で場をつくる（例：自己紹介のドラマ）、②良いイメージを育てる：問題解決の固執を捨て、生きがいをつかむことを促す、③問題解決のサイコドラマ：前の二つの段階を経て個人の問題を扱う。

　増野式サイコドラマ連続基礎講習会（2020-2023 蓑手サイコドラマ Lab. 主催）をオ

表 3-9-4　2023 年 9 月の内容（自己紹介の増野式サイコドラマ）

```
 自己紹介のドラマ

 私の、あなたの、大切なワンシーンをドラマに！
 ・どんなシーン？
   ・今の自分の原点になっている大切な場面
   ・ドラマで叶えてみたい夢実現の場面
   ・あの人との思い出の場面・大切な人との出会い、別れの場面
 【目的】・自分にとっての大切な場面との出会い（自己理解）
       ・他者の大切な場面を体験する！(他者理解)
 【方法】・まず一人ずつ、自分にとって大切な場面について話す
       ・次に、そのワンシーンをみんなでドラマにして体験する
```

ンライン及び対面にて受講し、その手法を学んだ。その後看護師対象の「対人関係」の研修にて、実際に対面のサイコドラマを行った。全体で6時間、1日目は3時間でコミュニケーションとインプロのワークと講義を、2日目3時間で自己紹介のサイコドラマ（**表3-9-4**）を行った。全国の病院から参加し半年間の研修後専門の認定を受ける参加者（15名）に対して、協力体制の取れるグループ作りを依頼されていたため、自己開示と共感をする場つくりをねらいとした。サイコドラマの説明、身体を動かすウォームアップ後、円になって座り、それぞれのワンシーン（自分の原点となっている）を話してもらい、3〜4人のグループの中で、主役と相手役やその他の人物やモノを演じる準備をした。そして一番目の人のドラマを例にやり方を丁寧に指示しながら演じてもらった。その後14のドラマが次々に演じられ、その後は時間がなく、ひとこと感想のみのシェアとなってしまった。今回の振り返りを後日提出してもらい、そこから筆者が得たのは以下のことである。

　参加度は戸惑いもあったがほぼ全員が積極的に取り組めた、満足度としては自分の大切にしているものの再確認ができた、メンバーの想いを知ることができたとあり、全員が研修の意義を認めてくれている。ドラマを作成する過程のやりとりが大切なものと感じたことも記されていた。

　またそれぞれがシーンを語るだけで終わらずにドラマにすることで感情が動く体験をしたとの感想もあった。ディレクターとしての出発点に立ったところであるが、看護師として、目的を共有して学ぶ仲間を互いに必要としているという点で、協力が得られたと思う。これまでは、各自の問題を抽出して演じることを行なってきた、今回はそれぞれが持つ良いイメージや自分を守ってくれる思い出を場に出して演じることを試みた。各人の生きる意味と前向きな気持ちが増幅してまた大きくなり、それがまた自分に返されるような感覚を持ったという人もいた。また、相手が大事にしていることや信念を知ることができると、一緒に実際の現場で仕事をしていく上で関わり方が変わるかもしれないという声もあった。ここで増野の言う「問題に固執するのでなく、一旦おいて個人が持つ『生への欲望』に焦点を当てる」ドラマを演じていくことの大切さを感じた次第である。

6.　おわりに

　演劇的手法とコミュニケーションの深い関わりと、これが教育の中で活かされることを紹介した。「演じる」ことは手法やスキルとしての捉え方から「生きる」ことを考え実践することにもつながる。私たちは人と関わり合い、各自の人生の舞台において常に演じながら生きている。そしてさまざまな役割を演じながら気づき、さらに感情と行動を起こし、振り返り成長していると考える。同時に他者と自己の存在を認め、どのようにすり合わせていくかの作業を繰り返している。

　一方、コロナ禍の約3年を体験して、リアル(対面)代替としてオンラインでの活動を余儀なくされた。詳細は控えたが今回事例として挙げた活動、演劇、講義、研修、サイコドラマ等はオンラインでも実施できた。演劇的知は触れること(味わう・嗅ぐ等も)以外は可能であり、またオンラインでこそ有効な活動もあるだろう。オンラインでのつながりも念頭にいれた、コミュニケーションや人間関係のあり方も考える時が来ている(Gehrtz三隅, 2022)のだろう。そしていかなる状況においても私たちが「つながる」ことを望めば可能であることもわかった。

　本章で、留学生を中心とした演劇活動、看護学生や看護師対象のロールプレイやドラマの事例を提示したのには理由がある。それは他者とつながる目的が明確な人たちに対しては問題への取り組みによって、個人の深い思いへの働きかけが可能であったからである。また筆者はこれまでに多くの要配慮(身体的、精神的な問題を抱え対応を迫られている)の学生一人一人に焦点を当てつつ、その人を受講するメンバーとして全体で受け入れる集団の力を育てることの大切さも知った。

　初年次の学生に対しては、①目の前の学生たちそれぞれの課題(コミュニケーションの取り方、人との関わり方等)を把握する、②教員自身のコミュニケーションの課題を省察する(具体的にはうまくいかなかった体験から、あるいは学生や他者からのフィードバックによって、自らのコミュニケーションを振り返り改善を図る)、③

教員の働きかけによって自己開示を導く安心安全の場から集団作りをめざす、この三つを土台にしてそれぞれの教育活動を行うことが大切なのだろう。

　教員からの働きかけとして、特に本章で強調したかったのはコンフリクト（日常生活の中の対人関係で起こる葛藤）に焦点を当てるだけでなく、一旦問題から離れ、「人が持つ本来の生きる力に焦点を当てることも解決のための新たな考えや力を生み出すこと」、「そのためにはロールプレイやドラマを通して他者とつながり、生きる体験を、学校・組織・地域にて多様性を含んだメンバーで実施すること」、この二つである。身体全体で人と関わり合う体験をするそのような教育活動を今後も勧めていきたい。

引用文献

Corsini, R. J. (1966). *Roleplaying in psychotherapy: A manual. Aldine*, De Gruyter.　R・J・コルシニ（金子賢監訳）(2004)『心理療法に生かすロールプレイング・マニュアル』金子書房, pp.13-18.

Gehrtz 三隅友子・仙石桂子 (2022)「地域と作る演劇の意義―オンライン演劇の可能性―」『第 35 回日本語教育連絡会議論文集』35, 137-146.

Gehrtz 三隅友子 (2022)「デジタルファシリテーターとしての教師の役割」『第 25 回ヨーロッパ日本語教育シンポジウム論文集』2022, 410-420.

平木典子 (1993)『アサーショントレーニング―さわやかな自己表現のために―』金子書房.

増野肇 (1996)「行動変容の理論と技法『サイコドラマ』」『日本保健医療行動科学会年報』11, 76-84.

増野肇・増野由美子 (2024)『サイコドラマをはじめよう―人生を豊かにする増野式サイコドラマ』金剛出版.

佐々木倫子 (2013)「社会的変動と日本語教育の 40 年間」スリーエーネットワーク『Ja-Net』64, 巻頭論考.

高尾隆 (2010)「ドラマ教育の方法―キース・ジョンストン―」小林由利子他著『ドラマ教育入門』図書文化社, pp.76-85.

渡部淳・獲得型教育研究会 (2014)『教育におけるドラマ技法の探究―「学びの体系化」にむけて―』明石書店, pp.17-19.

山川修 (2019)「キャリア教育としてのライフデザイン・ポートフォリオ」『日本教育工学会 2019 年秋季全国大会講演論文集』, P2-2F-61.

【参考リソース】

- 動画「十六地蔵物語」(制作:徳島大学人と地域共創センター)

　本章で紹介したオンライン演劇(原作　原田一美、絵本　安芸真実の二つをもとに演出、上演したもの)。疎開先で亡くなった児童の物語を演じる留学生と日本人学生の協働学習の成果を一度見ていただきたい。、

　オンライン演劇(2021) https://youtu.be/u8lad31K7Po

　朗読劇(2023) https://youtu.be/yXkh4pCYIWE

- 公益財団法人:国際文化フォーラム編(2012)『外国語学習のめやす』

　hhttps://www.tjf.or.jp/meyasu/ (2024年1月1日)

　高等教育での語学学習の理念、プロジェクトワークの設計・運営及び評価の方法等が詳細に記述されている。上記Webで本冊子、資料、動画等も閲覧が可能である。また教員養成のテキストとしても活用できる。

- 渡辺貴裕・藤原由香里(2020)『なってみる学び―演劇的手法で変わる授業と学校―』時事通信社.

　学校教育に演劇を取り入れる実例や書籍は多数ある。この書は特に組織全体が取り組み、教師がまず「なってみる」楽しさを児童と享受する様子がパワフルに伝わる。

- S. ナハマノヴィッチ(若尾裕訳)(2014)『フリープレイ―人生と芸術におけるインプロヴィゼーション―』フィルムアート社.

　即興バイオリニストとして活躍する著者(YouTube等で演奏視聴が可能)は、芸術全てが即興を核とし、創造が至上の遊びとなるとき制約から解放され自由な精神を獲得すると言う。失敗の力が阻止するものを変え逆転の結果、創造を生みだす語りが秀逸。

- 岡檀(2013)『生き心地の良い町―この自殺率の低さには理由(わけ)がある』講談社.

　著者は自殺予防因子の研究にて博士号を取得、徳島県海部町のフィールド調査を通しての知見を一般向けに紹介した本である。「病、市に出せ」と助けを求め、それをみんなで請け負って、ゆるくつながりあうコミュニティの存在を明らかにする。

終章　まとめ
──コミュニケーション実践力の育成に向けて

山地弘起

　本書では、コミュニケーション実践力というものを、「葛藤や対立を調整し、他者と協働しながら物事を創造していく力」と定義している。本章では、これまでの各章の内容を振り返ったうえで、学生のコミュニケーション実践力の育成に向けて今後の大学教育に求められることをまとめる。

1. 各章の内容

1.1 第1部 社会的葛藤と高校教育・大学教育

(1) 第1章 高校教育におけるコミュニケーション実践力の育成──高大接続の在り方

　近年、高校教育は大きく変わりつつあり、それに応じて大学教育にも更なる変革が求められている。本章では、高校教育改革の論議をふまえて、今日の高校教育ではコミュニケーション実践力の育成がめざされていることに注目する。そして授業事例として、公民科における交渉教育に関する実践と特別活動における校則の見直し活動に関する実践を紹介している。

　加えて、成年年齢の引き下げ、こども基本法の成立、生徒指導提要の改訂など、高校教育をめぐる環境が大きく変化するなかで、それに対応した今後の高大接続の在り方を展望し、サービス・ラーニング等を通したエージェンシー（変化を起こすために、自分で目標を設定し、振り返り、責任を持って行動する能力）の育成、大学授業での参加型学習の促進など、大学教育への示唆をまとめている。そこでは、多様な人々が関わる異質的な空間の必要性が強調されている。

（2）第 2 章　対立や葛藤の調整が埋め込まれている大学授業の創造

　今日、多くの大学でダイバーシティの推進体制が整備されていると思われるが、本章では早稲田大学を例に、まず学生の人権を護るために整備している組織・設備や提供している関連科目を紹介している。次に、個々の授業レベルでは、そうした大学レベルの取り組みと有機的に連携するだけでなく、学生間で起こる対立や葛藤を積極的に学習機会として位置づける実践を提案している。学生間の対立や葛藤が生じやすく、かつ自律的にそれらの調整が試みられるような授業デザインの例として、映像の協働制作の授業実践が紹介されている。

　一方、学生は、とくに学外の組織と関わる学習活動を行う中で、学生間だけでなく外部の社会人との対立や葛藤、交渉や合意形成などの経験を繰り返すことによって、コミュニケーション実践力を大いに高めることができる。その実例として、研究室での米国研修と産官学連携での映像制作活動が紹介されている。

（3）第 3 章　キャリアの多様性と社会正義を志向するライフキャリア教育の実践

　本章では、自己実現を促進する通常のキャリア教育とは異なり、社会問題を知ることで生じる葛藤（社会の理不尽さへの戸惑いや自分ならどうするかという戸惑い）をどうキャリアに生かしていくかを考えるライフキャリア教育を取り上げている。そこには、社会問題を政策的視点で他人事として傍観するのでなく、社会の当事者として向きあう勇気ある態度があってこそ学びにつながるという前提がある。

　ライフキャリア教育の具体として、成城大学を例に、まずキャリア教育のカリキュラムを紹介した後、その最終段階に位置する「キャリアの多様性と社会正義」を志向する授業事例を紹介している。そこでは、出産・不妊と特別養子縁組、LGBTQ と HIV/ エイズ、ホームレスと生活困窮 / 社会的孤立、という 3 つのテーマが扱われており、事後の質的評価分析から、専門家・実践家による講義とフィールドスタディとの有機的な繋がりや学生同士の対話などを通した学びの深化が確認された。

1.2 第2部　コンフリクトを介した学びと成長

(1) 第4章　行動変容と対話──コンフリクト・マネジメント能力の向上のための学習活動

コンフリクト・マネジメントとは、当事者間に認知齟齬がある状況での話し合いによる対処をさす。対話的な話し合いは、新たな気づき、意味、知識、行動が生まれる源泉であり、一般の授業においても有用である。対話の実践は学習者の行動変容に寄与すると同時に、教室活動そのものが交渉やミディエーションに必要な対話の経験を積む機会になる。

上記の解説に加えて、本章では、米国での紛争解決基礎講座の例を紹介するとともに、日本での授業事例として、教室内における学習活動を共通の経験として「体験──対話──内省」の学習サイクルを回していく「協調的交渉論」の集中授業を紹介している。また、対話を可能にするには学習者の心理的安全性を確保するような学習活動が重要であるため、参考になるいくつかのアイスブレイクの例とともに、交渉行動に向けた効果的なロールプレイの導入方法を紹介している。

(2) 第5章　紛 争を転換する能力の育成──バイナリーを越えて平和アプローチへ

紛争（コンフリクト）は、違いがあるところに自然に生起する。違いが孕むエネルギーの扱い方を学べば、関係性を好転させるための良い機会となる。その方法や過程を「紛争転換」と呼び、コンフリクトの抱える文脈・構造・歴史を理解しつつ実践することが重要である。言い換えれば、紛争転換とは、コンフリクトの当事者の表面的なニーズに応答するのではなく、深部を分析し、根本的な部分に繋がり、コンフリクト自体を創造的に転換・平和化することである。

以上の考え方に立って、本章では、コンフリクトの平和的転換を実現するための能力育成に向けて、平和学における平和概念および紛争転換の考え方を整理して示し、関連した授業事例を詳細に紹介している。そこでは、創造

性の発揮に向けて演劇やアート表現による感覚的・身体的な学びも重視される。バイナリー（二項対立）を越えて、相互にケアし尊重し合いながら創造的な対話を展開する平和アプローチの重要性は、個人内の葛藤から国家間の紛争まであらゆるレベルに当てはまり、また一般の授業実践においても示唆に富む。

（3）第6章 身体視点からのコンフリクト・マネジメントの基礎づくり

ストレスフルなコンフリクト状況において、内界・外界に十分な気づきを保って対処できることは重要な技能であろう。本章では、その技能の基盤となる「身体アウェアネス」（いまここで生じている体験に、判断を混じえずにあたたかい関心を向け、身体ぐるみで精細に聴き沿っていること）を取り上げ、近接概念であるマインドフルネスとの関連にも言及したうえで、身体アウェアネスの実習における具体的な教示内容と参加者の反応を紹介している。教員集団が身体アウェアネスを高めて授業内外でのコンフリクト・マネジメントのモデルとなることができれば、学生もまた、心理的に安全な空間でより現実的かつ創造的な自他との関わりに導かれていくことが期待される。

実証研究では、コンフリクト・マネジメントに必要とされる認知的柔軟性、共感性、創造性、レジリエンス、複雑さや曖昧さへの耐性などのうち、共感性、創造性、レジリエンスについてはマインドフルネスとの関連が確認されており、それは身体アウェアネスにもあてはまることが想定されている。

1.3 第3部　学生にみられるコミュニケーションの課題と支援方策

（1）第7章 学生の「コミュニケーション強迫」と「学校人格」の様相と「潜在的ニーズ」──「匿名性」を活用した遠隔授業の試みからみえたこと

本章は、多くの学生が共通に体験していると考えられるコミュニケーション葛藤に着目する。排除を恐れ、他者による受容を確証したい「コミュニケーション強迫」や、キャラを使い分け人間関係を無難にこなしていこうとする「学校人格」は、実際には大学授業でどのように現象しているのか。筆者は、匿名参加でのクリエイティブ・ライティングのオンデマンド授業を試行し、

そこに参加した学生の声から、普段いかに人目や空気を気にして不自由な状態でいるかを明らかにした。

　そのうえで、こうしたコミュニケーション葛藤からの解放に向かうための支援方策として、「初めから直接的なコミュニケーションを求めるのではなく、要所要所で『匿名』などを駆使しながら間接的なコミュニケーションで信頼関係を構築し、そこからより密度の高いコミュニケーションへと移行するような教育デザインにこそ、学生が望む『ニーズ』があるのではないだろうか」と提言している。教員はまず、学生のコミュニケーション葛藤を十分了解することが必要ではないだろうか。

(2) 第8章　多様な学生たちがそれぞれの人生を生き抜く力を育てる大社接続

　高等教育の大衆化により、多様な個人的特性や家庭的背景を持つ学生が入学するようになった。本章ではこのような学生を「大学第一世代」と呼んでいるが、ここには親の学歴だけでなく，大学教育に適応可能な文化資本や社会関係資本を十分に所有・継承していない層という意味が込められている。筆者は、大社接続（大学から社会への移行）および就職困難学生の実態を諸データから確認したうえで、新卒労働市場において企業規模や業種によっては高い離職率の問題があることを指摘する。大学第一世代はまさにそうした就業層である。しかし、ダイバーシティ雇用のための産官学プラットフォームの例はあるものの、大学の主体的な支援方策はあまり見られない。

　大学第一世代が直面する様々なコンフリクトを乗り越える力として筆者が提案するのは、生き方の選択の幅を広げるとともに社会正義への志向性を軸にした、「生き抜く力」である。これを育てるための授業実践の方向性と大学教員の組織的取り組みが提言されているが、そこでは大学第一世代と教員の双方の「常識」の間に生じているコンフリクトを十分意識化すべきことが強調されている。

(3) 第9章　演劇的手法を活用したコミュニケーション教育からのアプローチ

　本章では、日本語教育の担当教員としてもともと演劇的手法になじんでい

た筆者が、さらに研鑽を積むなかで、授業や研修でそうした手法を活用していった軌跡を記述している。インプロなどいくつかの手法が具体的に紹介されているので、安心・安全な場をいかに醸成するか、コミュニケーションに課題をもつ学生であっても自発的・創造的に人と関わることができるような状況をどのように工夫できるか、といった点についてヒントを得ることができよう。

ここでは、学生を取り巻く人間関係や場そのものに着目しており、共に受け容れ学び合うというあり方が「支援」となりうることを示している。「人が持つ本来の生きる力に焦点を当てること」で、問題解決のための新たな考えや力を生み出すことができ、もしも学校、組織、地域の多様なメンバーでドラマを通して「他者とつながり、生きる」体験をすることができれば、大きな転換点になりうることを示唆する。

2. 大学教育に求められること

2.1 大学あるいは地域に求められること──学外の多様な人々と関わる学習活動の設計と運営

第1部では、いずれの章でも、学外の社会人あるいは異文化と関わることの意義が強調されている。第1章では、教室学習を地域での活動に生かすサービス・ラーニングのような「多様な人々が関わる異質的な空間」の必要性が述べられている。第2章では、研究室で行う米国研修や産官学連携のメディア制作の事例において、学生が否応なく学生間および学外の他者との軋轢を体験させられる中から、それを何とかエネルギーに変えて質の高い成果に結びつけていくプロセスが語られている。第3章では、学外の専門家・実践家による講義とフィールドスタディによって、社会や自分自身についてのそれまでの「当たり前」がゆさぶられ、社会問題に対して当事者として関わるようになる学生の姿が描かれている。

日本の大学生のほとんどが社会人経験のない高校新卒生によって占められていることを思えば、それほどまでに同質性の高い集団では成長素材になる

ような考え方・感じ方の違いが現れることは少なく、しかも高校までの生徒文化を引き継いだ対人関係のあり方から脱皮する機会もなかなかないであろうことは容易に想像できる。異文化や実社会との関わりは、それまでの常識では歯が立たない「異質」な、かつ学校教材に加工されたものでない「本物」の相手から目を開かされ、肥大した自信を砕かれて、自分を新たに組み直さなければならない貴重な鍛錬の場となる。

　もちろん、これまでの大学教育でもアクティブラーニングが徐々に浸透し、とくに PBL (Project-Based Learning) を通して国内外の地域社会の課題に取り組む授業実践も多く報告されている。そうした実践はまさに学生が異文化や実社会との関わりから自身の日常を振り返り、学習意欲を高めるとともにライフキャリアを新たに構想していく重要なきっかけを提供している。本書では、コミュニケーション実践力の向上の観点から、あらためてそうした実践の意義を確認するものである。

　一方、学生は、学外の多様な人々と関わる学習活動で、あるいはアルバイトやボランティア活動、インターンシップなどで、種々のハラスメントや不公平 (障がい者差別やジェンダー・バイアス、人種的偏見など) に遭遇することもある。こうした実社会の負の側面を体験した際には、当該科目の中で、また大学のダイバーシティ支援の窓口などで、ていねいなケアや速やかな対処が必要であることはもちろん、そうした場合の最低限の対応方法を学生が身につけることもコミュニケーション実践力育成の重要な側面である。

2.2　授業や教員集団に求められること──心理的に安全なホリスティックな学びの場の提供

　第 2 部では、コミュニケーション実践力の根幹をなす「葛藤や対立を調整する」能力、すなわちコンフリクト・マネジメント能力の育成をテーマとしている。いずれの章でも創造的な対話実践が重視され、その能力育成にあたっては、知的学習だけでなく感覚、感情、身体までも含めたホリスティックな体験学習、およびそれを可能にする心理的に安全な学習空間の必要性が強調されている。

　まず第4章では、一般に対話の実践は学習者の行動変容に寄与すると同時に、教室活動そのものが交渉やミディエーションに必要な対話の経験を積む機会になると指摘する。また、学習者の心理的安全性の確保に役立つアイスブレイクや交渉行動に向けたロールプレイとして、身体全体で取り組む例を紹介している。第5章では、コンフリクトを創造的に転換・平和化する「紛争転換」に向けて相互にケアし尊重し合いながらの創造的な対話が必要だが、時に独創的な発想が求められるため演劇やアート表現による感覚的・身体的な学びが不可欠とする。第6章では、教員集団が「身体アウェアネス」を高めて授業内外でのコンフリクト・マネジメントのモデルとなることができれば、学生もまた、心理的に安全な空間でより現実的かつ創造的な自他との関わりに導かれていくことが期待されるとしている。

　知的学習に偏りがちな大学教育において、ホリスティックな学びを要請するコンフリクト・マネジメント教育は異質な印象をもたれるかも知れない。しかし、コンフリクト状況が一種のストレッサーとして当事者のストレス反応を誘発し、知的な面だけでなく感情面や身体面にも影響を及ぼすことを考えれば、そしてそうした状態で創造的な対話実践を遂行しなければならないことを考えれば、全体機能が最適に働くように学びの視野を広げることはむしろ当然といえよう。また、コンフリクト状況とは決して心理的安全性が確保された状況ではないが、そこでのマネジメント能力を育成するためには、まず心理的に安全な学びの場で試行錯誤しながら技能を身につけておくことが必要なのである。

　一般の教室学習でホリスティックな学びをデザインすることは容易でないと思われるが、自由で創造的な表現ができるような課題を工夫したり、心理的安全性の確認のために学生たちの身体や感情の状態に注意を払ったりすることは可能ではないだろうか。そのためには、教員自身が様々な潜在的なコンフリクトを感受しつつ創造的に学びの場をマネジメントできるよう、日頃から自身を整えておくことが望ましい。そういう教員のあり方はそのまま学生にとってのモデルにもなりうる。もっとも、独力ではなかなか難しいかも知れないので、志を同じくするグループでサポートし合いながら経験を重ね

ていくことができれば理想的であろう。

2.3　学生のあり方に基づいた支援──学生のコミュニケーション葛藤の理解と組織的支援

　第1部と第2部では、特定の他者や実社会との間でのコンフリクトを議論の前提にしていたが、第3部では、学生が普段棲みこんでいる対人関係文化の一部としてのコミュニケーション葛藤を扱っている。以下、各章の要点を再掲することになるが、まず第7章では、匿名参加で実施したオンデマンド授業の事後調査から、匿名による自由さと対照的に、学生が普段いかに人目や空気を気にして不自由な状態でいるかを明らかにしている。そして、学生の本来のニーズに即して、匿名などによる間接的なコミュニケーションで信頼関係を構築することから始め、そこからより直接的なコミュニケーションに移行していくような授業デザインを提案している。

　次に第8章では、とくに大学第一世代に着目し、そうした学生が大学教育に十分適応できず、また多くの企業が求めるコミュニケーション力をアピールできずに就職困難や早期離職につながっていることを指摘する。支援方策として、教員がいわば「異文化」である大学第一世代の不適応状態を十分理解したうえで、教員集団での組織的な対応を図るとともに、学生が何とか「生き抜く力」を身につけられるような授業実践の方向を提案している。そして第9章では、地域での多文化共生の実践経験をふまえて、個人への支援だけでなく個人を取り巻く場が受容的に変わる（＝共生する）ことの重要性を唱える。その具体的な方法として、他者とつながる体験から「人が持つ本来の生きる力」が活性化するよう、学内外の多様なメンバーと演劇的活動を行うことを提案している。

　学生のコミュニケーション葛藤は、心理的安全性の対極に位置している。グループワークなどで話し合いが活発に行われない最大の要因であると思われ、とくに人目や空気を過剰に意識して相互に抑制しあう傾向は同調圧力の強さをも物語っている。第9章で示唆されたような、演劇的活動（＝集団遊び）を介して生きる力が活性化するというのは、心理的安全性が確保されて自発

性・創造性が発揮されるようになるということであり、先述したホリスティックな学びに連なるものである。そうした受容的なコミュニティがあれば、第8章で提案されたような「生き抜く力」を身につけていく意欲も生まれてくるのではないだろうか。また、たとえ大学自体に適応できなくとも、学外での学習活動やインターンシップなどで自分に響く課題やロールモデルを見つけられれば、大学生としての時間を自分のライフキャリアのためにより有効に活用できるのではないだろうか。そうした主体性は、大学第一世代だけでなく、本来どの学生にも求められるものであろう。

　教員の側は、まずは担当のホームクラスや研究室などで学生それぞれをていねいに見取り、コミュニケーションにまつわる葛藤があるようなら、その内容や程度を把握しておきたいものである。その理解があれば、学内関連部署と連携したり教員集団で組織的に授業内容や方法を調整したりすることも可能になるであろう。大学第一世代の学生と一般学生の見方・考え方を交流させる機会を組み込むこともできるのではないだろうか。もちろん、ここでもやはり教員自身の十分なコミュニケーション実践力が望まれる。

3. 結語

　これまで述べ来った通り、コミュニケーション実践力の育成に向けて大学教育に求められることは、大学・地域、授業・教員集団、学生のあり方・支援の3側面から、大きく以下の3点にまとめることができる。

- 学外の多様な人々と関わる学習活動の設計と運営
- 心理的に安全なホリスティックな学びの場の提供
- 学生のコミュニケーション葛藤の理解と組織的支援

他者や実社会との間で生じる葛藤・対立をていねいに取り上げて調整し、他者と協働しながら物事を創造していくコミュニケーション実践力は、今後の共生社会の実現に向けて個々人が備えなければならない必須の能力である。大学教育がコミュニケーション実践力を備えた社会人を輩出していくことができなければ、ダイバーシティ・マネジメントも実質化しがたい。我々大学

教員は、日々の教育実践が共生社会の創造につながっていることを自覚して、更なる教育改善に取り組む責務を負っている。そこでは、教員自身がコンフリクト体験に学び、コミュニケーション実践力を十分身につけることが何よりも優先すべき課題である。本書の中で紹介された授業事例や体験的活動、参考リソースなどが、そのためにも役立つことを願う。

事項索引

234

人名索引

執筆者の紹介と主要業績

【編著者】
山地 弘起（やまじ ひろき）（はじめに、第 6 章、終章）
　　独立行政法人 大学入試センター　試験・研究統括官
　　経歴：東京大学教育学部助手、メディア教育開発センター研究開発部助教授、長崎大学
　　大学教育イノベーションセンター教授等を経て現職。Ph.D.（Somatic Psychology）
　　専門：教育心理学、身体心理学
　　[単著]「学生の教員印象，授業内体験，及び授業評価・授業改善への意識：因果モデリ
　　ングの試み」『大学教育学会誌』33（2）：115-123、2011 年。
　　[共著]『ソマティック心理学への招待：体と心のリベラルアーツを求めて』コスモスライ
　　ブラリー、2015 年。
　　[編著]『かかわりを拓くアクティブ・ラーニング：共生への基盤づくりに向けて』ナカニ
　　シヤ出版、2016 年。

【執筆者】（執筆順）
唐木 清志（からき きよし）（第 1 章）
　　筑波大学 人間系　教授
　　専門：社会科教育、公民教育
　　[単著]「社会科における主権者教育－政策に関する学習をどう構想するか－」『教育学研
　　究』84（2）：155-167、2017 年。
　　[編著]『「公民的資質」とは何か－社会科の過去・現在・未来を探る－』東洋館出版社、
　　2016 年。『社会科の「問題解決的な学習」とは何か』東洋館出版社、2023 年。

保崎 則雄（ほざき のりお）（第 2 章）
　　早稲田大学 人間科学部　教授
　　専門：教育コミュニケーション
　　[共著]『対話を重視した新しいオンライン授業のデザインを創る』唯学書房、2023 年。「創
　　造性を創発し、協働での学びを育てる授業 Media Production Studies のデザインと実践、
　　その評価」『福島大学経済学部商学論集』92（2）：69-85、2023 年。「映像制作のオンライン
　　授業における協働作業によって学びが生起する様相の分析」『教育メディア研究』29（2）：
　　29-41、2023 年。

勝又 あずさ（かつまた あずさ）（第 3 章）
　　成城大学 キャリアセンター　特任教授
　　専門：キャリア心理学、キャリア教育
　　[単著]「大学のキャリア教育における学生の意識形成プロセスの探索的研究－ライフス
　　トーリー・インタビュー実習に着目して－」『KEIO SFC JOURNAL』20（2）：184-208、2021 年。
　　[共著]「大学のキャリア教育におけるキャリア構成インタビュー演習の有効性－テキス
　　トマイニング分析による検討－」『産業カウンセリング研究』20（1）：39-52、2020 年。
　　[分担執筆]『身体と教養』ナカニシヤ出版、2016 年。

鈴木 有香(すずき ゆか)(第 4 章)

桜美林大学 リベラルアーツ学群　准教授(2024 年 4 月より)

専門：コンフリクト・マネジメント、異文化コミュニケーション教育、多文化共生

[単著]『人と組織を強くする交渉力：あらゆる紛争を Win-Win で解決するコンフリクト・マネジメント入門　第 3 版』自由国民社、2017 年。『交渉とミディエーション：協調的問題解決のためのコミュニケーション』三修社、2004 年。

[共著] "The Utilization of Online Mediation in Japan: From the Perspective of Affordance"(和訳「日本でのオンラインメディエーションの活用：アフォーダンスの視点から」) *International Journal for Educational Media and Technology* 16(2)：67-77、2022 年。

奥本 京子(おくもと きょうこ)(第 5 章)

大阪女学院大学 国際・英語学部　教授

大阪女学院大学大学院 21 世紀国際共生研究科　研究科長・教授

専門：平和紛争学、平和教育、芸術アプローチ

[単著]『平和ワークにおける芸術アプローチの可能性：ガルトゥングによる朗読劇 *Ho'o Pono Pono: Pax Pacifica* からの考察』法律文化社、2012 年。「紛争転換と芸術：動態的平和を模索して」『平和研究』39：69-89、2012 年。

[共編著]『平和創造のための新たな平和教育：平和学アプローチによる理論と実践』法律文化社、2022 年。

谷 美奈(たに みな)(第 7 章)

帝塚山大学 全学教育開発センター　教授

専門：教育学、教育方法学、表現教育

[単著]『「書く」ことによる学生の自己形成－文章表現「パーソナル・ライティング」を通して』東信堂、2021 年。「パーソナル・ライティングからアカデミック・ライティングへのジャンル横断的思考変容のプロセスモデル－ Personal Writing vs. Academic Writing 論争からの新たな展望に向けて－」『大学教育学会誌』43(1)：159-168、2021 年。

[共編著]『コロナ禍で学生はどう学んでいたのか－質的研究によって明らかになった実態』ジアース教育新社、2021 年。

居神 浩(いがみ こう)(第 8 章)

神戸国際大学 経済学部　教授

専門：社会政策

[単著]「ノンエリート大学生に伝えるべきこと－『マージナル大学』の社会的意義－」『日本労働研究雑誌』602：27-34、2010 年。

[編著]『ノンエリートのためのキャリア教育論－適応と抵抗そして承認と参加－』ミネルヴァ書房、2015 年。『社会政策の国際比較と日本の位置』(放送大学教材) 放送大学教育振興会、2023 年。

Gehrtz 三隅 友子（げーるつ みすみ ともこ）（第 9 章）
　徳島大学 教養教育院　教授
　専門：日本語教育、多文化共生教育
　[共著]『教育プレゼンテーション－目的・技法・実践』旬報社、2015 年。「地域と作る演劇の意義－オンライン演劇の可能性－」『第 35 回日本語教育連絡会議報告論文集』35：137-146、2022 年。
　[編著]『平成 25-27 年度文部科学省留学生交流拠点整備事業報告書　多文化共生のまちづくり・未来への第一歩』徳島大学国際センター、2015 年。

編著者

山地　弘起（やまじ ひろき）

共生社会の大学教育：コミュニケーション実践力の育成に向けて

2024年3月25日　　　初　版第1刷発行　　　〔検印省略〕
定価はカバーに表示してあります。

編著者ⓒ山地弘起／発行者 下田勝司　　　印刷・製本／中央精版印刷

東京都文京区向丘 1-20-6　　郵便振替 00110-6-37828
〒113-0023　TEL (03) 3818-5521　FAX (03) 3818-5514
Published by TOSHINDO PUBLISHING CO., LTD.
1-20-6, Mukougaoka, Bunkyo-ku, Tokyo, 113-0023, Japan
E-mail : tk203444@fsinet.or.jp　http://www.toshindo-pub.com

発行所
株式
会社 東信堂

ISBN978-4-7989-1899-0 C3037　ⓒ YAMAJI Hiroki

東信堂

共生社会の大学教育：コミュニケーション実践力の育成に向けて	山地弘起編著	二四〇〇円
「書く」ことによる学生の自己形成―「文章表現」の実践を通して	谷 美奈	二四〇〇円
大学におけるライティング支援―どのように書く力を伸ばすか	関西大学ライティングラボ／津田塾大学ライティングセンター 編	二四〇〇円
日本の大学と地域社会との相関システムの形成―その葛藤と調整	稲永由紀	四五〇〇円
大学職員の仕事経験の探究―業務と仕事への取り組み方の分析	大島英穂	四一〇〇円
高等教育システム強化のための緩衝組織の構造と機能―孤立した大学改革の一般化の観点から	柴 恭史	四二〇〇円
大学職員人事異動制度の実証的研究―職務遂行高度化への効果検証	木村弘志	四二〇〇円
STEM高等教育とグローバル・コンピテンス―人文・社会との比較も視野に入れた国際比較	山田礼子編著	三六〇〇円
2040年 大学教育の展望―21世紀型学習成果をベースに	山田礼子	二八〇〇円
高等教育の質とその評価―日本と世界	山田礼子編著	二八〇〇円
学士課程教育の質保証へむけて―学生調査と初年次教育からみえてきたもの	山田礼子	三二〇〇円
女性学長はどうすれば増えるか―国内外の現状分析と女性学長からのメッセージ	河野銀子編著／髙橋裕子	一八〇〇円
2040年 大学よ甦れ―カギは自律的改革と創造的連帯にある	田中弘允／佐藤博明／田原博人 著	二四〇〇円
検証 国立大学法人化と大学の責任―その制定過程と大学自立への構想	田中弘允／佐藤博明／田原博人 著	三七〇〇円
女性の大学進学拡大と機会格差	朴澤泰男	五六〇〇円
高等教育機会の地域格差―地方における高校生の大学進学行動	日下田岳史	三六〇〇円
大学進学にともなう地域移動―マクロ・ミクロデータによる実証的検証	遠藤 健	三六〇〇円
国立大学職員の人事システム―管理職への昇進と能力開発	渡辺恵子	四二〇〇円
日本の大学経営―自律的・協働的改革をめざして	両角亜希子	三九〇〇円
私立大学の経営と拡大・再編―一九八〇年代後半以降の動態	両角亜希子	四二〇〇円

※定価：表示価格（本体）＋税

〒113-0023　東京都文京区向丘1-20-6　TEL 03-3818-5521　FAX03-3818-5514
Email tk203444@fsinet.or.jp　URL:http://www.toshindo-pub.com/